정치의 자본주의 비틀기

(Politically Incorrect Guide to Capitalism)

정치의 자본주의 비틀기
(Politically Incorrect Guide to Capitalism)

로버트 P. 머피(Robert P. Murphy, Ph.D.) 원저

이춘근 옮김

비봉출판사

Conservative Chronicle (잡지, 보수주
의 연대기)을 정기구독해 주시고 매일
Rush Limbaugh(러시 림보)의 방송을 듣
게 함으로써 필자로 하여금 자유 시장
자본주의에 관심을 갖도록 해주신 아
버지께 이 책을 바칩니다.

✳✳✳✳✳✳✳✳✳

역자 서문

　자유경제원에서 "자본주의" 관련 책을 번역해 달라는 부탁을 받고 '국제정치학자'인 본인이 '자본주의' 관련 책을 어떻게 번역할 수 있겠느냐고 반문했었다. 자유경제원 측은 오히려 정치학자가 번역하는 것이 더 좋을 것 같은 책이라며 번역을 권유했다. 원서를 받았을 때, 본인이 아주 좋아하는 책들을 다수 출판한 출판사에서 간행한 책이라는 사실과 일반인들이 읽기 좋게 쓰여진 책이라는 사실을 알게 되었다.

　정치학자인 내가 번역해도 되겠구나 하고 시작한 이 책은 번역을 하는 동안 내내 역자에게 감동과 놀라움을 주었다. 평소 자유주의 시장경제의 우수성을 알고는 있었지만 곁눈질로 배운 경제학 지식이라 그 이해도가 완전하지 못했는데, 이 책을 번역하면서 자유주의 시장경제의 우수성을 진정으로 확신할 수 있게 되었다.

　보통사람들도 대부분은 미국이 소련을 제압했다는 사실, 한국이 북한을 제압했다는 사실, 중국이 공산주의를 포기한 후 급속한 경제발전을 이룩하게 되었다는 사실 등등 다 알고 있는 국제정치학적인 사건들 때문에 자유주의 시장경제가 사회주의 경제체제를 압도하는 우수한 것이라는 진리를 익히 잘 알고 있는 상황이다.

　그러나 중개상들은 나쁜 녀석들, 악덕자본가들, 노동자들의 불행, 독점, 환경문제, 무역, 정부의 개입, 복지 등등의 경제적 이슈에 당면할 경우 보통사람들은 사회주의에 세뇌당한 말꾼들의 장광설을 당하지 못하고, 오히려 자신들이 믿는 자유주의 시장경제의 본질을 의심해야 할 경우가 많다.

이 책은 바로 이처럼 자유주의 시장경제의 우월성을 믿고 있지만 자신의 견해에 대해 확신을 가지고 있지 못하던 수많은 보통사람들에게 자유주의 시장경제의 막강함을 구체적이며 쉬운 사례를 통해 통쾌하게 그리고 논리적으로 설명해 주는 책이다.

실제로는 맞는(correct) 말 혹은 주장인데 정치적으로는 공개적으로 말하기 대단히 곤란한 것들(Politically Incorrect)이 많이 있다는 사실을 우리들은 익히 잘 알고 있다. 이 책은 자본주의에 관해 맞는 말인데도 불구하고 정치적으로 하기 곤란한 말이기 때문에 참고 있었던 말들을 시원하게 풀어내 준다.

지금 우리나라는 '멋있는 말들'이 난무하고 있는 곳이다. 그러나 멋있는 말보다는 '투박하더라도 진리'가 더욱 필요한 상황이다. 이 책은 멋있는 말들의 허구를 여지없이 격파해 주고 있는 신나는 책이다.

번역을 하는 과정에서 상당한 노고를 투자했고, 여러 차례 교정, 수정 작업도 했지만 경제학자보다 더 잘 번역했다고 자신할 수 없다. 그래도 이 책은 많은 분들의 도움으로 이렇게 좋은 모양의 책으로 나올 수 있었다.

역자가 책을 낼 때마다 온 집안이 함께 분주해지는데 이 책의 경우는 더했다. 교정은 물론 영문타자 등을 도와준 아내, 투자 및 증권 관련 부분(16장)의 번역에 결정적인 도움을 준 증권회사를 다니던 큰딸 우경, 애매한 문장이 나올 때마다 해석을 도와준, 현재 호주 시드니에서 외국인들에게 영어를 가르치고 있는 작은딸 재경에게도 고맙다는 말 전한다.

역시 역자가 6년 동안 근무했었던 자유경제원의 현진권 원장님, 최승노 부원장님, 이 책의 번역자로 본인을 추천해 주신 곽은경 실장님은 물론 이 책의 출간을 담당한 장현정 연구원 등 자유경제원 모든 직원들은 이 책의 진정한 산파였다.

특히 고마움을 표시해야 할 분이 계시다. 역자의 번역 초고를 읽기 좋은 문장으로 다듬어 주신 비봉출판사 박기봉 사장님이시다. 또한 비봉출판사 편집인 문현영님에게도 이 자리를 빌어 감사드린다.

이 책이 자본주의의 진면목을 이해하는 데 좋은 입문서가 되기를 기대하며, 우리나라를 더욱 발전된 자유주의 시장경제 국가로 만들기 위해 분투하는 자유경제원의 노고에 깊은 감사를 드린다.

2016년 1월 12일
역자 이춘근

8

차 례

정치의 자본주의 비틀기

Politically Incorrect
Guide to Capitalism

정치의 자본주의 비틀기

Politically Incorrect
Guide to Capitalism

정치의 자본주의 비틀기

Politically Incorrect
Guide to Capitalism

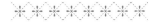

퀴즈: 당신은 돼지처럼
탐욕스런 자본가(Capitalist Pig)인가?

다음의 퀴즈를 풀어보면 그 답을 알 수 있다.

1. 노동자는 임금을 얼마나 많이 받아야 할까?

　　a) 노동자의 일이 사회에서 얼마나 중요한지에 따라 달라질 수 있다.

　　b) 그가 가족을 먹여 살릴 수 있을 만큼

　　c) 그가 일자리를 그만두지 못할 정도만큼

2. 기업은 자신이 생산한 물품에 대해 얼마의 가격을 받아야 하나?

　　a) 생산을 위해 투입된 돈만큼

　　b) 산업체 내에서 높은 고용자 숫자를 유지할 수 있을 정도로

　　c) 가능한 한 가장 높은 가격

3. 만약 당신이 자동차를 생산하는 사람이라면, 당신 생산품 때문에 한 해에 얼마나 많은 수의 사람이 생명을 잃을 수 있는가?

　　a) 당연히 0이다.

　　b) 물론 가능한 한 작은 숫자여야 한다. — 목표는 자동차를 가장 안전한 형태의 교통수단으로 만드는 데 두어져야 한다.

c) 당신의 회사에 가장 많은 돈을 벌어다 줄 수 있다면 어떤 숫자라도 좋다.

4. 귀하는 안내원(receptionist) 한 명을 고용하고자 한다. 지원자 중 한 명은 일을 효과적으로 할 수 있어 보이고 다른 한 명은 얼굴이 예쁘다. 누구를 뽑아야 할까?

a) 일을 효과적으로 할 수 있는 사람

b) 예쁜 사람

c) 만약 예쁜 여자가 다른 면에서 업무 이외의 일을 함으로써 비효율성을 상쇄할 수 있다면 예쁜 여자를 뽑는다. 그렇지 않다면 효과적으로 일할 여자를 뽑는다.

5. 광고에 대한 귀하의 의견은?

a) 광고는 우리 마음속의 본능이나 편견을 자극함으로써 우리를 세뇌시키기 위한 간교한 선전술이다.

b) 광고, 특히 슈퍼 볼 게임 중의 광고들은 상당히 지능적이지만, 일반적으로 광고는 진부하고 재미없는 것이다.

c) 광고는 귀하가 귀하의 상품을 사려하는 구매자자들을 정확히 찾아낼 수 있는 한, 판매를 촉진시킬 수 있는 대단히 훌륭한 방안일 수 있다.

위의 다섯 문제 중, 세 문제 이상에 C라고 대답했다면 당신은 탐욕스런 자본가 돼지일 수 있다. 그러나 우리가 앞으로 살펴보겠지만, 당신은 걱정할 필요가 없다. 탐욕스런 자본가 돼지가 많고, 비열한 관료주의적 돼지가 적은 것이 우리들 모두에게 더 좋은 상황일 것이기 때문이다.

제 1 장
자본주의, 이윤 그리고 기업가들

요즈음 우리 모두는 해야 할 일이 있다. 페미니스트(여성평등주의자)들은 "같은 종류의 일에는 같은 월급을 지급하라"고 요구하고 있다. 환경주의자들은 공장에서 나오는 쓰레기들로부터 지구를 구하겠다고 한다. 사회과학자들은 "합리성"에 근거해서 사회를 새로 구성하기를 원한다. 자연과학자들은 생물적 다양성을 증대시키고 대체 에너지자원을 개발하기를 원한다. 소비자 이익 증진을 위한 단체들은 생산품들의 안전성을 향상시키기를 원한다. 도덕주의자들은 상업화되는 세상을 비난한다. 신기술에 반대하는 사람들(Luddites)은 과거의 단순했던 농업사회를 그리워한다. 이처럼 여러 집단들이 요구하는 사안들은 다양하지만, 그들이 요구하는 주장들의 근저에

생각해 봅시다.

- "자본주의(capitalism)"는 마르크스주의자들이 처음 사용한 중상모략적 용어이다.

- 자본주의보다 더 지속적으로 인간의 삶의 수준을 향상시키는 데 성공한 체제는 없다.

- 이윤은 자원이 효과적으로 사용되었음을 보여주는 증거이다.

는 하나의 공통된 열정이 존재 한다: 즉, 그들 모두는 자본주의를 비난하고 있는 것이다.

그렇다면 자본주의란 도대체 무엇인가?

자본주의란, 우리가 외부의 간섭을 받지 않은 채 사유재산(Private Property)을 자유롭게 사용할 수 있는 체제이다. 그래서 자본주의는 자유기업(혹은 자유시장) 체제라고도 불리고 있다. 자본주의는 사람들에게 선택할 자유(freedom to choose)를 허락하는 체제이다. 자본주의는 사람들에게 자신들의 직업을 선택할 자유, 자신들이 만든 물건을 자신들이 원하는 가격에 (그것이 얼마인가의 여부를 떠나) 팔 수 있는 자유, 그리고 가장 값어치 있다고 생각하는 물건을 구입할 수 있는 자유를 부여한다.

미국에서는 자본주의를 당연한 것으로 생각하지만, 사회주의 정부아래 사는 사람들 혹은 부족체제(tribal system)에서 사는 사람들은 정부 당국이 할당해 준 직업을 갖는다. "관리(managed)" 경제 아래에서 가격은 사전에 결정될 수 있고, 수입 및 수출 할당량도 사전에 설정될 수 있다. 많은 사회주의 국가들에서 사유재산권이란 전혀 존재하지 않는다.: 모든 것은 "인민"의 이익을 위해 국가가 소유하고 있으며 국가는 개인의 재산을 몰수할 수도 있다.

자유방임 대 규제

물론 미국의 "자본주의" 체제는 다른 나라들, 예컨대 노르웨이의 "자

본주의"와는 다르다. 마찬가지로 오늘날 미국의 자본주의 체제는 1900
년도 미국의 자본주의 체제와도 다르다. 국가는 사유재산제도를 인정하
고 상당 수준의 경제적 자유를 부여하지만 동시에 강력한 정부 규제를
통해 경제적 자유를 제한하기도 한다.

오늘날 자본주의를 비판하는 거의 모든 사람들은 자유를 두려워한
다. — 즉, 그들은 사람들로 하여금 자신들의 경제활동을 스스로 결정
할 수 있도록 하고, 규제 없는 시장에 경제활동의 모든 과정을 맡겨둘
경우 초래될 결과를 두려워한다. 그들은 개인들이 스스로 관리하는 것
보다 규제를 행하는 사람들과 관료들이 문제를 더 잘 알고 있다고 생각
한다. 이 책에서 우리들은 이와 같은 두려움이 얼마나 근거 없는 일인지
를 밝혀내기 위해, "순수한"
형태의 자본주의를 분석해
볼 것이다. 비록 그와 같은
형태의 자본주의가 지금은
존재하지 않겠지만 말이
다.

이 책 읽어 봤나요?
Planned Chaos (계획된 혼
돈) by Ludwig Von Mises;
Irvington-on-Hudson, NY: Foundation for
Economic Education, 1947.

굶어죽을 자유?

자본주의를 반대하는 사람들은 다음과 같이 양보할 것이다. "그렇
소. 시장경제 체제하에서 노동자들은 그들의 직업을 '선택할 자유'가 있
소." 그러나 그들은 다음과 같은 말을 추가할 것이다. "그래서 어떻다는
거요? 노동자는 고용주가 하라는 대로 할 수밖에 없는 것 아니오?"

그러나 — 만약 당신이 선택을 할 수 있는 상황이라면, 즉 고용주들

이 여러 명 경쟁하고 있고, 고용주가 할 수 있는 최악의 행위가 당신에게 급여를 주지 않는 것이라면, ― 그래도 자유 시장 경제체제하에서 고용주가 하라는 대로 해야만 하는 상태에 놓이는 것이, 당신이 무슨 일을 해야 할 것인지를 정부가 후원하는 힘에 의존하는 국가 관료체제가 선택해 주는 것보다는 더 나을 것이다. 자유 시장 경제체제와 사회주의 경제체제가 야기하는 정치적 영향력은 ― 경제적 영향력뿐만 아니라 ― 명백하게 다르다. 양자 간의 너무나 뚜렷한 차이점은 시장 경제체제의 적(敵)들을 전전긍긍하게 만들고 있다.

맞다. 아무런 저축한 돈도 없는 미혼모(Single Mother)는 자식을 위해 호색한(好色漢)인 직장 상사의 요구를 들어줌으로써 무엇인가를 얻을 수 있을지도 모른다. 그러나 그런 상황이 너무 과한 것이라면 그 여인은 언제라도 그 일자리를 박차고 나올 수 있다. 그러나 사회주의 체제하에서, 불만스런 시민이 택할 수 있는 유일한 방안은 그 나라를 떠나는 것(그것도 그런 일이 허용되는 나라라야 가능할 것이다) 혹은 혁명을 일으키는 일뿐이다. 그렇다면 자본주의 체제의 노동자와 사회주의 체제의 '동무' 중에 누가 더 많은 학대와 고통을 당하고 있는 인간인가? 우리는 단순하게 다른 체제의 막강한 사람들은 자비로운 사람들이고, 자본주의 체제의 막강한 사람들은 악마라고 가정하고 있는 것은 아닌가?

대중을 위한 대량생산

자본주의에 대한 일반적인 비판은 자본주의를 부자의 이익을 위해 가난한 사람들을 착취하는 제도라고 보는 것이다. 역사적으로 보았을 때 이것은 완전히 사실을 거꾸로 한 말이다. 중세 유럽이라는 이상향

(존 러스킨(John Ruskin), 할레어 벨록(Halaire Belloc) 등에 의해 중세는 이상
향으로 그려졌다)에서 대부분의 인간들은 그들의 삶이 얽혀져 있는 들판
에서 고통스럽게 일을 하거나 혹은 길드(조합)에 의해 크게 규제받는 공
방에서 일을 하거나 둘 중의 하나를 택해야만 했다. 반면에 엘리트 귀족
들은 호화로운 상품을 거의 전적으로 독점하고 있었다.

자본주의 옹호자가 한 말

만약 자본주의가 결코 존재한 적이 없었다고 한다면, 정
직한 인본주의자 누군가는 자본주의를 발명하기 위해 애
를 썼을 것이다. 그러나 인간들이 자본주의의 존재에서
벗어나려고 애를 쓰고 있고, 자본주의의 본질을 왜곡하려
고 하며, 자본주의의 마지막 흔적까지 파괴하려고 노력하는 모습을 볼 때
─ 당신은 그런 사람들의 동기가 무엇이건, 그들의 동기 속에는 인간에 대
한 사랑은 결코 포함되어 있지 않다는 사실을 확신하게 될 것이다.

Ayan Rand, *Capitalism: The Unknown Ideal* (자본주의: 알려지지 않은 이념)

현대 자본주의가 출현한 이후 모든 것들이 변했다. 새로 등장한 대
기업가들은 소수의 부유한 고객을 유혹하는 대신에 새로이 부를 획득한
노동자 계급을 상대하고자 했다. 결국, 수백 혹은 수 천 명의 고객을 상
대하지 않는 한 공장을 짓는다는 것은 바보 같은 일이 되어 버렸다. 생산
의 대폭 확대는 수많은 가정들로 하여금 자신의 아이들이 노동자처럼 일
하지 않아도 되는 사치를 누릴 수 있도록 했다. 자본주의 시대를 향한 이
같은 '무시무시한' 변화의 기간 동안 유아사망률은 내려갔고 평균수명은
늘어났다. 자본주의 체제 아래 살고 있는 일반적인 육체노동자들은 봉건
시대의 왕들과 비교해도, 그들보다 훨씬 부유한 환상적인 삶을 살고 있
다.(그들이 일인당 몇 개의 성(城)을 가지고 있느냐의 여부를 제외한다면

말이다.)

생산에 있어서의 중앙통제와 '무정부'상태

자본주의가 비난받는 이유는 가난한 사람들에게 피해를 입힌다는 "사실" 이외에 자본주의는 사회적인 혼란을 초래할 것이라는 점 때문이다. 결국 시장경제는 자동차를 생산하는 데 아무도 더 이상 "책임을 지지 않으며" 바로 태어난 유아들이 착용할 수 있는 사이즈의 기저귀를 충분히 생산해야 한다는 데 대해서도 책임질 사람이 없는 곳이다. 자유방임 경제가 이처럼 혼란스럽거나 혹은 신뢰할 수 없는 것이라는 사실은 경제 불황기에 더욱 분명하게 나타난다. 불황기가 닥치면 일자리가 없는 노동자들은 일자리를 구하기 위해 더욱 더 목을 매이게 될 것이고, 소비자들이 사용할 물품은 부족하게 될 것이며, 자본주의 체제는 모든 사람들을 패자(敗者)로 만들 것이다. 그러니까 일단의 전문가들이 자원과 노동을 가장 적절하게 배치되도록, 합리적으로 결정해서, 계획(예컨대 5개년 경제성장 계획 등)을 수립하는 것이 훨씬 현명한 일이 아닐까?

그러나 이상의 견해는 두 가지 중요한 점에서 잘못된 것이다. 첫째, 중앙 당국이 경제를 계획한다는 것 자체가 불가능한 일이다. 새로운 기술은 (만약 기업가들이 새로운 기술을 개발할 자유가 있다면) 소비자의 취향을 바꾸게 하며 (만약 소비자들이 자신들의 취향대로 소비할 수 있는 자유가 있다면) 국

이 책 읽어 봤나요?

How the West Get Rich,(서구는 어떻게 부유하게 되었는가) by Nathan Rosenberg; New York: Basic Books, 1986.

내적인 차원에서는 물론 국제적인 차원에서, 어떤 신문을 구독할지의 여부로부터 어떤 잔디 깎는 기계를 구입할 것이냐에 이르기까지, 모든 상품의 생산, 분배, 소비 과정은, 사회주의자들은 할 수 있다고 생각하고 있는지 모르지만, 도무지 "관리" 될 수 있는 것들이 아니다.

둘째, 계획경제를 선호하는 사람들은 시장경제에서 이윤과 손실이 의미하는 바가 무엇인지를 완전히 오해하고 있다. 회사는 막무가내로 일하지 않는다. 기업가가 그 일을 해도 되는가에 대한 "하한선(bottom line)"이라는 것이 있다. 그 하한선이란 그가 만드는 생산품은 소비자들이 원하는 것이냐? 그리고 그 상품을 만들기 위해 자원은 가능한 한 가장 적절하게 사용될 수 있는 것이냐에 관한 것이다. 회사가 물건을 생산하는 데 들어간 돈은 상품의 가격을 결정하는 본질적인 요인이며, 이는 같은 자원을 경쟁적으로 활용, 같은 종류의 상품을 만드는 다른 생산자들이 제시하는 가격에 의해서 영향을 받는다.

자유시장의 효과는 결코 자의적인 것이 아니다. 당신이 토마토를 사기 위해 3달러를 소비할 때마다 당신은 국내의 희소한 농민들을 향해 앞으로도 토마토를 계속 생산할 수 있도록 보장해주겠다고 투표하는 것이나 마찬가지다. 마찬가지로 담배를 피우는 사람들은 담배 재배를 위해 할당된 이 나라의 희소한 농지가 지속적으로 담배 재배에 활용될 수 있도록 투표하는 것이다. 기업가가 더 이상 이윤이 나지 않기 때문에 자신의 기업을 폐쇄한다는 사실은 소비자들이 그 기업가가 만든 상품보다는 다른 기업가가 만든, 같은 자원을 이용한, 상품을 보다 더 가치 있는 것으로 여긴다는 사실을 의미한다. 어떤 기업이 높은 이윤을 즐기고 있다면 그것은 그 기업이 다른 기업보다 자원을 더욱 효과적으로 사용하고 있다는 사실을 알려주는 시장의 지표이다.

✻ ✻ ✻ ✻ ✻ ✻ ✻ ✻ ✻

폴 사무엘슨(Paul Samuelson) 교수: 예언가

노벨경제학상 수상자인 폴 사무엘슨 교수는 그의 엄청나게 유명한 경제학개론 교과서에서, 심지어 1989(!)년 판에서도 "많은 회의주의자들이 오래전부터 믿어왔던 사실과는 정반대로, 소련의 사회주의 계획경제는 기능할 수 있을 뿐만 아니라 발전할 수도 있다는 사실의 증명이 될 것이다."고 단언했다.[1]✻

우리는 냉전에서 승리했다! 그런데 진짜 이긴 것 맞나?

19세기 말 혹은 20세기 초반까지는 사회주의자들이 국가 주도의 계획경제가 경제적 자유보다 더 좋다고 생각해도 될 만한 근거가 있었는지도 모른다. 그러나 공산주의 국가를 실제로 방문한 경제학자들은 없었다. 그런데 그들은 방문했던 것처럼 생각하고 있었다. 그들은 "원칙적으로" 일단의 중앙계획 수립자들은 추상적인 수학적 모델을 활용함으로써 자발적인 시장의 힘보다 더욱 합리적으로 그리고 평등주의적으로 경제를 조망(眺望)할 수 있다고 믿었다. 볼셰비키 혁명 이후 처음 몇 년 동안, 최고로 명석한 대학 교수들 다수는 "소련의 실험"은 — 소수의 반역자, 반동분자 혹은 흥을 깨는 사람들을 제거하거나 감옥에 처넣는 것을 용납할 수 있는 일이라 한다면 — 민주적이고 결정과정이 느려빠진 이웃 서방제국들 못지않은 놀라운 속도로 경제를 발전시킬 수 있을 것이라고 보았다. 소련의 독재자는 조국의 경제를 발전시킬 수 있음을 보여줄 것

역자 주: "1989년은 소련이 망할 것이 결정적인 것처럼 보인 해였다. 사무엘슨은 소련이 망하기 직전에도 이 같은 엉터리 예측을 했다. 소련은 1990년 완전히 붕괴되어 역사 속으로 사라졌다.

이라고 생각했다. 더 나아가 그 독재자는 부자로부터 돈을 빼앗아 가난한 사람들에게로 나누어 줌으로써 경제생활을 더욱 "정의롭고," "평등"하게 만들 것이라고 생각했다.

세월이 지나면서 사회주의에 대해 미련을 가질 수 있는 근거는 미약해져 갔지만, 사회주의에 대한 신념은 약해지지 않았다. 아무튼 자본주의 국가 미국에 살고 있는 대중들이 사회주의 국가인 소련에 살고 있는 대중들보다 더 잘 살고 있다는 사실을 부정할 수는 없게 되었다. 정치학자인 R.J. 럼멜(Rudolf J. Rummel) 교수가 주장하듯이, 1917년부터 1987년에 이르는 동안 소련 정부가 자신의 국민 6천만 명 이상을 의도적으로 학살했다는 사실을 논외로 하더라도 말이다.

✠ ✠ ✠ ✠ ✠ ✠ ✠ ✠ ✠

그들로부터 받는 조롱은 영광의 배지(Badge)이다

"자본주의(Capitalism)"라는 용어는 실제로는 잘못된 것이다. "재산주의(Propertyism)"가 훨씬 더 정확한 용어일 것이다. 칼 마르크스는 "자본주의"를 오로지 "자본가들(capitalists)"만이 이익을 보는 사유재산제도 하의 체제를 의미하는 것으로 사용했다. 경제학자이자 고전적 자유주의자인 루드비히 폰 미제스(Ludwig Von Mises)는 다음과 같이 설명한다:

자본주의 체제를 "캐피탈리즘(Capitalism)"이라고 명명한 사람은 그 체제에 우호적인 사람이 아니라 그 체제를 역사상 최악의 체제이자 인류에게 주어진 최대의 악이라고 생각하는 인간이었다. 그는 칼 마르크스였다. 그러나 마르크스의 용어를 거부할 아무런 이유도 없다. 왜냐하면, 캐피탈리즘이라는 용어는 자본주의에 의해 가능하게 된 가장 위대한 사회적 발전(social improvement)을 명쾌하게 묘사해 주기 때문이다. 발전은 자본이 축적된 결과이며, 사람들이 보통 자신들이 생산한 모든 것을 다 써버리지 않고, 그 일부분을 저축하고, 그리고 투자했기 때문에 이뤄진 것이다.[2]

이 책 읽어 봤나요?

Capitalism and the Historians
(자본주의와 역사학자들) by
Friedrich Hayek; Chicago:
University of Chicago Press, 1954.

베를린 장벽이 무너진 이후에도, 사회주의의 문제점들은 전혀 간과하면 안 될 정도로 심각하다. 공산 중국의 지도자들마저도 점점 더 시장 친화적인 개혁안들을 발표하고 있으며, 자본주의만이 작동할 수 있는 유일한 경제체제라는 피할 수 없는 현실에 굴복하고 있다.

그렇다면 이처럼 경험적으로 분명한 현실 아래 살고 있는 서방 세계의 여론 주도층들은 분명히 시장경제를 칭송하는 말을 해야 하지 않겠는가. 안 그런가? 그런데 전혀 그렇지 않다. 사회주의의 파탄은 누가 보아도 분명한 상황인데도 불구하고, 지식인 엘리트들은 지속적으로 자본주의를 비난하고 있는 것이다. 이런 사람들은 거의 모든 사회적 질병들은 자유 시장으로부터 생겨나는 것이라고 비난하며, 이 같은 문제를 해결하기 위해 그들이 제시하는 방법 속에는 항상 더 많은 돈과 정부의 더욱 막강한 힘이 포함되어 있다.

이 책에서 나는 이처럼 널리 만연된 자본주의에 대한 왜곡들과 자본주의 체제에 대한 방대한 미움의 배후에 놓여 있는 터무니없는 거짓말들을 분석할 것이다. 우리는 자본주의를 비난하는 사람들의 믿음과는 정 반대로 사유재산과 이윤에 대한 인센티브에 기초한 경제체제는 사람들로 하여금, 그들 자신들을 위해서 뿐만 아니라, 그들이 살고 있는 사회를 위해서도 가장 올바른 행동을 하도록 유도한다는 사실을 알게 될 것이다.(아담 스미스는 이 같은 메카니즘을 "보이지 않는 손"이라는 유명한 개념으로 표현했다.) 정부가 시장에 개입할 경우, 그것은 개인의 자유와 권리를 짓밟는 일일 뿐만 아니라, 정부가 돕고자 하는 바로 그 사람들을 오히려 더욱 힘들게 만드는 일이 되고 말 것이다.

자본주의 옹호자가 한 말

"자본주의는 비(非)자본주의적 환경에서 자유화의 역할을 가장 잘 수행할 수 있다. 공산주의 국가에서 비밀리에 사업하는 사람(crypto-business man)이 진짜혁명가다."

Eric Hoffer, *Reflections on the Human Condition* (인간조건에 대한 생각들)

제 2 장
가격은 (그 정의상) 정당한 것이다

생각해 봅시다.

🏠 거대 정유회사의 이윤은 정당하다.

🏠 임대료 규제는 가난한 사람들을 괴롭힌다.

🏠 정부가 가격을 통제할 때 품귀현상이 발생한다.

비 오는 날, 길거리에서 우산을 파는 사람이 우산 값을 두 배로 올렸다면 그는 상황의 변화에 따라 합리적으로 반응 한 것이다. 우리가 이 장을 통해 알게 되겠지만, 우산 장사가 시장이 버틸만하다고 생각하는 범위에서 가격을 책정하는 행동을 통해 우리 모두는 이득을 보게 될 것이다.

가격은 신호다

자유주의 시장경제를 이해하기 위해 기억해야 할 중요한 개념은 자유시장경제란 자율적인 교환체제라는 사실이다. 구매자와 판매자는 서로 자신들에게 이익이 된다고 생각하기 때문에 교환에 합의하는 것이다.

가격이란 당신이 어떤 물건을 얼마나 사고 싶어 하는가, 그리고 물건을 파는 사람은 그 물건을 파는 데 얼마나 주저하는가가 시장에서 균형을 이루는 지점이다. 어떤 물건에 높은 가격이 붙어 있다면, 그것은 그 물건이 희귀한 것이기 때문이다. 그리고 어떤 물건의 값이 싸다면 그것은 "10센트에 12개나 줄 수 있는" 값싼 것이기 때문에 그런 것이다. 요약하자면, 시장 가격은 제멋대로 책정되는 것이 아니다. 예를 들어보자. 메르세데스-벤츠 자동차의 가격이 비싸게 책정되어 있다고 하고, 그대는 자동차를 구입하려는 소비자라고 하자. 당신은 가격이 비싼 고급 승용차를 사기 위해 엄청난 돈을 소비하기 전에, 당신이 필요로 하는 다른 것들이 충족된 상황인지를 고려하게 될 것이다. 마찬가지로 당신이 생산자라고 한다면, 시장가격은 당신에게 어떤 물건을 만들어야 할지를 알려준다. 예를 들어, 당신은 사과를 재배하는 농민이며 사과 1파운드(450g)는 10센트라고 하자. 당신은 가격이 싼 과일의 수요를 충족시키기 위해 사과를 더 많이 생산해야할 것인지 혹은 소비자들이 더 가치 있다고 여기는 과일을 생산하기 위하여 재배하는 과일 품종을 다양화시켜야 할런지를 생각하게 될 것이다. 정부가 가격 책정에 개입하면, 자유스런 사람들이 이지적(理智的)으로 경제적인 결정을 내릴 수 있는 능력은 훼손당하게 된다. 정치인들이 전화선, 이메일 혹은 다른 통신수단에 개입함으로써 그렇게 되었던 것처럼 말이다.

"석유 대기업"을 두고 왜 야단법석인가?

최근 가격통제가 필요하다는 주장은 석유회사들이 과다할 정도의 '비이성적인' 이익을 취하고 있다는 사실과 관련이 있다. 많은 미국인들이 2천 년대 중반 휘발유 가격의 급상승 때문에 쇼크를 받았던 기억을 잊지 않고 있으며, 석유회사들이 취하는 이윤이 너무 과한 것(특히 전반적인 경제 불황 상황을 고려할 때)이라고 생각하게 되었다. 궁극적으로 휘발유 가격이 다시 내려가기는 했지만, 정치가들이나 말하기 좋아하는 사람들은 석유회사들에게 휘발유 가격 상승으로 인해 벌게 된 이윤에 대해 세금(windfall profit tax)을 부과해야 한다는 주장, 혹은 휘발유 가격에 대해 정부가 통제를 가해야 한다는 주장을 멈추지 않았다. 그들은 연방정부는 자동차에 의존해 살아가고 있는 미국 시민들의 삶을 괴물 같은 다국적 석유회사로부터 보호해야 할 의무가 있다고 선언하고 자신들의 주장을 정당화했다.

그러나 이 같은 설명이 과연 그럴듯한 "설명"이 되는가에 대해 비판적으로 살펴보아야 한다. 휘발유 가격이 오르는 이유가 오로지 석유 대기업의 야욕 때문이며, 소비자들은 아무런 영향도 미치지 못한 상황이라면, 휘발유 가격이 싼 시기 동안 석유 대기업은 왜 그토록 야욕적이지 않았으며, 소비자들은 왜 그토록 휘발유에 의존하지 않고 있었던 것일까? 2004년이나 2005년이나 석유회사들의 야욕과 소비자들의 석유 의존도는 별로 다르지 않았을 것이다. 변한 것은 수요와 공급이었다.

세계의 많은 나라들이 자유 시장을 지향하는 쪽으로 제도를 개선하고 상당 수준의 경제성장을 이룩하게 되자 그 나라들의 석유에 대한 수요가 상승했다. 중동지역의 정치적인 혼란 — 그

이 책 읽어 봤나요?
Rent Control: Myths and Realities—International Evidence of the Effects of Rent Control in Six Countries (임대료 통제: 6개국의 사례를 통해 본 임대료 통제의 현실과 신화) by Walter Block, Milton Friedman, Friedrich A. Von Hayek, Basil Kalymon, Edgar O. Olsen, eds.; Vancouver: Fraser Institute, 1981.

리고, 단기적인 영향을 미친 것이었지만 미국의 걸프 만을 강타했던 허리케인 ― 은 석유 공급에 차질을 초래했고, 앞으로 더 큰 차질이 초래될지도 모른다는 두려움을 야기시켰다. 이상의 요인들이 복합적으로 연계되어 2005년과 2006년 휘발유 가격이 급상승했다. 휘발유 가격은 당시의 경제상황을 그대로 반영한 것일 뿐이다. "휘발유 가격상승 때문에 남긴 이윤에 대한 과세"는 이라크 반군이 파괴한 파이프라인을 수리하는 데 아무런 도움이 되지 않는다. 실제는 정반대의 더 나쁜 효과를 초래할 것이다. 만약 정부가 석유회사가 취한 이득을 모두 세금으로 걷어가 버린다면, 석유 회사들은 왜 석유 공급 체계를 유지 보수하기 위해 수백만 달러를 소비할 것인가?

석유회사들은 장기적인 맥락을 보고 사업하는 기업들이다. 헤어스타일리스트(미용사)나 길에서 핫도그를 파는 상인들과 달리, 석유사업에 종사하는 사람들은 투자를 해야 하며 ― 석유를 채굴하기 위해 유정을 뚫고, 장비를 갖추고, 그 외에도 다양한 분야에 투자해야 한다 ― 투자가 이득을 산출하기까지 수십 년이 걸릴 수도 있다. 그들은 미래 석유가격의 예측을 통해 자신들의 투자가 합리적일 것이라며 정당화한다. 석유가격이 높을 때, 석유회사들은 높은 이윤을 얻을 수 있다. 그들이 투자한 기반시설(infrastructure)이 이미 존재하기 때문이다. 이윤을 많이 내는 시기는 과거 이윤을 내지 못하던 시절, 즉 석유 채굴을 위해 돈을 퍼붓고 있었던 시절의 손해를 보상해주는 시기이다. 석유재벌들이 정말 터무니없는 가격을 매기고 있다고 생각한다면, 비판자들은 스스로의 석유회사를 만들어야 할 것이며, 자신들의 유정을 구입해야 하며, 석유 채굴을 위해 스스로 땅에 구멍을 뚫어야 하며, 스스로의 정유공장을 건설해야 하며, 그 후 지금처럼 '정당하지 못한(unfair)' 가격이 아닌, 더 좋은 가격으로 석유를 팔면 될 것이다.

자본주의 옹호자가 한 말

"독점가격은 어떤 경우에도 취할 수 있는 가장 비싼 가격이다. 이와는 반대로, 자연적인 가격 혹은 자유경쟁을 통해 이루어지는 가격은, 가장 낮은 가격이다. 항상 이 같은 상황이 이루어지지는 않지만, 어떤 경우일지라도 자연적인 가격이 가장 낮은 가격이다. 독점가격은 소비자를 쥐어짜는 가장 높은 가격이며, 소비자들이 그 돈을 주고 사겠다고 어쩔 수 없이 동의한 것이라고 가정 된다: 경쟁을 통해 이루어진 가격은 판매자들이 일반적으로 택할 수 있는 가장 낮은 가격인 동시에, 사업을 계속 할 수 있도록 해 주는 가격이다."

Adam Smith, *The Wealth of Nations* (국부론)

휘발유가 바닥났다 …

가격통제는 당신이 주유소에 갈 때마다 약간의 돈을 절약하도록 해 주겠지만, 그럴 경우 당신은 휘발유 부족, 주요소에 죽 늘어선 자동차 행렬, 혹은 휘발유 판매량 제한 등으로 인해 시간과 돈을 손해 보게 될 것이다. 왜냐하면, 석유회사들은 더 이상 이윤이 남지 않기 때문에, 귀하가 거주하는 동네 주유소에 더 이상 휘발유를 공급하려고 하지 않을 것이기 때문이다. 이 같은 일이 지금 이라크에서 벌어지고 있다. 운전자들은 자기 차에 기름을 넣기 위해 줄을 서고 있는데 이는 이라크 정부가 자국 국민들에게 '이익'을 주기 위해 휘발유 가격을 웃길 정도로 낮은 수준에서 통제하고 있기 때문이다.(이는 후세인 시절부터 지속되고 있는 전통이다.)

휘발유 가격통제가 휘발유 부족을 초래한 가장 좋은 사례는 1970년대 산유국(OPEC)의 위기가 발생했을 때이었을 것이다. 산유국들은 석유가격을 올리기 위해 생산량을 제한했다. 이에 대한 반응으로 닉슨 행정부는

이 책 읽어 봤나요?
The Age of Oil: The Mythology, History, and Future of the World's Most Controversial Resource. (석유의 시대: 가장 논쟁적 자원의 신화, 역사 그리고 미래) by Leonard Maugeri; Westport, CT: Praeger, 2006.

휘발유 가격을 통제했다. 그 결과 주유소에 자동차들의 긴 행렬이 나타났다. 소비자들이 얼마어치를 주유할 것인가, 휘발유 가격으로 얼마를 지출할 것인가, 혹은 대중교통수단에 의존해야 할 것인가 등등의 여부를 스스로 결정하도록 하는 시장가격 대신에 정부가 공급을 제한하는 무작위적인 규칙을 만들었던 것이다. 심지어는 어떤 특정한 번호판을 단 차량들은 어느 특정한 날에만 주유를 할 수 있다는 규제까지 만들어질 정도였다. 주유소 앞의 긴 자동차 행렬은 산유국들에 의해서가 아니라 닉슨 행정부에 의해 야기된 것이라는 사실을 이해하는 것이 중요하다. 휘발유 가격에 대한 통제가 풀리자마자 미국 시민들은 다시 원하는 때에 주유소를 방문, 필요한 만큼 주유할 수 있게 되었다.

가격통제는 휘발유, 석유의 경우에만 나쁜 것이 아니다. 언제라도 나쁜 것이다. 실제로 주택시장에 가격통제가 적용 된 경우, 가난한 사람들은 아예 주택 시장에서 퇴출 되어 버리는 결과가 초래 되었다.

이 책 읽어 봤나요?
Cornerstone of Liberty: Property Right in 21st Century America (자유의 초석: 21 세기 미국의 재산권) by Timothy Sandefur; Washington, DC: Cato Institute, 2006.

임대료 규제(오히려 이웃을 파멸시키는 조치)

일부 정치가들은 아직도 정부가 아파트 임대료의 상한선을 정하는 것이 가난한 입주자들을 위해 좋은 일이라고 생각한다. 그러나 실제 경제생활은 정치가들의 이 같은 생각이 틀린 것임을 또 다시 증명해 주고 있다.

임대료 상한선을 정부가 결정하는 경우 가장 빨리 나타나는 문제, 혹은 의도하지 않았던 문제는, 임대하려는 아파트의 물량이 급격히 줄어든다는 것이다. 정부가 아파트 임대가격을 의도적으로 낮게 설정할 경우, (임대료가 비쌀 때에 비해) 아파트에 입주해서 살려는 사람들의 숫자는 증가하게 될 것이다. 그 결과 임대료 규제는 즉각적으로 임대아파트의 물량부족 현상을 초래하는 것이다.

임대료 규제법은 장기적, 단기적 측면 모두에서 임대 아파트의 부족현상을 초래한다. 장기적인 측면에서 임대아파트가 부족하게 될 것이라는 점은 이해하기 어렵지 않다. 일단의 투자자들이 맨하탄 부동산의 한 구획을 구입해서 높은 아파트를 신축하기 위해 수백만 달러를 투자해야 할 것이냐를 두고 고민한다고 치자. 이 경우 투자자들이 자신이 건축한 아파트에 시장가격에 입각해서 결정된 가격을 붙일 수 있도록 허락받는 경우와, 정부가 투자자들이 "감당할 수 있는 수준"의 가격 상한선을 미리 설정해 주는 경우, 이 두 가지 경우 투자자들의 고민은 엄청나게 다를 것이다. 임대료 규제 정책은 도시의 장기적인 성장을 주도해야 할 시 당국의 능력을 심각하게 훼손시킬 것이다. 시장가격보다 낮은 수준의 임대료를 받아야 하는 상황에서 아파트를 신축할 기업가들은 없을 것이기 때문이다. 그래서 도시에 거주하는 사람은 늘겠지만 이들이 들어가 살 수 있는 아파트는 늘어나지 않을 것이며, 그 결과 시민들이 아파트를 구하는 일은 점점 더 어려운 일이 될 것이다.

임대료 상한가가 설정된 이후, 장기적으로 임대 아파트의 숫자가 줄어드는 것은 물론, 즉각적, 단기적인 임대아파트 부족 현상도 나타날 것이다. 우선 임대료 규제 상황은 우리의 직관에 반하는 일이다. 예컨대 100채의 임대아파트가 이미 완공되었다고 하자. 그 경우 적어도 완성된 100채의 임대 아파트에 살게 될 입주민들은 임대 사업자들의 탐욕으로부터 해방된 것 아닌가?

꼭 그렇지는 않다는 것이 답이다. 경제학의 핵심적인 원리는 사람들은 "이익이 발생해야 한다는(on the margin)" 원칙 아래 그들의 경제행동을 결정한다는 것이다. 정부가 임대료 상한가를 설정한 이 같은 경우, 경제학의 원칙은, 건물 주인으로 하여금, 자신이 소유한 아파트 중의 일부만 임대사업을 위해 내놓을지 여부를 생각해 보도록 한다. 집주인이 자기 소유의 아파트를 임대하고자 할 경우, 그는 온갖 종류의 비용과 위험을 고려하기 마련이다. 그런데 만약 정부가 그들이 취할 수 있는 이윤(즉, 임대를 통한 수익)을 줄이려고 한다면, 부동산 소유자들은 임대사업을 점차 줄이려고 할 것이다. 집주인이 자신의 집의 일부를 세놓으려는 경우를 생각하면 상황은 더욱 분명해진다. 세 들어 사는 사람에게 한 달에 500달러를 받을 수 있다면 세를 놓을 가치가 있다고 가정하자. 그러나 정부가 이 같은 종류의 세 들어 사는 사람들에게 한 달에 100달러 이상 받을 수 없다고 임대료 한계를 설정했다고 치자. 이 같은 상황에서 집주인은 방을 세 주기보다는 놀러오는 친척을 위한 빈방으로 놓아두거나 혹은 대학에 다니는 아이가 방학 동안 집에 올 때에 쓸 방으로 놔두거나, 혹은 창고처럼 쓰겠다고 결정할 가능성이 훨씬 높을 것이다. 그래서 임대료 상한 규제정책은 빈 방들을 물리적으로 없애버리는 것까지는 아닐지라도 임대 시장에 나와 있는 아파트를 사실상 없애버리는 기능을 하게 되는 것이다. 다른 말로 하자면, 임대료 상한 규제 정책은 새로운 아파트의 공급을 줄일 뿐만 아니라 오래된 집들마저 임대 시장에서 사라지게 만든다.

불행한 일이지만, 이게 다가 아니다. 임대료 상한 규제 정책의 해악은 임대용 주택의 숫자를 줄이는 데서 끝나지 않는다. 더 나쁜 결과가 기다리고 있다. 임대용 아파트의 숫자가 줄어들 뿐만 아니라 임대시장에 나와 있는 아파트의 품질이 저하된다. 시장 가격에 의거한 임대료를 받을 수 없게 된 집주인들은 이윤을 조금이라도 더 남기기 위해, 다른 곳의 비용을 절감하려고 하거나 혹은 아파트를 팔아 치워 버릴 것이다.

자본주의 옹호자가 한 말

"우리가 저녁을 먹을 수 있는 것은 정육점 주인, 양조업자, 빵집주인의 자비심 때문이 아니라 그들 스스로의 이윤 추구 행위 때문이다… 오로지 거지들만이 이웃들의 자비심에 의존해서 살아간다."

Adam Smith, *The Wealth of Nations* (국부론)

임대료 상한 규제 정책은 임대인들로 하여금 아파트 유지 보수비를 더욱 아끼게 할 것이다. 임대료 상한가가 적용되는 아파트들은 주기적으로 페인트칠이 행해지지 않을 것이며, 망가진 곳이 신속하게 수리 되지 않을 것이며, 벽에 그린 낙서들이 빨리 지워지지 않을 것이며, 지하에 있는 빨래방의 기계들이 망가진 채로 방치될 가능성이 높을 것이다. 임대료 상한가가 규제되는 경우 임대 사업자들은 서비스가 엉망이라는 사실에서 초래될 문제를 걱정할 필요가 없다. 아파트에 입주하려는 사

람들이 줄을 서 있을 것이
기 때문이다. 그 결과 임대
료 규제정책은 "빈민굴 왕초
(slumlords)", 즉 가난한 사람
들의 돈을 뜯어먹고 사는 임
대인들을, 더 많이 양산해낼

이 책 읽어 봤나요?
Economics in One Lesson
(교훈으로 배우는 경제학) *by*
Henry Hazlitt; New York: Harper &
Brothers, 1946.

것이다. 반면에 시장경제 원칙이 적용된다면, 임대인들은 입주민들을
계속 자신의 아파트에서 살게 하기 위해 각종 서비스를 열심히 제공할
것이다.

역설적인 일이지만. 임대료 상한 규제 정책은 소수자, 이민자 혹은
다른 '약자'들에게 더 큰 부담을 지우게 될 것이다. 집주인들은 돈을 제
일 많이 내겠다는 입주자를 경쟁을 통해 구할 수 없게 되었기 때문에 주
택의 수요공급 문제를 결정할 다른 기준을 설정할 것이다. 집주인들은
자신의 집에 세 들어와 살 사람들에게 추천서, 세 들어 올 사람의 고용
주가 발행하는 월급명세서, 은행 잔고증명 등을 요구할 것이다. 집주인
은 친구 혹은 같은 교회에 다니거나 영어를 할 줄 아는 "좋은 사람"들에
게만 집을 세놓을 것이다. 보트피플 출신의 갓 이민 온, 영어가 서툰 베
트남 사람들에게 매달 돈을 벌어 성실하게 집세를 낼 것이라는 사실 그
자체는 그들이 어떤 특정한 아파트에 입주하여 살 수 있는 충분한 조건
이 되지 못한다. 임대료 상한 규제가 있는 곳에서 마음에 드는 아파트에
입주하기 위해서는 "누군가를 알고 있어야(know someone)"한다. 이는 단
순히 인간의 본능 때문에만 그런 것이 아니다. 돈이 있는 사람들은 누구
든 베스트 바이(Best Buy) 전자 상품점에서 플라스마 스크린 TV를 구입
할 수 있다. 그러나 임대료 상한이 규제되는 경우, 임대료를 낼 수 있는
사람이라고 누구든지 자기 마음대로 아파트를 구할 수는 없다. 아파트

를 구할 수 있는 돈을 가진 사람이 임대 아파트의 숫자보다 훨씬 많기 때문이다.

앞에서 지적한 문제들 외에도, 임대료 규제 정책은 그들이 애초 원했던 목적을 달성하는 데 처절하게 실패하게 될 것이다. 왜냐하면, 돈 있는 사람들은 아직도 돈을 많이 내고 고급 아파트에서 살 수 있기 때문이다. 시간이 지나면 기업가들은 언제라도 규제를 회피할 수 있는 방안을 찾아내기 마련이다. 예를 들어, 한 임대업자가 대규모 복덕방을 통해서만 거래를 하겠다고 결정했다고 하자.(즉, 어떤 사람이 다가와서 "귀하의 아파트 10D호가 비어 있음을 알고 있어요. 그곳에 사시던 그린 씨 부인이 지난 주 돌아가셨잖아요. 그린 씨 부인이 냈던 만큼의 집세를 드릴 테니 제가 살게 해 주세요"라고 말할 경우, 주인이 "부동산 중개소에 가서 말씀 하세요"라고 말하기로 결심했다고 하자.) 부동산 중개인은 아파트를 구해 주는 대가로 몇 달치 집세에 해당하는 돈을 세입자에게 복비로 요구할 것이다. 이 비용에는 임대인을 선정하는 데 적용한 배타주의에 보답하기 위해, 중개인이 집주인에게 제공하는 돈이 포함되어 있을 것이다. 이처럼 임대료 상한선 규제 정책은 모종의 담합(카르텔) 형성을 조장하게 된다. 법적으로 허용된 임대료는 다른 종류의 요금(fee)을 통해 보충되는 것이다. 다른 말로 하자면, 만약 당신이 OPEC(산유국)들의 담합을 좋게 생각한다면, 당신은 임대료 상한 규제정책 때문에 형성된 담합도 좋아해야 할 것이다.

❋❈❋❈❋❈❋❈❋

제 3 장
노동의 고통

우리들은 수요 공급의 법칙에 의해 라디오 가격 혹은 아이스크림 가격이 결정된다는 사실을 알고 있다. 그러나 수요와 공급이 임금 혹은 월급도 결정한다는 사실은 잘 모르고 있다. 당신이 직장에 고용되어 한 시간 일하고 받는 임금은, 마치 길가에서 핫도그를 파는 사람들이 책정하는 핫도그의 가격이 그가 투입한 자원과 노력에 의거해서 결정되는 것처럼, 당신이 생산한 "생산품"의 가격에 의거해서 결정되는 것이다.

생각해 봅시다.

🏠 프로운동선수들의 임금은 정당한 것이다

🏠 해고된 사장님에게 "금빛 낙하산"(엄청난 퇴직금)을 주는 것은 이해할 수 있는 일이다.

🏠 노동조합은 노동자들에게 피해를 입힌다.

🏠 정부가 최저임금을 정하는 것은 실업률을 높이는 원인이다.

야구선수들은 선생님보다 돈을 더 많이 번다!
누가 더 많이 벌어야 할까?

스타급 운동선수들이 자신의 연봉이 적다고 투덜거릴 때마다 우리들은 미국 가치체계의 황당함에 탄식하곤 한다. 차세대 미국 시민을 양육하기 위해 고등학교에서 수학을 가르치는 선생님은 연봉 4만 달러(한국돈 4,400만원)를 받는데 조그만 하얀 공을 아주 빠른 속도로 던지는, 목소리가 큰 이기주의자 녀석은 연봉 200만 달러를 받는다는 사실에 대한 우리의 감정은 어떤 것인가?

자유 시장 경제에서 가격은 도덕적 가치에 의거해서 결정되지 않는다는 사실을 알아야 한다. 어떤 사람이 다음처럼 말하는 상황을 상상해 보자. "이 나라는 정말 역겨운 나라야! 신성한 성경책은 한 권에 단돈 5달러인데 닌텐도 게임기가 30달러나 된다는 게 말이 돼? 우리의 가치 기준은 어디에 있는 거야?" 나는 우리 모두가 위에서 말한 것과 같은 방식으로 두 가지 상품의 도덕적 가치를 매기는 것은 말이 안 되는 일이라는 사실을 알고 있다고 생각한다. 그래서 누구도 그렇게 말하지 않는다. 같은 원리가 노동의 가격을 결정하는 데도 적용된다.

경제학자들은 이 같은 개념을 흔히 물과 다이아몬드의 역설(Water-Diamond Paradox)로써 설명 한다: 사용가치상으로 보았을 때 물은 살아가는 데 반드시 필요한 것인 반면, 다이아몬드는 단순한 사치품일 뿐이다. 그러나 교환할 때의 가치를 본다면 물은 값어치가 거의 없는 물건이며 다이아몬드는 매우 가지고 싶은 물건이다.

경제학에는 이같이 현저한 역설을 설명하는 법칙이 있다. 즉, 상품가격은 그들의 한계효용(marginal utility)에 따라 결정된다는 것이다. 다른 말로 해보자. 우리는 결코 이 세상에 있는 모든 물과 이 세상에 있는 모든 다이아몬드 중 하나를 선택해야 하는 그런 경우에 직면하지는 않는다.(만약 그렇게 선택해야만 한다면 우리는 누구라도 물을 선택하지 다이아몬드를 선택하지 않을 것이다.) 만약 내가 당신의 물병을 빼앗았다면, 당신은 다른 물병을 손쉽게 구할 수 있다. 당신은 냉장고 속의 다른 물병을 꺼내거나 혹은 수도꼭지의 물을 마실 수도 있다. 그러나 내가 당신이 끼고 있는 다이아몬드 반지를 **빼앗았다면** 나는 재빨리 도망가야 할 것이다.

알기 쉬운 경제학

한계효용(marginal utility): 상품 혹은 서비스의 한계 효용이란 당신이 그것을 사용함으로써 얻게 될 만족의 크기 — 즉 효용성(utility) — 를 의미한다. 당신이 정말로 목이 마르다면 당신이 마실 첫 번째 컵의 물은 세 번째, 네 번째 컵의 물보다 한계효용이 훨씬 높을 것이다.

다양한 종류의 노동가격을 결정하는 데도 마찬가지 원칙이 적용된다. 만약 우리가 모든 고등학교 선생님들과 모든 프로야구 선수들 중 하나를 선택해야 한다면, 우리는 고등학교 선생님들이 훨씬 더 높은 가치를 가진다고 생각하고 그들을 선택할 것이다. 그러나 이 같은 원칙은 고등학교 선생님 한 사람이 제공하는 서비스의 가치와 프로 야구 선수 한 사람이 제공하는 서비스의 가치를 결정하는 데에는 적용되지 않는다. 수학 선생님을 다른 수학 선생님으로 대체하는 것은 그렇게 어려운 일이 아닐 것이다. 고등학교 선생님 한 분이 갑자기 필요하게 된 경우 그 자리를 충족시킬 수 있는 자격과 능력을 갖춘 사람들은 상대적으로 많다. 그러나 이와는 반대로 몇 년 동안 실력을 연마했다고 하더라도 시속 90마일 속도로 야구공을 던질 수 있는 사람은 별로 없다.

프로운동선수의 연봉이 너무 높다고 불평하는 주장에는 또 다른 논리적 하자가 있다. 마르크스는 정당한 사회에서 노동자들은 그들의 노동에 대해 완전한 보상을 받아야 한다고 말하지 않았는가? 만약 시카고 불스(Chicago Bulls) 농구단이 마이클 조던(Michael Jordan)을 고용함으로써 1년에 2,500만 달러를 더 벌게 되었다고 가정해 보자. 마이클 조던을 영입했기 때문에 입장권도 더 많이 팔게 되었고, 광고수입 등도 더 오르게 될 것이기 때문이다. 그렇다면 마이클 조던도 그에 상응하는 연봉을 받아야 하지 않겠나? 마이클 조던에게 2,500만 달러 연봉을 더 올려주지 않는 다면, 그것은 탐욕스런 뚱보 고양이 같은 시카고 불스 구단주가 마이클 조던의 노동 가치를 착취하는 것 아닌가?

* * * * * * * * *

"귀하에게 주말을 가져다 준 사람들로부터…"

생산력의 엄청난 증대(자본주의적 투자와 이노베이션을 통해 가능해진)는 서구 산업국가들 노동자들에게, 그 누구도 과거에 향유할 수 없었던 일하는 시간의 단축, 안전한 작업환경, 또한 넉넉한 임금을 제공할 수 있게 했다. 자본주의 이전의 사회에서 인체공학적으로 디자인 된 도구를 사용할 수 있었던 노동자는 없었다.

형편없는 사장도 높은 연봉을 받을 자격이 있다

자유 시장경제에 대해 이성적인 비판자라면 무조건 높은 임금에 반대하지는 않을 것이다. 만약 어떤 혁신적인 사장이 판매를 증진시키고 비용을 대폭 절약할 수 있는 방법을 개발했다면, 주주들이 그 사장에게 상응하는 수백만 달러를 지급해도 문제가 없을 것이다. 즉, 사장이 고액의 연봉을 받는 것은 그 사람이 회사에 그만큼 높은 이익을 내줄 수 있을 것이라고 기대하기 때문이다. 그러나 실패함으로써 해고되어 물러나는 사장들이 엄청나게 많은 연봉을 받게 되는 잘 알려진 사례들은 도대체 어째서 그럴 수 있는가?

이처럼 정말 이상한 사례를 분석하기 전에 보다 단순한 사례에 대해 알아보도록 하자. 필립 모리스(Phillip Morris)사가 토바코가 포함되지 않은 담배를 개발하기로 결정했다고 가정해 보자. 이 상품이 시장에 나오기 위해서는 먼저 엄청난 광고 및 대대적인 캠페인이 선행 되어야 할 것이다. 이를 위해 필립 모리스사는 광고회사들과 접촉할 것이며 상업광고, 좋은 광고 문구, 전략 회의를 위해 수십만 달러를 지불하게 될 것이다. 수많은 사람이 노력했음에도 불구하고 그 상품은 잘 팔리지 않게 되고 필립 모리스사는 그 제품을 3주 만에 생산 중단하고 말았다. 마지막으로 필립 모리스 사가 광고회사에 다음과 같이 말했다고 상상해 보자. "우리가 지불한 광고비를 돌려주시오. 우리는 판매를 제고(提高)시키기 위해 귀사에게 광고비를 지불한 것이며, 귀사는 그 일에 실패한 것이 분명하오. 결국 되돌아보니 귀사는 우리에게 아무런 의미 있는 일을 해주지 못한 것이나 마찬가지요. 우리는 귀사에게 10센트라도 주면 안 될 것 같소."

광고회사는 물론 이 같은 요구에 코웃음을 칠 것이며 필립 모리스사에게 계약서를 참조하라고 말할 것이다. 계약서에는 상품 판매가 실패할 경우라도 돈을 되돌려 주지 않을 것, 물건이 잘 팔릴지에 대한 어떤 사전 보장도 하지 않을 것임이 기록되어 있는 것이다. 그러나 이 분석을 한 단계 더 진행시켜 보자. 왜 광고회사는 애초부터 이 같은 내용을 계약에 포함시키려고 한 것일까? 왜 그들은 광고가 성공했을 경우에만 돈을 지불할 것이라고 약속하지 않은 것일까? 그들은 자신들의 능력을 스스로 믿을 수 없었던 것이란 말인가?

시간이 지난 후 보았을 때, 대답은 대단히 단순하다. 광고업은 믿을 수 없을 정도로 불확실한 기업이다. 만약 광고회사들이 성공한 광고의 경우에만 정해진 비율 한도 내에서 광고비를 지급받을 수 있도록 사전에 제약이 가해진다면, 그들은 결코 그 성공 여부가 의심스러운 위태로운 상품의 광고를 수주하지 않거나 혹은 상당히 높은 수준의 이익을 보장해 주는 경우에만 그 상품의 광고를 담당할 것이다. 회사들은 자신들이 제조한 상품의 매력 혹은 그 상품의 판매를 어느 정도 통제할 수 있느냐의 여부에 따라 광고회사에게 지불할 광고비를 다르게 설정할 것이다. 마치 조립라인에서 일하는 노동자의 경우처럼 일정 금액을 지급할 수도 있고 위험분담을 나누어 가질 수도 있을 것이다. 만약 생산품이 히트를 치게 된다면 회사는 광고비 포함, 사용된 모든 돈을 다시 벌어들일 수 있을 것이다; 만약 실패하게 된다면 회사는 광고에 들인 돈을 포함 모든 돈을 날리게 될 것이다.

주주들이 사장을 고용하는 경우에도 마찬가지 원리가 적용된다. 일반 관리자들의 일상적인 업무와는 달리 최고경영자(CEO)는 때로 과감한 혁신을 단행해야 할

✳✳✳✳✳✳✳✳✳

2005년~2006년
프로운동선수들의 연봉

(단위 1만 달러)

타이거 우즈	9,000
마이클 슈마허	5,800
필 미켈슨	4,500
마이클 조던	3,200
코비 브라이언트	3,100
샤킬 오닐	3,000*
발렌티노 로시	3,000
알렉스 로드리게스	2,900
카슨 팔머	2,899
데이빗 베컴	2,700
톰 브래디	2,600
르본 제임스	2,600
로날디노	2,600
데렉 지터	2,500
마리아 샤라포바	1,900
미셸 위	1,700
세레나 윌리엄스	1,000
애니카 소렌스탐	800
비너스 윌리엄스	700

후원금 포함 금액
*오닐의 연봉이 NBA 최고였지만 브라이언트는 후원금이 더 많았다.

자료: Forbes.com

때가 있다. 만약 그렇게 하는 것이 어떤 특정회사에게 수백만 달러를 벌어줄 것이 '분명'하다면 애초부터 회사가 고생할 일은 없을 것이다. 새로운 최고경영자가 과감한 계획과 함께 등장할 때 그는 자신의 계획이 실패할 가능성도 있다는 사실을 분명히 알고 있다. 만약 주주들이 최고경영자에게 "만약 당신이 성공하게 되는 경우 우리는 귀하에게 2천만 달러를 지급할 것이오. 그러나 당신이 실패할 경우 우리는 아무런 돈도 지급할 수 없소."라고 말했다고 하자. 이는 결코 매력적인 계약조건은 아닐 것이다. 왜냐하면, 그 정도 큰 회사에 최고경영자로 영입될 자격을 갖춘 사람이라면, 최고경영자가 되는 것만큼 멋있는 일은 아니겠지만, 경영조언(consulting) 혹은 다른 일들을 해서도 비록 수백만 달러까지는 아닐지라도 수십만 달러는 벌 수 있을 것이기 때문이다.

누구도 자동차회사가 생산라인에서 일하는 노동자들에게 "만약 우리 자동차들이 잘 팔리게 될 경우 우리 회사는 당신에게 년 5만 달러(기본 연봉에 5천 달러 보너스 포함)를 지급하겠소. 그러나 자동차가 잘 팔리지 않을 경우 우리는 45,000달러(보너스 제외)만 지급할 것이오"라고 말하는 것을 반대하지 않는다. 그러나 똑 같은 일이 최고경영자 — 물론 그의 연봉은 노동자보다 엄청 높을 것이다. 그가 성공할 경우 회사가 버는 돈은 엄청 늘어날 것이기 때문이다 — 에게도 적용된다면 그 원칙은 스캔들이 되고 만다.

자본주의 옹호자가 한 말

"집단적 두뇌(collective brain)라는 것은 존재할 수 없다"

PIG

Ayn Rand, *Capitalism: The Unknown Ideal* (자본주의: 알려지지 않은 이념)

아동노동 금지법은 필요하지 않다

많은 이들의 마음속에 경제적 혼동을 야기하는 또 하나의 전형적인 사례는 '상관관계(correlation)'와 '인과관계(causation)'의 차이에 관한 것이다.

예컨대 노동자들의 생활이 향상되었다는 사실과 동시에 정부의 개입이 늘어났다는 사실을 보고, 우리들은 노동조합과 정부의 규제를 생활을 나아지게 한 '원인'이라고 생각하게 된다. 우리들은 대개 노동조합과 큰 정부 때문에, 그리고 이들을 지지하는 사람들 때문에 생활이 나아지게 되었다고 끊임없이 말하고 있다. 그러나 사실은 자본주의가 승리했기 때문에 생활이 나아지고 노동의 조건이 좋아지게 된 것이다. 자본가들은 일하고 투자하는 데 너무 바빠서 잘 했다는 칭찬을 들을 여유가 없을 뿐이다.

상관관계와 인과관계를 혼동하는 가장 좋은 예는 아마도 아동노동에 관한 문제일 것이다. 맞는 이야기다. 어린이들은 찰스 디킨스가 살았던 시대에는 그가 묘사한 것처럼 노동에 시달렸다. 오늘날 '선진국'들에서 찰스 디킨스가 묘사한 것과 같은 아동노동은 불법으로 금지되어 있다. 이를 보고 많은 사람들은 정부가 자비로운 마음을 가지고 개입함으로써 우리의 미래 세대가 될 아동들을, 자본주의라는 기계 속의 작은 톱니바퀴처럼 더러운 환경에서 일하고 있는 상황으로부터 구출해 내었다고 말한다.

그러나 이 같은 분석은 과연 타당한 것인가? 만약 내일부터 아동노동이 법률적으로 다시 허락 된다면 당신은 당신의 여덟 살 난 아들을 공장에 보내서 한 달 동안 일을 한 대가로, 세금을 떼고 난 후 약 200달러 정도쯤 되는 돈을 더 벌어 오게 할 것인가? 물론 그렇게 하지 않을 것이

자본주의 옹호자가 한 말

노동자 개인들은 자기가 필요로 하는 것 보다 많은 자신의 노동 생산물을 대량으로 가지고 있으며, 다른 노동자들도 마찬가지 상황에 있으므로, 그는 자신의 생산품을 타인의 생산품과 또는 그들의 재화의 가격과 교환 할 수 있다… 그리하여 전반적인 풍요가 사회의 모든 계층으로 확산되는 것이다.

Adfam Smith, *The Wealth of Nations* (국부론)

다. 만약 어떤 나라가 충분히 부유한 나라가 되었다면 '당연히' 그 나라 어린아이들이 일을 해야 할 필요는 없을 것이다. 그런 나라 부모들은 '아이들을 일시키면 안 됩니다.'라고 말하는 정치가를 뽑을 필요가 없을 것이다. 그러나 나라가 그 정도로 부유하지 않다면, ─ 오늘 세계 도처의 가난한 나라에서 볼 수 있는 것처럼 ─ 정부가 아동노동을 금지할 경우, 이는 오히려 아동들을 다른 불법적인 일, 예를 들어 매춘 같은 데로 몰아버리는 일이 되고 만다. 가족들이 굶어죽지 않기 위해서 아이들이 할 일이라곤 그런 것 외에는 없을 것이기 때문이다. 법안을 통과 시키는 것만으로 부를 창출할 수는 없다. 만약 어느 한 사람이 자신의 가족을 먹여 살리기 위해 필요한 유일한 수단이 있다면, 그것은 생산성이지 법이 아니다.

아동노동에 관하여 상대적으로 덜 중요한 다른 두 가지 관점이 있다. 첫째, 노동조합은 전통적으로 아동노동에 반대해 온 조직들 중의 하나이다. 그러나 다음에 우리들이 보게 될 테지만, 그들의 아동노동 반대 동기는 자비심과는 거리가 먼 것이었다. 그들의 관심 사항은 아이들이 불쌍해서 아동노동을 금지해야 한다는 것이 아니라 자신들의 월급봉투

가 얇아질지도 모른다는 것
이었다.

두 번째 관점은, 당신이
이미 눈치 챘는지 모르겠지
만, 위에서 언급한 논리적
과정이 완전히 엉터리라는

것이다. 정부가 아동의 노동을 합법화 시키더라도 당신은 8살 난 아이를
하루 종일 일터에 보낼 수는 없을 것이다. 왜냐하면, 정부는 이미 당신
아이가 하루 동안 해야 할 일에 대해 임무를 부과하고 있기 때문이다.
즉, 정부는 당신으로 하여금 당신의 아이들에게 읽고, 쓰고, 계산하는 방
법(또한 많은 공립학교들의 경우처럼 공 피하는 방법)을 가르치도록 강요
하고 있는 것이다. 그래서 정부가 어린이들을 일의 고통으로부터 해방
시키고 대신 운동장에서 뛰어놀게 했다는 것은 진실이 아니다. 정부는
어린이들을 버스로 태워가서 집단 노동훈련 프로그램에 참가시키려고
하며, 부모들이 자기 아이들을 이 같은 프로그램에서 **빼내려고** 할 경우,
예컨대 학교 대신 집에서 교육시키려고 할 경우, 대단히 화를 낸다.

최저임금(혹은 어떻게 실업자를 만들어 내는가)

노동법과 관련해서 수사(修辭: rhetoric)와 현실을 구분지어 주는 가장
분명한 예는 최저임금 제도이다. 최저임금제를 옹호하는 사람들은 이
제도가 수만 명의 노동자들을 빈곤으로부터 구출했다고 주장한다. 정부
가 개입하여 문명사회가 용납할 수 있는 임금의 최저선을 선언하지 않
았다면, 변덕스런 고용주들은 서로 다른 고용주들을 제치기 위한 최후

의 경쟁을 벌일 것이고, 이때 아무런 기술도 없는 노동자들은 협상력(그들도 결국 먹고 살아야 하는데)을 가질 수 없을 것이며, 고용주가 주겠다는 것은 그것이 아무리 사소한 부스러기 같은 것이어도 받아들이지 않을 수 없을 것이라고 주장한다.

이는 전형적인 견해이지만 어디서부터 시작해야 할지 모를 정도로 엉터리 주장이다. 예를 하나 들어보자. 왜 모든 노동자들은 최소한의 임금을 받지 않고 있는가? 탐욕적인 병원들은 자신이 고용한 외과 의사들에게 최저임금만 주지 왜 월급을 더 많이 주고 있는가? 왜 법률회사들은 젊은 변호사들에게 최저 임금만을 주지 않고 있는가?

경쟁이라는 요인이 이같이 황당한 일을 방지하고 있기 때문이라고 분명히 대답 할 수 있다. 만약 공장에서 일하는 노동자가 진실로 그들이 받아야 할 만큼 월급을 받지 못하고 있다면 — 경제학자들은 이를 한계수입 생산물(marginal revenue product)이라고 말하고 있다 — 그럴 경우 외부의 기업가는 동종의 기업에 뛰어들어 기존의 회사가 주는 돈보다 약간 더 많은 임금을 제시하여 낮은 임금을 받던 노동자들을 빼앗아 옴으로써 엄청난 돈을 벌 수 있을 것이다. 이 같은 과정은 노동자들이 그들이 받아야 할 만큼 월급을 받게 될 때까지 반복될 것이다.

고급 기술을 보유한 노동자들의 경우에도 마찬가

우선순위의 역설

개인의 수입은 그 사람의 본질적인 가치를 반영하는 것이 아니라는 사실을 강조하고 또 강조하는 바로 그 사람들은 동시에 이 나라 급여 문제의 "우선순위"에 대해서도 가장 큰 목소리를 내는 사람들이다. 만약 우리가 급여는 한 인간의 도덕적 가치 혹은 사회적 중요성과 아무런 관계가 없는 것이라는 사실에 대해 동의한다면, 왜 선생님(혹은 간호사, 소방관 등등)의 봉급이 프로운동선수의 봉급보다 더 높게 책정되어야 한다고 생각하는가?

지다. 이 같은 논리는 햄버거 가게에서 햄버거를 포장하는 노동자에게 나 소프트웨어를 만드는 공학기술자들에게나 똑같이 적용된다. 물론 맥도널드에 취직하려는 노동자들은 소프트웨어 기술자들보다 생산성이 훨씬 낮으며, 그래서 자유 시장에서 그들의 월급은 낮게 책정되는 것이다.

만약 정부가 시간당 최저 임금을 5달러로 책정한 후, 시간당 3달러의 임금을 제공하는 어떤 회사라도 법에 의거 처벌하겠다고 한다면, 그 때 어떤 일이 벌어지게 될까? 회사들은 2달러 손해를 보더라도 문제가 된 노동자에게 5달러를 지불하겠다고 결정할까? 물론 그렇게 하지 않을 것이다. 회사들은 남아 있는 노동자들의 생산성이 향상될 때까지 문제가 된 노동자를 해고해 버릴 것이다. 그렇다면 최저 임금제는 아무런 기술도 없는 10대의 노동자들을 어떻게 도울 수 있단 말인가?

노동조합은 노동자들에게 피해를 끼친다

최저임금법과 친 노동자적이라는 법안들은 노동자들의 생산성을 높이지 못하며, 궁극적으로는 오히려 노동자들에게 피해를 주게 된다. 노동조합에 의한 "사업장 철폐"는 새로운 노동자를 채용하고 싶은 고용주들의 동기를 없애버리며, 그 결과 기술수준이 낮은 노동자들이 초보단계의 직장에 취업하여 일을 배워 고급 노동자가 되는 길을 막게 된다. 노동자들이 노동조합 덕택에 노동의 경쟁을 경감시켜 주는 혜택을 받았다고 하더라도, 그 혜택은 다른 노동자들의 피해를 통해 이루어진 것일 뿐이다. 역으로 자본가들이 자유 시장에서 투자를 늘릴 경우 더 많은 일자리가 생기며 누구에게나 더 좋은 노동조건이 형성되는 것이다.

진정 자유로운 시장에서도 노동조합의 역할은 있을 것이다. 자유로운 시장에서도 고객이 직장을 찾을 수 있고 계약을 맺을 수 있게 도와주는 중개인 혹은 관리인이 있는 것처럼 말이다. 그들은 항상 필요한 사람들은 아니다.(당신에게 얼마나 자주 중개인 혹은 관리인이 필요하겠는가?) 그러나 그들은 어떤 특정 사업에서 대단히 중요한 역할을 담당한다.

자유 시장경제에서 국가적 차원의 노동조합은, 예를 들어 어떤 목수가 뉴욕으로부터 캘리포니아로 직장을 옮기려고 할 경우, 그 목수로 하여금 캘리포니아에서 자신의 경험과 능력에 적당한 일자리를 찾을 수 있게 도와줄 수 있을 것이다. 이 같은 편리함이 제공될 수 있는 경우 그 목수(특히 그가 고도의 기술을 가진 경우)는 즐거운 마음으로 노동조합에 회비를 낼 것이다. 또한 과거 노조 소속 목수들과 좋은 경험을 가지고 있었던 빌딩 계약자들 혹은 집을 소유하고 있는 사람들은 이 노조 소속 특정 목수에게 더 많은 돈을 지불하고자 할 것이다.

그러나 불행하게도, 위의 예처럼 노동조합과 노동자간의 양호한 관계는 미국 노동조합의 역사에서 실제로 있었던 일을 제대로 묘사한 것은 아니다. 마치 마피아의 두목이 자신의 가족들을 위해서 하는 방식과 마찬가지로, 미국의 노동조합들은 폭력적인 위협을 통해, 연방정부의 동의를 받아냈고, 자신들의 조합원들을 보살폈다.

전형적인 노동조합은 어떻게 일을 진행할까? 노동조합은 잠재적인 회원들과 함께 회사 혹은 공장에 침투해 들어가서 잘못된 정보

이 책 읽어 봤나요?

Out of Work: Unemployment and Government in Twentieth Century America (일자리를 잃다: 20세기 미국 정부와 실직) by Richard Vedder and Lowell Gallaway; New York: New York University Press, 1997.

를 활용해서 캠페인을 벌인다. 노동자들에게, 그들은 착취당하고 있으며 낮은 임금을 받고 있다고 말한다. 그들은 모든 얌전한 노동자들을 향해 임금의 향상, 의료지원의 확보, 더 많은 휴가 등등을 위해서 끊임없이 노조에 투표해야 한다고 말한다. 이 같은 일들은 결코 해고 사태를 초래 하지 않을 것이며 회사의 경쟁력을 훼손시키지도 않을 것이라고 말한 다. 그것은 주주들이 차지해 버린 잉여로부터 나오는 것이라고 말한다. 이 같은 일이 진행되는 동안 관리자들은 노동자들에게 임금이 5% 오를 경우 오버타임 시간을 줄일 수밖에 없을 것이라고 말할 수가 없다. 그렇 게 말한다면 이는 간접적 위협이 되며, 이는 미국의 노동법에 의할 때 불법인 것이다.

이야기를 더 계속해 보자. 예컨대 노동자들의 85%가 노조에 가입하 기를 원한다고 하자. 그때 어떤 일이 벌어지게 될까? 85%의 노동자가 노조에 가입할 것은 분명할 것이고, 나머지 15%의 노동자들은 노조에 가입하지 않고 독립적인 입장을 취할 것이다. 회사는 85%의 신규 가입 자를 하나의 실체로 대할 것인가 혹은 이들을 모두 해고시키고 노조에 가입하지 않을 다른 사람들을 새로 고용할 것인가의 여부를 결정하려고

자본주의 옹호자가 한 말

"자본주의는 합리성에는 보상을 하고 모든 종류의 비 합리성에는 처벌을 하는 방식으로 작동되는 유일한 시스 템이다.… 인간들에게 자유를 향한 첫걸음을 내딛게 하고 합리적인 생활방식을 가져다준 것은 자본주의다. 자유무 역을 통해 국가와 인종간의 장벽을 파괴한 것은 자본주의이며, 이 세계 문 명국가들에서 노예와 굴종을 제거하도록 한 것도 자본주의다."

Ayn Rand, *The Virtue of Selfishness* (이기주의의 도덕성)

할 것이다. 그렇지 않겠는가? 결국 고용주 역시 피고용자와 동등한 권리를 향유해야 할 것 아닌가. 그리고 공장 혹은 투자자들의 돈은 노동조합의 소유가 아니지 않은가? 안 그런가?

그러나 실제로 일은 이처럼 진행되지는 않는다. 현행법에 의하면 미국의 회사들은 노동조합을 설치할 수 있으며, 노조에 가입하지 않은 15%의 노동자들은 자신의 의지와는 반대로 노조에 강압적으로 가입하거나 혹은 다른 회사로 직장을 옮겨야 한다. 노조는 경영자들이 자신들이 원하는 것을 들어주지 않는 경우 파업(strike)을 주동할 수 있을 것이다. 파업을 벌이는 동안 회사가 새로운 노동자들을 뽑으려 한다면, 노조원들은 문자 그대로, 이 같은 스트라이크를 파괴하는 자들(scabs), 즉 겨우 일자리를 얻어 공장에 출근하려는 불쌍한 노동자들을 두들겨 팰 것이다.

그만 좀 해라!(Give me a Break!)

노조를 적극 지지하는 사람들의 설명을 듣게 될 경우, 당신은 진정으로 자유로운 시장에서 고용된 일꾼들은 점심도 없고, 휴식시간도 없고, 휴가도 없으며, 아플 때 쉴 수도 없고, 일터에는 화장실도 없다고 생각하게 될 것이다. 말도 되지 않는 소리다. 고용주들은 기술을 갖춘 노동자를 채용하기 위해 경쟁력이 있는 높은 임금을 제시해야 함은 물론, 생산성 높은 노동력을 보유하기 위해 다른 종류의 편의도 제공해야만 하는 것이다. 만약 노조가 비난하는 어떤 것이 분명히 사실이라 하더라도, — 예컨대 일터에 화장실이 없다는 것 — 그리고 노동자들이 다른 특전(additional perk)을 위해 약간의 임금 삭감을 기쁘게 받아 들 일 수 있다고

이 책 읽어 봤나요?

Freedom in the Workplace: The Untold Story of Merit Shop Construction's Crusade against Compulsory Trade Unionism (일터에서의 자유: 강제적 노동조합주의에 대항해서 싸운 메릿 건설회사의 알려지지 않은 이야기) by Samuel Cook; Washington, DC: Regnery, 2005.

한다면, 그 경우 고용주는 노조 혹은 이윤을 극대화할 수 있도록 결정을 내리라고 말해 줄 정부를 필요로 하지 않을 것이다. 만약 어떤 특정 종류의 편의 제공이 회사의 이익에 도움이 되지 않는 것이라면 — 즉, 노동자들이 임금을 삭감당하기보다

는 차라리 특전을 포기하려고 한다는 것을 의미한다면 — 고용주에게 특전을 제공하라고 강요하는 것은 오히려 노동자들에게 손해를 끼치는 것이 된다!

요약하면, 노조는 조합원들을 위한 편익을 얻어낼 수 있을 것이다. 그러나 이러한 상황은 — 진정한 자유 시장에서 나타나듯이 — 비용절감 혹은 생산성 향상 등 자발적인 행동을 통해 이루어지는 것은 아니다. 오히려, 노조는 자신들의 목표를 달성하기 위해 폭력을 행사하는 노조원을 동원하거나, 고용주들이 특정 노동자를 채용 할 수 있는 권리를 거부(노동자 모두가 노조에 가입해야 한다고 주장하는 것)하거나, 사실상 노동자 채용 권한을 독점적으로 확보함으로써, 혹은 노조를 편들어 주는 연방정부의 힘에 의존하고 있는 것이다. 이 같은 위협, 그리고 파업 등은 노동자들의 생산성을 높이는 일은 아니기 때문에, 노조의 이익은 반드시 사회 내 다른 부분의 희생을 통해서만 성취될 수 있는 것이다.

제 4 장
차별금지법에 반대 한다

"억압받는" 사람들의 대변인임을 자처하는
사람들은 사회의 모든 "불평등"은 자유 시장
때문에 유래한 것이라고 말하기 좋아한다. 어
떤 사람들은 정부의 자비로운 개입이 없었다
면 흑인들은 아직도 백인들과는 다른 수도꼭
지의 물을 마셔야 하며, 여성들은 간호사나 선
생님 이외의 다른 직업은 가질 수 없었을 것
이라고 말한다. 그러나 이런 주장들은 다른
반(反)자본주의적 신화들과 마찬가지로 현실을
정반대로 말하고 있는 것이다. 우리는 이 같
은 사실을 곧 밝혀내고자 한다. 시장은 고용
주들로 하여금 고용자들의 능력에 기초한 객
관적인 결정을 하도록 하는 강력한 요인을 포
함하고 있다. 반면에 정부 기관들은 이 같은
요인을 결여하고 있다.

생각해 봅시다.

🏠 자유 시장은 차별을
처벌한다.

🏠 여성과 남성의 임금
격차는 실제로는 그 대
부분이 신화에 불과하
다.

🏠 진짜 차별은 노조와
정부에 의해 자행되고
있다.

자유 시장에는 '인종차별'이 없다

차별은 나쁜 것이라고 말하려면 차별이 무엇을 의미하는지를 정확히 알아야 한다. 가장 자유주의적 관점에서 말하자면, 차별(discrimination)은 불가피한 일이며 좋은 것이기도 하다. 고용주들은 더 열심히 일하고, 재주도 있고, 지식이 있으며, 성실한 일꾼을 고용하기 위해 '차별적'이어야 한다.

성, 인종, 혹은 다른 '추상적인' 특징에 의거한 차별도 때로는, 보편적인 기준을 따를 경우라도, 괜찮은 것일 수 있다. 작가인 버지니아 울프를 주인공 중의 하나로 삼았던, 〈마지막 시간(The Hours)〉이라는 우수상을 수상한 영화를 생각해 보자. 더스틴 호프만(Dustin Hoffman)이 버지니아 울프 역을 맡기 위해 오디션을 받았다고 가정해 보자(그 역할은 니콜 키드만에게 주어졌다). 비록 더스틴 호프만이 투시(Tootsie)라는 영화에서 여자 역을 훌륭하게 소화했기 때문에 버지니아 울프의 역도 잘 할 수 있는 능력을 증명했다고 하더라도, 감독은 더스틴 호프만을 아무런 주저 없이 그 역에서 배제시켰던 것이다. 더스틴 호프만이 아무리 연기를 잘 한다고 해도 그가 남자라는 사실은 버지니아 울프의 역에는 부적당했기 때문이다.

누구도 이 같은 차별을 불만스러워하지 않을 것이다.

다른 경우를 생각해 보자: 미국에는 전체 인구의 12.5%에 해당하는 흑인들이 살고 있다. 그러나 NBA(미국 프로 농구협회)에서 활약하는 선수의 77%는 흑인이다. 이 같이 현저하게 나타나 보이는 불평등은 프로 농구선수를 선발하는 과정에 내포되어 있는 인종차별의 사례인가? 분명히 '그렇지 않다'고 말해야 할 것이다.

그렇다면 우리가 노동시장에서 '차별'이 있다고 말하는 것은 무슨 의미인가?

당신은 우리가 "편견(prejudice)"— 혹은 더 정확히 말해서 편협성(bigotry) — 을 가지고 있다고 생각할지 모른다. 그러나 그것도 틀린 생각이다. 예를 들어보자. 신시나티 레드스(Cincinnatti Reds) 농구단의 구설수 많았던 구단주였던 고(故) 마지 쇼트(Marge Schott)는 그렇지 않다고 변명했음에도 불구하고 진짜 인종 차별주의자였으며, 자신의 언급에서 나타나 보이듯이, 아돌프 히틀러(Adolf Hitler)를 지지했던 여자였다. 그러나 그녀가 고용했던 에릭 데이비스(Eric David)와 데이브 파커(Dave Parker)에 관한 경멸적인 묘사에도 불구하고 그녀는 자신의 인종차별적인 태도가 선수들을 고용하고 월급을 책정하는 데 영향을 미치는 것을 허용하지 않았다. 결국 흑인 선수들은 그녀의 팀을 빛내는 스타들이었고, 쇼트가 신시나티 레드스 구단주 및 사장으로 임명된 지 5년 만에 신시나티 레드스는 월드 시리즈 챔피언에 등극했던 것이다. 그녀는 선수들을 고용할 때 경기장에서의 성공 여부와 월급 장부를 더 중요한 고려 사항으로 삼았던 것이다.

우리들은 고용주가 성과, 잠재력에 의해서가 아니라 성별, 인종 혹은 다른 부적당한 기준에 의해 노동자들의 채용, 해고 혹은 승진을 결정하는 경우, 이를 차별이라고 간주하고 우려하는 것이다.

이 같은 차별 문제를 가장 잘 해결해 줄 수 있는 요소들을 바로 자유 시장이 제공하는 것이다. 만약 고용주가 자기 회사의 성공 여부와 관계없는 다른 부적당한 기준에 의해 노동자를 고용하거나 해고시키고 승진 여부를 결정한다면 그 회사는 어떻게 되겠는가? 자유 시장은 그 같은 행위를 처벌할 것이다. 어떤 고용주가 흑인, 히스패닉, 유대인, 여성, 가톨릭 신자 혹은 어떤 다른 종류의 사람들을 고용하지 않을 것이며, 그들

에게 물건을 팔지 않을 것이며, 거래를 하지 않겠다고 한다면, 이 같은
행동은 그들이 자신의 시장을 스스로 제약하는 것이며, 자기 회사에서
일할 수 있는 생산성 높은 관리자와 노동자의 풀을 스스로 좁히는 일이
되며, 고용주의 회사를 해롭게 하는 일이 되고 말 것이다.

차별은 기업에게 나쁜 것

더 세부적인 사례를 들어보자. 고용주가 5만 달러 봉급을 주는 일자
리를 개설했다고 하자. 기독교도인 노동자는 회사에 51,000 달러를 벌어
줄 수 있고, 회교도인 노동자는 55,000 달러를 벌어줄 수 있다고 가정하
자. 이 경우 종교적인 신조에 의해 회교도를 차별하고 기독교도를 고용
할 경우, 고용주는 잠재적인 이익 4,000달러를 못 벌게 될 것이다.(고용
주는 기독교도를 고용할 경우 1,000달러의 이익을 낼 수 있을 것이지만
회교도를 고용할 경우 5,000달러의 이익을 낼 수 있는 것이다.) 이 같은
경우 정부의 검열관 혹은 감독은 불필요하다. 정의 그대로 자유 시장에
서 차별은 자동적으로 "벌금"을 부과하는 기능을 가지고 있는 것이다.
이에 추가하여 자유 시장은 차별이 야기되는 어느 곳에서도 그 차별
을 적발할 수 있을 뿐만 아니라, 부과되는 벌금의 규모가 차별의 정도와
정확하게 비례하도록 만든다. 어떤 기업가가 자신의 가게에 페인트를
칠하기 위해 자신의 조카를 고용했다고 치자. 모르는 사람을 고용했을
때 50달러 더 적은 비용으로 페인트칠을 할 수 있었다면, 그 기업가는
족벌주의 때문에 50달러를 손해 본 것이 될 것이다. 그러나 만약 기업가
가 자신의 조카를 회사의 웹사이트를 디자인하고 마케팅 캠페인을 담당
하는 자리에 채용했다면 — 이 일을 아웃소싱을 통해 진짜 전문가에게

맡기는 대신에 — 그 경우 "가족들의 기업"을 유지하기 위해 소비한 비용은 훨씬 더 큰 액수가 될 것이다.

고용주들이 자유 시장에서 차별을 할 것이냐 말 것이냐의 여부는 전적으로 그들의 자유다. 그러나 차별에는 대가가 따르기 마련이다. 차별은 공짜가 아니다.

"안목 있는" 고객

고용주가 생산성이 아닌 다른 기준에 의해 노동자를 고용하는 경우 그는 대가를 치르게 되어 있다. 그런데 기업가는 고객들의 편견에 비위를 맞추지 않고서는 이익을 취할 수 없는 것이 아닐까? 예를 들어보자. 만약 식당 주인이 자기 식당 고객의 상당수가 흑인 웨이트리스가 접대하는 것을 싫어한다는 사실을 알고 있다고 하자. 그리고 이들은 이 같은 편견을 다른 사업에도 적용한다고 하자. 그렇다면 식당주인은 (그렇게 함으로써 벌금을 물거나 혹은 고발당할 것을 우려하지 않아도 된다고 가정하고) 자격은 조금 모자랄지라도 백인 웨이트리스를 채용하는 것이 이익이 될까?

그런데 이 같은 경우라 할지라도 자유 시장은 식당 주인에게 차별을 한 대가를 치르게 할 것이다 — 이 경우 고객들은 "인종차별의 대가"를 치르게 될 것이다. 백인 웨이트리스의 서비스를 받은 고객들은 치러야 할 금액보다 더 많은 돈을 내고 있는 상황이 될 것이다. 그들은 능력 있는 흑인 웨이트리스의 서비스 대신 열등한 백인 웨이트리스의 서비스를 받았기 때문이다.

이 같은 과정에는 기괴한 일도 없고 본질적으로 반박할 내용도 없다.

우리는 언제라도 우리가 원하는 바대로 돈을 지불하게 되는 것이다. 우리는 브로드웨이에서의 공연을 보기 위해 동네 극장에서 싸구려 영화를 보는 것보다 더 많은 돈을 지불한다. 우리는 기름이 덕지 덕지 붙어 있는 앞치마를 두른 10대의 소년이 거칠게 던져주는 햄버거 보다 극도로 예의바르고 정장을 차려 입은 직원이 제공하는 갈비를 먹기 위해 더 많은 돈을 지불한다. 이러한 맥락에서 보았을 때 "차별적인 입맛"을 가지고 있다는 사실은 칭찬해야 할 일이다.

흥행주들은 코미디언 조지 칼린(George Carlin)에게 수박을 부수는 레오 갤러거(Leo Gallagher)보다 더 많은 돈을 주겠다고 제의할 것이다. 이를 설명할 수 있는 분명한 사실은 훨씬 더 많은 사람들이 조지 칼린의 코미디 쇼를 보고 싶어 한다는 점이다. 여기서 사람들이 어떤 선택을 하느냐의 여부에 "객관적"인 기준은 없다. 실제로 수많은 갤러거의 팬들은 이 같은 대우는 불합리한 것이라고 불만스러워 한다. 실제로 안젤리나 졸리(Angelina Jolie), 제니퍼 로페즈(Jennifer Lopez), 니콜 키드만(Nicole Kadman)이 많은 돈을 벌 수 있었던 이유 중의 하나는 그들의 미모 때문이라는 사실을 부정할 수는 없을 것이다 — 만약 그들이 끔찍스레 못생겼다면 그들은 그렇게 많은 돈을 벌수는 없었을 것이다. 그런데 이 같은 사실은 못생긴 가수 혹은 배우들을 차별하는 것인가?

대부분의 사람들은 다음과 같이 대답할 것이다. "적어도 한 측면에서는 그렇다. 그러나 이것은 우리가 말하는 '차별에 대한 반대'와 관계 없는 것이다." 사람들이 "차별"한다는 것은, 경멸적인 의미로 말하자면,

비판자 자신은 보유하고 있지 않은 선호도에 따라 행동하는 것을 말한다. 요약하자면, 사람들은 못생긴 배우들이 출연한 영화를 보려고 하지 않는다. 그래서 할리우드는 잘 생긴 사람들을 선호한다는 분명히 편파적인 태도를 취하고 있는데도 불구하고 사람들은 이에 대해 그다지 심하게 반발하지 않는다. 대부분의 사람들은 자기에게 서비스를 제공하는 사람이 기독교도인가 회교도인가는 중요한 것이 아니라고 생각한다.(혹은 적어도 그런 것에 신경 쓰지 않는 사람처럼 보이려 한다.) 그래서 이 같은 내용의 차별금지 법안을 만들겠다는 정치가들에게 아무런 생각 없이 투표한다.

사유재산과 결사의 자유

"차별"을 방지하기 위한 미국 정부의 법률안들은 미국의 정치적 풍경에 나타나는 역설적인 모습을 보여준다. 사람들은 어떤 형식이라도 정부에 의해 위협당하지 않고 자신들이 원하는 조직을 자유롭게 결성할 수 있다고 되어 있다. 그렇기 때문에 미국 사람들 대부분은 그것이 비록 그 사람을 욕먹게 하는 짓이라 생각할지라도, 어떤 인종주의자가 오직 백인들만을 친구로 대한다든가 혹은 자신의 저녁 파티에 백인만 초대한다는 등의 행동 때문에 벌금을 내야 한다고는(물론 감옥소에 가야 한다고) 생각하지 않으며, 그 사람은 법의 명

이 책 읽어 봤나요?
Capitalism: The Cure for Racism (인종주의를 치유하는 자본주의) by George Reisman; The Jefferson School of Philosophy, Economics and Psychology, 1992.

령에 따라 흑인을 친구로 사귀거나 파티에 흑인을 초청해야만 하도록 강제되어야 한다고 생각하지 않는다. 사람들은 "결국" "그 사람은 자기의 집을 소유하고 있으며, 그는 자신이 원하는 대로 친구를 선택할 수 있으며, 평온함을 깨지 않는 한 누구든 자신이 원하는 사람을 파티에 초대할 수 있다. 물론 그 사람은 이상한 녀석이다. 그러나 그가 이상하게 행동한다고 그것이 범죄가 되는 것은 아니다." 라고 말할 것이다.

그러나 이 문제가 인종차별주의자의 사업과 관련된 것일 때에는 이야기가 완전히 달라진다. 미국 사람들의 다수는 그 사람이 오로지 백인만 일꾼으로 고용할 권리를 가지고 있다고는 생각하지 않는다. 거의 모든 미국 사람들은 정부는 그런 사람에게 벌금을 부과해야 한다고 생각하고 있으며, 법원은 그 사람에게 흑인도 고용하라고 명령해야 한다고 생각한다. 그가 그의 사업과 관련된 어떤 부동산 혹은 재산을 소유하고 있는 경우라 할지라도, 우리가 상정한 인종주의자는 슬픈 실수를 범하고 있다고 느낀다. 그런데 그렇게 생각하는 것은 그의 사유물을 공동체가 함께 공유하고 있는 것처럼 생각하는 것과 같으며, 그 사람은 반드시 인종주의적으로 정의롭게 행동해야만 한다고 말하는 것과 같다.

차별철폐법(affirmative action)은 오히려 차별적이다

인종적 혹은 성적인 차별을 해소하기 위한 방안 중의 하나가 "차별철폐법"인데 이 법안은 고용주들에게 자격을 갖춘 소수자와 여성을 채용하고 승진시키는 데 더욱 적극적으로 노력해야 할 것을 요구한다. 차별철폐 법안을 찬성하는 사람들은 이 법안이 쿼타(할당)제와는 다른 것이라고 말한다. — 이 법안은 고용주가 자격이 결여된 흑인에게 직업을 주라고 말하지 않으며, 회사들이 백인을 고용하기 이전에 자격을 갖춘 흑인 자원자들을 적극 고려해야 한다고 요구할 뿐이라는 것이다. 그러나 경험에 의거할 때, 이 법안에 사용된 공식적인 단어들에도 불구하고, 회사들이 법안을 잘 따르고 있다는 사실을 과시해 보이는 가장 쉬운 방법은 (그럼으로써 소송 사건에 휘말리지 않으려면) 그 사업장이 있는 지역의 인종적 인구 구성 비율에 맞추어 소수인종 출신 일꾼을 고용하는 것으로 나타났다. 그래서 과거의 불의를 해소하기 위한 열정적인 노력은 진짜 인종차별 및 성차별을 제도화하는 꼴이 되고 말았다.

남녀간 임금 격차에 관한 신화

자유 시장에서는 남녀간 "임금 격차"가 존재하지 않는다. 남녀간에 임금 격차가 있다면 그것은 다른 요인들, 즉 일을 해본 경험 유무, 교육 배경, 직종간의 임금 격차 등등에 의거한 것이다. 이 같은 중요한 요소들을 모두 고려해 본다면, 남녀간 임금격차는 더욱 줄어든다. 실제로 토마스 소웰(Thomas Sowell)은 결혼 여부만 고려하더라도 어떤 특정 영역에서 남녀간 임금격차는 거의 없어진다고 말한다. 소웰은 "결혼한 적이 없는" 여자 학자가 "결혼한 적이 없는" 남자 학자들보다 임금이 더 높다는 사실을 발견했다. 결혼 후 남녀간의 전통적인 역할(남편은 생활비를 제공하고 아내는 부인 및 어머니로서 가정을 돌본다)에 의거, 남자의 임금이 여자의 임금보다 높은 경향이 있기는 하지만 그것이 자본주의의 잘못은 아니다. 만약 당신이 회사에 다니며 일하는 것과 집에서 아이를 기르고 가사를 돌보는 것 중 회사에서 일하는 것이 더 중요한 일이라고 생각한다면, 그것은 전적으로 "잘못"이 아닐 수 없다.[1]

역설적으로, 차별철폐 법안은 자신이 도와주려던 바로 그런 사람들을 해치고 있다. 예컨대 흑인 혹은 다른 보호받는 소수인종 출신 때문에 채용되고 승진될 때마다 밀려나게 된 기분 잡친 백인은, 자신을 밀려나

농장에서의 ...
차별철폐 법안

"모든 동물은 평등하
다. 그러나 일부 동물
들은 다른 동물보다 더욱 평등하다."
George Orwell, *Animal Farm* (동물농
장)

게 한 결정이 진짜 능력에
의한 객관적인 결정이라고
할지라도, 차별철폐 법안을
비난하지 않을 수 없을 것이
다. 그러나 진짜 심각한 문
제는, 차별철폐 법안은 "차
별을 철폐함으로써" 역사적
으로 "차별대우를 받았던
(disadvantaged)" 집단에 속하는 사람들을 오히려 더욱 실패한 사람들로 만
들어 놓게 되었다는 점이다. 토마스 소웰(Thomas Sowell)은 다음과 같이
설명한다.

MIT대학의 백인 학생들 중 90%가 같은 대학의 흑인 학생들보
다 수학점수 평균이 높다는 사실은 진정한 차이를 유발한다. 흑인
학생들이 MIT대학을 졸업하는 데 실패하는 비율은 백인학생들의
졸업 실패비율보다 훨씬 높으며, 졸업하는 경우라도 성적이 대단
히 낮은 편이다.

슬픈 일은, 이 같은 낭비 — 즉, 흑인 학생의 1/4이 졸업을 하지
못한다는 사실 — 가 전혀 불필요한 일이었다는 점이다. MIT대학
에 재학하는 흑인학생의 수학실력이 미국 전체 대학생 수학실력
평균보다 높은 것은 물론이다. 그러나 MIT대학의 흑인학생들의
수학실력은 MIT의 백인 학생들과는 달리 미국 전체에서 최고는
아니다.

대부분의 대학 혹은 기술학교에서도 이들 흑인학생들은 MIT와
마찬가지로 학장의 입학가능 학생 리스트에 올라 있었을 것이다.

요약하자면, 차별금지법은 성공할 가능성이 많은 흑인 학생들을 인위적으로 실패한 인생으로 만들어버렸던 것이다. 많은 흑인 학생들이 애초 자신의 능력과 맞지 않는 훨씬 우수한 대학에 입학할 수 있게 됨으로써 야기된 결과이다. 이 같은 현상은 MIT에서만 일어나는 일이 아니다. 미국 전역의 일류대학들에서 유사한 일이 일어나고 있다. 이들 명문대학들은 이처럼 치러야 할 대가에도 불구하고, 자신의 대학들은 차별철폐 법안을 충실히 따르는 학교처럼 보이기를 선호했던 것이다.

이 같은 학문적 엉터리 때문에 모든 사람이 손해를 보고 있다. 특히 소수인종 출신 학생들이 가장 큰 피해를 당하고 있다. 아시아인들은 대학입학에 관한 한 "소수자"로 취급되지 않는다.[2*]

비유하자면, 대학들이 학생을 모집하는 데 있어서 어떤 주제를 전공하는 경우 그 학생의 성공 여부를 가늠하는 중요한 요인인 색맹 테스트를 하는 대신, 학생들의 피부 색깔에 의해 학생을 선발하는 것이다. 그러다보니 자신의 실력으로 입학 불가능한 대학에 입학하게 된 소수인종 출신 학생이 많아지게 되었던 것이다.

그래서 모든 것이 다 괜찮다는 것인가?

사회에 정의롭지 못한 인종차별과 성차별이 만연되어 있다고 믿는

역자 주: 미국의 대학입시에서 아시아인들은 학업성적이 상대적으로 우수하기 때문에 오히려 역차별을 당할 정도다. 미국의 명문대학들 중에는 아시아계 학생의 비율을 특정 수준을 넘지 못하게 설정한 경우도 있다.

독자들은 본 장의 분석을 읽으면서 황당하다는 생각을 할 것이다. 누구에게나 다 확실한 것처럼 보이는 것들을 논리적으로 반박했기 때문이다. 그러나 위에서 논한 것만이 문제가 아니다. 불행한 일이지만, 미국도 그 어떤 나라도 완전히 자유로운 노동시장을 가지고 있지는 못하다. 그래서 우리는 대부분의 사람들을 화나게 만드는 불평등과 차별의 해소를 시장의 힘에만 맡겨둘 수 없는 것이다.

그런데 좌파들이 정당하지 못한 사회를 개혁하는 일을 정부에게 맡기려고 하는 것은 이해할 수 없는 노릇이다. 결국 사람들이 가진 편견은 그 사람들이 뽑은 정부 지도자들에게도 마찬가지로 반영되어 있을 것이다. 하나 다른 점이 있다면, 정부 관리들은 자기들이 일을 잘못하더라도, 고용주(혹은 고객)가 자유 시장으로부터 당하게 되는 처벌에 직접 당면하지는 않는다는 점이다.(이 같은 관점에서 볼 때, 정부 내에서 이루어지는 부패와 뇌물은 사적인 영역에서 이루어지는 부패나 뇌물보다 훨씬 더 위험한 일이 된다. 주주들은 국회의원들보다 낭비, 사기, 오용 등을 훨씬 더 잘 찾아내야 할 동기를 갖고 있기 때문이다.)

역사상 가장 놀랍고 잘못된 결정들은 — 중국 문화대혁명 당시 학자들을 처단한 것 혹은 나치 독일에서의 뉴렌버그 법안 등 — 대부분 정부에 의해 자행된 것 들이다. 마오쩌뚱(毛澤東) 혹은 아돌프 히틀러가 그 같은 결정을 내렸는데, 그들은 그 같은 잘못된 결정을 내리고서도 국가 권력을 장악했던 덕택에 처벌을 면할 수 있었다. 이와는 반대로, 아무리 빌 게이츠(Bill Gates)를 편견이 많은 사람이라고 가정 할지라도, 그는 자신이 고용한 소프트

이 책 읽어 봤나요?
Reflections of an Affirmative Action Baby (차별철폐법에 대한 회고) by Stephen L. Carter; New York: Basic Books, 1991.

웨어 개발 최고 책임자가 자신과 정치적 견해가 다르다고, 혹은 그가 유태계라는 이유로 그를 해고할 수는 없을 것이다. 그런 결정은 빌 게이츠에게 너무나 큰 손해를 가져다 줄 것이 확실하기 때문이다. 만약 그가 자신의 편견을 고집한다면 그는 유태계라는 인종적 배경 혹은 보수적인 정치 견해를 가지고 있는 자신의 소프트웨어 개발자들이 줄줄이 경쟁사로 직장을 옮겨가는 광경을 목격해야 할 것이다. 남아프리카의 인종차별(apartheid) 혹은 남북전쟁 이후 미국의 재건 시기 동안 미국 남부에 만연되었던 짐 크로우(Jim Crow)법 등과 같은 인종차별 정책 등은 모두 정부가 만들었던 것이다.

고려해야 할 또 다른 사안은 노동조합의 역할이다. 정부가 노조의 폭력을 눈감아 줄 때마다 우리는 자유로운 노동시장을 가지지 못하게 될 것이며, 시장의 힘에 의해 차별이 처벌받는 상황을 기대할 수 없게 될 것이다. 예를 들어보자. 진정으로 자유로운 노동시장에서라면 건물을 지으려는 사람이 흑인 노동자보다 백인 노동자를 선호해야 할 아무런 재정적 이유가 없을 것이다. (어떤 이유에서든) 문제가 된 백인 노동자가 능력이 더 우수한 사람이라면, 흑인 노동자는 더 싼 값에 일을 할 수 있다고 제안해야 할 것이다. 그렇게 함으로써 흑인 노동자는 고용주로부터 더 매력 있는 선택 대안이 될 수 있도록 할 수 있고, 적어도 기술이 덜 필요한 자리는 얻을 수 있게 될 것이다. 흑인들도 임금을 가지고 경쟁할 수 있기 때문에 백인들과 취업경쟁을 벌일 수 있는 것이다. 그러나 노동조합이(압도적으로 백인 노동자들로 구성된 조직이라고 가정해 보자) 피켓라인을 만들고, 파업에 불참한 노동자들을 피투성이가 되도록 두드려 팰 수 있는 일이 허용된다면, 그 경우 건물을 지으려는 사람은 노동조합에 소속된 노동자 외에는 누구도 고용하지 못하게 될 것이다. 이 경우 노조에 가입하지 않은 흑인 노동자는 시장에서 퇴출될 수밖에 없을 것이다.

이렇게 말하는 것은 추상적인 공론이 아니다. 1931년 제정된 데이비스-베이컨 법안(Davis Bacon Act)은 연방정부에 의해 지원받는 모든 건설업자들에게 "지역에서 가장 높은 임금"을 지급해야 할 것을 강요하고 있었다. 이 법안은 노동자 친화적인 법이라는 사실을 자부한다. 그러나 많은 비평가들은 이 법안은 세금으로 거둔 돈이 결코 흑인 건설 노동자의 수중에는 들어갈 수 없도록 막았다며 냉소한다. 실제로 이 법안은 흑인 노동자들이, 연방정부가 발주한 건설공사에서 싼 임금으로 일하겠다고 제안하는 것을 불법이라고 규정했으며, 그렇게 함으로써, 건설공사 계약이 (경험 많고, 임금이 높은) 백인이 주도하는 노동조합과만 체결되는 것을 차별적인 행위가 아닌 것처럼 보이게 했다.

여성들 또한 "노동자 친화적"인 법안들 때문에 손해를 보게 되었다. 1993년에 입안된 클린턴 대통령의 결정적인 법안인 '가족 및 의료 휴가법(Family and Medical Leave Act, FMLA)'은 노동자들에게 신생아, 병에 걸린 배우자, 아픈 부모 등을 돌보기 위해 1년에 최대 12주까지 무급휴가를 쓸 수 있도록 규정했다. 이 경우 고용주는 휴가를 간 노동자의 자리를 유지해야 하거나, 혹은 휴가를 갔던 노동자가 되돌아오면 상응하는 일자리를 돌아온 노동자에게 제공해야 한다고 규정하고 있다. 이에 추가해서, 휴가는 비록 무급이지만 고용주는 휴가 중인 노동자들에게도 (건강보험과 같은) 혜택을 지속적으로 제공해야 한다고 규정했다.

가족 및 의료 휴가법(FMLA)이 노동시장에 끼친 해악은 무엇인가? 가장 현저하고 즉각적인 영향은 노동자의 임금이 내려갔다는 것이다. "그렇게 하는 것이 옳은 일인가?"의 문제는 제쳐 두고 이야기 해보자. 노동자들에게 그 정도의 자율성을 부여하는 일이 고용주에게는 대단히 값비싼 일이라는 사실을 부정할 사람은 없을 것이다. 회사는 노동자가 의료휴가를 가는 경우, (가족 및 의료 휴가법) 때문에 새로운 노동자를

1931년에 제정된 데이비스-베이컨 법안의 지지자들

미주리 주 하원의원 존 코크란(John Cochran)은 "최근 수개월 동안 급여를 낮게 받는 유색인종 기술자들을 고용하고, 남부출신 노동자들을 고용했다는 사실에 대한 수많은 불평불만 사례를 접수했다."고 말했다.

알라바마 주 하원의원 클레이턴 올굿(Clayton Allgood)은 다음과 같이 불만을 토로했다: "알라바마에서 뉴욕으로 불법 노동자들을 데리고 간 건축업자의 사례가 보고되었다. 이것은 사실이다. 이 건축업자는 임금을 적게 받는 유색인종 노동자들을 데리고 있었으며, 이들 노동자들을 데리고 다니며 오두막에 거주하게 했는데, 이들은 미국 전역에서 백인 노동자들과 경쟁을 벌이고 있다."

조지아 주의 하원 의원 윌리엄 업쇼우(William Upshaw)는 진정한 골칫거리인 "흑인 노동자들이 철철 넘쳐 흐르고 있다"는 점에 불만을 터뜨렸고 "이 문제는 어느 곳에서도 발견되는 만연한 문제"라고 말했다.

뉴욕 주 하원의원 로버트 베이컨(Robert Bacon)은 다음과 같이 대답했다. "나는 방금 사실을 말했다. 이는 특수한 경우에만 해당되는 것이 아니다. 만약 당신이 멕시코로부터 수많은 노동자들을 불러오거나 혹은 어떤 주(州)라 할지라도, 노동조합에 가입하지 않은 노동자들을 데리고 온다면 똑같은 문제가 발생할 것이다."

다른 하원의원들은 "단기노동자(transient labor)" 혹은 "임금이 저렴한 노동자(cheap labor)" 혹은 "외국에서 들어온 값싼 노동자(cheap imported labor)"를 비난했다. 미국 노동조합 연합(American Federation of Labor) 회장 윌리엄 그린(William Green)은 위의 말들을 다음과 같이 재해석 했다. "임금 수준 비율을 교란(攪亂)하기 위해 유색인종 노동력이 추구되고 있다."[3]

고용할 수 없게 되어 손해를 보게 될 것이다. 그렇게 손해를 보는 부분은 노동자의 임금을 삭감함으로써 보충할 수밖에 없을 것이다.

이 같은 일반적인 효과 외에도 더욱 미묘한 영향이 있다. 법안의 구절들이 여자와 남자 노동자의 차이를 나타내고 있지는 않지만 — 가족 및 의료 휴가법에 의하면 아기의 아빠들도 아기의 엄마와 마찬가지로

이 책 읽어 봤나요?

Race and Culture: A World View (인종과 문화: 전 세계적 조망) by Thomas Sowell; New York: Basic Books, 1994.

신생아의 육아를 위해 최대 12주의 무급휴가를 받을 수 있게 되어 있다 — 고용주들은 결혼한 젊은 여성들을 고용할 경우 이들이 앞으로 몇 년 이내에 법적으로 부여된 휴가를 쓸 가능성이, 중년의 총각 남성 혹은 결혼한 남성(결혼한 남성은 결혼한 여성보다 유아를 돌보기 위한 휴가를 사용할 가능성이 적을 것이다)과 비교할 경우, 통계적으로 훨씬 높을 것이라는 사실을 알고 있다. 그래서 가족 및 의료 휴가법은 남성과 비교할 경우 여성의 임금을 상대적으로 더 낮게 만드는 효과가 있으며, 특히 결혼한 젊은 여성의 임금을 낮게 만들고 있다. 가족 및 의료 휴가법은 결혼한 젊은 여성들을 '곧바로 닥쳐올 재정적 골칫거리'로 만들어 버렸다.

가족 및 의료휴가 법안은 여성들의 고용기회 혹은 여성들이 아이를 낳는 일을 방해하기 위한 목적으로 만든 법안은 아닐 것이다. 그럼에도 불구하고 이 법안은 여성의 취업 기회, 아이 낳는 일을 방해하는 결과를 초래하고 말았다. 이 같은 경우를 설명하는 용어가 있다. '의도하지 않았던 결과의 법칙(law of unintended consequence)'이라는 것이 그것이다.

제 5 장
노예제: 자본주의의 산물인가,
정부의 산물인가?

앞 장의 논의 — 즉, 자유시장이야 말로 인종적, 성적 차별을 해소하기 위한 가장 훌륭한 해독제 — 는 일부 독자들에게는 황당하고 웃기는 이야기로 치부될지도 모른다. 그들은 결국 노예제란 것은 자본주의의 산물이 아닌가? 라고 반문할 것이다. 이 같은 입장은 경제사 사전의 〈노예제〉라는 항목을 집필했던 제니 왈(Jenny Whal)의 견해와 같은 것이다:

생각해 봅시다.

🏠 노예제는 정부의 개입 때문에 더욱 확대되었다.

🏠 자유 시장은 노예제를 철폐시킬 것이다.

🏠 노예제는 백인 대부분을 가난하게 만들었다.

노예제란 본질적으로 경제적인 현상이다. 역사적으로 보았을 때 노예제는 권좌에 있는 사람들이 경제적으로 가치가 있다고 생각하는 한 존재했다. 현대 역사에 나타나는 가장 뚜렷한 사례는 미국의 남부에서 보인다. 남북전쟁 직전 미국에는 400만 명의 노예들이 살고 있었는데 이들의 경제적 가치는 40억 달러에 이르렀

다. 노예주들은 노예들로부터 다른 재산들이 산출하는 만큼의 이
득을 취할 수 있었다. 면화를 소비하는 사람들, 보험회사들, 그리
고 다른 산업들도 노예제 때문에 이득을 취할 수 있었다.

노예제는 경제적으로 효율적인 것이었다는 주장들이 많다. 로버트 윌
리엄 포겔과 스탠리 엥거맨(Robert William Fogel and Stanley L. Engerman)
이 저술한 *Time On the Cross: The Economics of American Negro Slavery*
(미국 흑인 노예의 경제학)에서도 이와 유사한 주장이 전개되었다.

정부는 노예제도를 보호한다

노예제에 관한 완고한 견해가 존재하지만, 잘 살펴보면 여기서도 자
본주의는 잘못된 누명을 뒤집어쓰고 있음을 알 수 있다. 실제로는 정부
가 개입했기 때문에 잘못된 "특이한 제도"인 노예제도가 더욱 강화되었
다. 가장 현저한 사례인 도망친 노예와 관련된 법안은(이 법안은 1793년
에 제정되었다), 거두어들인 세금으로 노예를 소유하고 있는, 특혜를 받
는 소수 부자들의 "재산"을 보호해 주려는 목적을 가진 것이었다. 이 경
우에도, 다른 영역에서도 그런 경우가 많이 보이지만, 정치적으로 막강
한 힘을 가진 생산자들은 그들의 기업 활동의 대가(노예제도를 운용하
는 대가)를 운 없는 대중에게 떠넘기고 있는 것이다.

노예가 도망가지 못하도록 감시하기 위해 사람들을 고용한 것 역시
남부 주 정부들이 일반대중들로 하여금 노예제의 대가를 치르게 한 것
이다. 정부가 만든 이런 법적 장치들로 인해 노예를 소유한 사람들은 이
득을 볼 수 있었던 것이다. 경제학자 마크 손톤(Mark Thornton)은 "노예

감시법은 모든 백인 남성들에게 도망친 노예를 감시하는 순찰임무를 부과하고 있다.... 순찰 임무에 빠지거나 책임을 수행하지 못할 때마다 벌금이 할증적으로 부과되었다."[1]

이 책 읽어 봤나요?

The Real Lincoln; A New Look at Abraham Lincoln, His Agenda, and an Unnecessary War (링컨의 실체: 아브람 링컨, 그의 어젠다와 불필요한 전쟁을 다시 본다) by Thomas DiLorenzo; Roseville, CA: Prima, 2002.

더 이상한 법안들이 노예 해방(자신이 소유하고 있는 노예에게 자유를 부여하는 것인데, 때로는 노예주의 유언에 의한 것이었다)을 방해하고 있었으며, 노예들에 대한 교육 금지법 역시 정상적인 시장의 힘이 작동되지 못하게 한 것이다. 왈(Whal)이 집필한 경제사 사전의 노예 관련 기고 논문은 노예제도에 시장의 힘(그는 이 용어를 사용하지는 않았다)이 어떻게 개입하는지를 논하고 있는데, 여기에는 노예주들은 해방된 가난한 노예가 공적인 부담이 되지 않도록 보장해야 할 것, 혹은 노예를 해방시키라고 강요당한 노예주들이 노예를 다른 주에서 해방 시키는 것, 혹은 해방된 노예들이 스스로 대가를 지불할 것, 해방된 노예들이 다른 노예주에게 고용되는 것을 방지하는(비록 잘 지켜지지는 않았지만) 법률들이 포함되어 있다.

노예제는 국가의 개입이 있기 전 이미 쇠퇴하고 있었다

역설적인 일이지만, 시장에 대한 정부의 개입은 (평화적으로) 서서히 소멸되고 말았을 노예제도를 오히려 더 오랫동안 지속되게 했다. 소톤은 "1790년~1800년의 인구 조사에 의하면, 자유를 찾은 흑인 노예의 숫자

가 82%나 증가했으며, 남부의 대서양 연안주들에서는 무려 97%가 증가
되었다.... 자유인의 전체 숫자는 8.5%가 증가했으며 1790년~1800년 사
이 흑인 중 16%정도가 자유인이었다."고 말한다. 그러나 각 주들은 노
예제도를 감시하기 위한 순찰제도를 시행하고 노예 해방(manumission:
이는 노예를 소유한 사람이 노예로부터 돈을 받고 그 노예에게 자유를
허락하는, 경제적으로 의미 있는 제도였는데, 노예제도를 지지하는 입법
자들이 이에 대해 반대 입장을 취했다)을 제한하는 법안을 제정하려 했
고 흑인들이 자유로 이동할 수 없도록 하는 조치를 취하려 했다. 그러자
"자유를 찾은 흑인 숫자의 증가세가 둔화되었고, 남북전쟁이 야기되기
10년 전, 자유를 찾은 노예의 숫자는 희소하게 되었다."

노예제: 비도덕적이며 동시에 비효율적인 제도다!

자유노동과 노예노동에는 본질적인 차이가 있다. 자유노동자는 가능
한 한 많이 생산하려는 욕구를 가지고 있는 반면, 노예노동자는 주인으
로부터 처벌을 피할 수 있을 정도만큼만 최소한의 일을 하려고 한다. 이
런 이유 때문에 제도로서의 노예노동은 자유노동에 기반을 둔 경제제도
보다 열등할 수밖에 없다. 노예가 아닌 사람의 관점으로 보았을 때에도
그러하다. 루드비히 폰 미제스(Ludwig von Mises)는 이렇게 말했다:

노예를 사기 위해 지불하는 가격은 노예를 고용함으로써 기대
될 수 있는 순생산량에 의해 결정된다.... 암소 한 마리를 구입하
면서 지급하는 돈이 암소의 효용성에 따라 결정되는 것과 마찬가
지다. 노예 소유주는 특별한 수입을 더 올릴 수 없다. 그는 노예노

동이 보수를 주는 것이 아니라는 데서 유래하는 탓에 "착취"의 이익을 거둘 수 없다.... 우리가 사람을 소처럼 취급한다면, 우리는 그 사람으로부터 소 이상의 그 무엇을 짜낼 수 없는 것이다. 게다가 인간은 황소나 말보다 강하지도 못하며, 노예를 먹이고 도망가지 못하게 지켜야 한다는 점은 노예가 소에 비해 대단히 값비싼 것이 되게 만든다. 거두어들일 수확에 의거해 비교할 때 노예는 소보다 못하다.... 우리가 자유롭지 못한 노동자에게 인간적인 능력을 행사할 것을 요구하려면 우리는 그에게 특별히 인간적인 동기를 제공해야만 할 것이다.[2]

미제스가 지적한 것처럼, 경쟁적인 자유노동자들은 언제라도 노예노동자보다 더 좋은 상품을 생산할 수 있으며, 자유 시장경제는 언제나 강제노동 경제보다 더 좋은 성과를 내는 것이다. 노예경제는 가치 있고 질적으로 우수한 상품을 생산하는 데 있어 자유 시장경제와 원천적으로 경쟁이 불가능하다

그러나 연방정부는 노예 해방이라는 자비심을 베풀 수 있었던 것이 아닐까? 그렇다. 그러나 그것은 오로지 남북전쟁 이전, 미국의 남부에서 보였던 것처럼 정부의 장치들에 의해 노예제도가 인위적으로 유지되었던 경우에만 맞는 말이다.(그다지 중요하지는 않지만 다른 관점 하나를 소개한다: 미국 이외의 어느 나라에서도 노예를 해방시키기 위해 피비린내 나는 전쟁을 한 경우는 없었다. 자본주의가 세계를 장악하게 되자 노예제도는 평화적으로 소멸되어 버렸던 것이다.)

당신이 노예가 될 수밖에 없는 운명이라면, 사적인 영역(Private Sector)에 속하는 노예가 되는 것이 훨씬 더 나을 것이다!

"노예를 사적으로 소유한 주인들이 종종 자신의 노예를 죽이기도 했지만 [미국 남북전쟁 이전 남부에서 일어났던 일이다] … 동부 유럽 사회주의 국가들에서의 노예제도는 수백만 명을 살해하는 것으로 귀결되었다. 사적인 노예제도 아래에서 노예들의 건강과 평균수명은 전반적으로 향상 되었다. 소련의 경우 국민건강 기준은 점차 악화되었고, 실제로 지난 수십 년 동안 소련 국민의 기대수명은 줄어들었다. 사적인 노예제도 하에서는 노예들이 받는 실질적인 훈련과 교육도 향상되었다. 사회주의 국가의 노예들은 그 반대였다. 사적인 노예제도 하의 노예들의 출산율은 긍정적이었지만 사회주의 국가의 경우 출산율도 감소되었던 것이다."[3]

Hans-Hermann Hoppe, *Democracy: The God That Failed* (민주주의: 실패한 신)

만약 노예제도가 착취자에게 이득을 남겨줄 수 있는 제도였다면 어떻게 노예 없는 북부가 노예제도에 기반을 두었던 남부를 격파할 수 있었겠는가? 어떻게 북군의 함대는 남부를 봉쇄할 수 있었고, 북부의 공장들이 남부보다 훨씬 많은 물자를 생산해서, 군인들에게 제공할 수 있었겠는가? 왜 그 반대가 아니었을까? 남부에 개인적으로 엄청난 부자들이 있었고 부유한 도시들이 있었던 것은 사실이다. 그러나 북부는 자유 노동 경제(free labor economy)에 의거했고, 생산적인 투자에 초점을 맞추었기 때문에, 남부가 시골의 농촌으로 전락한 데 반해 북부는 산업적 거인으로 성장할 수 있었다. 이는 미국과 유럽이 산업적 거인이 되었지만 다른 세계는 대체로 농업에 의존한 경제체제로 남아 있다는 사실과도 비견된다.

노예제도와 상대적인 빈곤이 상관관계에 놓여 있다는 사실은 전쟁이 전 미국의 남부에만 해당되는 사항이 아니다. 세계 역사에 일반적으로 나타나는 일인 것이다:

> 서구문명에 대한 보수적인 옹호자 혹은 과격한 비판자들 모두 는 노예제도가 서구의 경제 및 문화 발전에 중요한 기여를 했다는 사실을 지적하려고 한다.
>
> 서반구의 어느 나라도... 브라질보다 더 많은 노예를 방탕하게 활용했던 경우는 없었다. 그러나 1888년 브라질이 지구에서 마지 막으로 노예제도를 철폐한 나라가 되었을 때, 브라질은 아직도 경 제적으로 낙후된 나라였다. 브라질이 차후 상업적, 공업적으로 발 전하게 된 것은 대체로 유럽에서 온 이민자들의 덕택이었다. 유럽 의 이민자들은 두 세대 만에 브라질의 경제 전반을 돌이킬 수 없 을 정도로 바꾸어 놓았다. 수 백 년 동안 유지되었던 노예제도가 이룩할 수 없었던 일 이었다... 유럽에서 노예제도가 제일 먼저 폐 지된 지역은 서부 유럽 지역이었는데, 이 지역이 바로 유럽 대륙과 세계를 현대 산업시대로 이끈 주역이었다.[4]

비싸지는 노예 가격

자유시장이 노예제도를 철폐했다는 사실을 부정하는 사람들은 그들 만의 확실한 비장의 카드를 들고 있다. 미국에서 노예의 가치를 돈으로 환산할 경우 최고점에 이르렀던 시점(일부 저자들에 의하면, 노예의 가치 는 미국 철도의 가치보다도 높았다고 한다)은 남북전쟁 발발 직전이었다.

결론적으로, 이 무렵 노예의 가치가 제일 높았다는 사실은 노예제도가 기능을 했다는 분명한 증거가 아닌가? 그리고 북군이 개입하지 않았더라면 노예제도는 거의 영원토록 지속되지 않았겠는가?

실제로는 '그렇지 않다'가 답이다. 노예제도란 효율적인 제도로서 진정 자유로운 시장에서도 오래 지속될 수 있다고 인정하는 경우에만 우리들은 노예의 시장가치가 증대되었다고 말할 수 있다. 경제학자들이 노예노동은 비효율적인 것이라고 말할 때, 그는 노예노동은 언제라도 자유로운 노동에 비해 '상대적'으로 비효율적인 것이라는 사실을 말하는 것이다. 그러나 이 같은 주장은 노예제도가 갑자기 소멸된다면, 혹은 모든 노예가 죽어버린다면, 그 경우 남부의 생산(Output)이 향상될 것임을 의미하는 것은 아니다. 그들의 주장은 모든 노예들이 해방된다면, 그리고 자유롭게 된 노예들이, 자신들이 스스로 선택한 주인들에게, 자유의지로 자신들의 노동력을 팔고자 할 경우, 생산이 더 증대될 것이라고 주장하는 것이다.

시간이 지나면 새로운 기술이 발견되고 기계 및 다른 자본재들도 더 널리 사용되게 될 것인데, 그 경우 당연히 인간의 생산성 — 그 인간이 노예이건 자유노동자이건 — 은 향상되게 될 것이다. 의료기술의 발달, 충분한 영양공급 등은 인간의 수명도 연장시킬 수 있다. 노예제도는 한 인간의 노동력을 평생 활용할 수 있는 것을 의미하기 때문에, 시간이 지남에 따라 노예의 가치가 올라간다는 것은 당연한 일이다. 실제로 1820년부터 1856년 사이 뉴올리언스 노예시장에서 일등급의 젊은 남자 노예의 가격은 850달러에서 1,200달러로 올랐다. 그렇지만 같은 기간 동안 미국 중남부 지역의 비숙련 노동자의 일상적인 일당(日當)은 73센트로부터 대략 95센트 정도로 상승했었다.[5] 노예가격은 총 41% 상승했는데, 상승 분 중 적어도 30%는 일반적인 노동의 가격이 올랐다는 사실이 반영된 것이다.

노예가격이 비싸졌다는 사실은 그 자체로는 아무런 의미가 없다. 중요한 논점은 노예노동이 자유노동보다 더 효율적인가의 여부다. 그

이 책 읽어 봤나요?
Emancipating Slaves, Enslaving Free Men (노예해방, 자유인의 노예화) by Jeffrey Rogers Hummel; Peru, IL: Open Court, 1996.

리고 이 문제에 답하기 위해서 우리는 최소한 노예가격의 상승과 임금 상승 비율을 비교해 볼 필요가 있다. 또한 우리는 이자율 변화 및 노예들의 평균수명이 늘어났다는 사실도 고려해야 한다. 한 가지만 빼고 나머지 조건이 똑같은 두 회사의 이윤을 비교해 보는 것이 이상적인 일일 것이다. 한 회사는 노예제 노동을 택하고 있고 다른 회사는 자유로운 노동자를 고용한 것만이 다르다고 하자. 그렇다고 할 경우라도, 노예제의 성공을 표시해 주는 통계분석 자료에는, 노예제를 지속시킨 정부의 규제가 초래했던 비용이 포함되어 있다는 사실을 알아야 할 것이다.

노예제도가 그토록 비효율적인데도 아직도 유지되고 있는 이유는 무엇인가?

이 질문은 "우리 모두가 전쟁은 지옥이라는 사실에 동의한다면서도 왜 전쟁을 끊임없이 지속하고 있는 것일까?"와 마찬가지 종류의 질문이다. 슬픈 사실은 다음과 같다. 사람들은 우리를 가난하게 만드는 모든 나쁜 생각들로부터 자극을 받고 있다. 그렇지 않아야 하는데도 말이다. 인간의 조건에 관한 이 같은 일반론 외에 또 다른 문제가 존재한다. 사람들은 언제라도 자신이 받을 특혜를 위해 정부에 대해 로비활동을 벌

인다. 특혜가 소멸될 경우, 모든 사람들이 이득을 본다고 해도 사람들은 로비를 벌인다. 노예제도도 이 같은 사실이 초래한 하나의 불행한 결과라고 말할 수 있을 것이다.

제 6 장
자본주의는 환경을 보호한다

자본주의 체제는 저지른 죄악이 많지만 그 중에서도 최악은 자원을 낭비하고 어머니인 지구 환경을 파괴한 것이라고 매도당한다. 환경론자들은 시장의 끊임없는 탐욕 때문에 버팔로(미국 들소)가 거의 멸종직전에 이르렀으며, 산업가들이 책정한 최하의 기준 때문에 지구 온난화가 초래되었고 또한 산성비가 내리게 되었다고 주장한다. 과거에 현명한(그러나 부적절한) 정부의 간섭이 없었더라면 청량음료 캔을 만들 알루미늄은 이미 소진되었을 것이라고 말한다. 그러나 이 모든 것들은 부질없는 일이 될 것인데, 우리 모두는 핵발전소가 녹아버리는(meltdown) 날 다 죽어버릴 것이기 때문일 터이니 말이다.

환경론자들의 이 같은 주장은 사실은 말

생각해 봅시다.

🏠 자유시장은 자원을 아끼도록 자극한다.

🏠 멸종위기에 처한 동물을 보호할 최선의 방법은 그 동물들을 상품화하는 것이다.

🏠 확인된 석유매장량은 20세기 중 오히려 늘어났다.

🏠 공산국가들의 환경오염은 최악이다.

도 안 되는 소리들이다. 존경받는 과학자가 증언하겠지만, 지구는 지금 파괴의 위기에 직면해 있지 않다. 더군다나 정부의 간섭이 낭비와 불필요한 공해를 산출하고 있는 데 반해, 자유시장의 힘은 환경의 보존 및 관리를 더욱 용이하게 하고 있다.

코뿔소 대 젖소

사유재산 제도는 정부의 규제보다 훨씬 더 효과적으로, 우리들이 미래에도 사용할 수 있도록 자원을 아껴 쓰게 만든다. 퀴즈문제 하나 풀어보자: 흰머리 독수리와 흰 코뿔소와 자이언트 팬더를 한편으로 하고, 말하는 앵무새, 우유를 생산하는 젖소, 경주용 말을 다른 한편으로 놓고보자. 이들의 차이점은 무엇일까?

답 1번: 앞의 것들은 모두 멸종 위기에 처해 있는 동물들인 반면 뒤의 것들은 공급이 넘쳐나는 동물들이다.

답 2번: 앞에 있는 동물들을 팔고 사는 일은 불법이다. 반면에 뒤의 동물들은 공개된 시장에서 팔고 사는 것이 가능하다.

이는 우연의 일치가 아니다. 재생산이 가능한 자원에 대해 정교한 사유재산 제도가 적용되는 경우, 그것을 소유한 사람들은 그것의 존재가 지속되어야만 한다는 온갖 이유들을 가지게 된다. 정부는 쇠고기 값이 오를 때 어떤 바보 같은 축산농장 주인이 마지막 소까지 모두 도축하지 못하도록 벌금을 얼마나 부과해야 할 것인지를 계산할 필요가 없다. 내년 농사를 위해 남겨 두어야 할 종자까지 다 먹어 치워버린 농민에 대한 이야기를 들어본 적이 있는가?

이와는 정 반대로 정부
— 혹은 사회 — 가 자원을
소유하고 있다고 하자. 이런
경우 누구도 자원을 소유한
개인은 없다. 아프리카 어느
나라의 정치 지도자들은 밀

이 책 읽어 봤나요?

The Ultimate Resource
(궁극적인 자원) by Julian
Simon; Princeton, NJ: Princeton University
Press, 1983.

렵꾼들을 철저히 단속해야 할 필요를 느끼지 않는다. 왜냐하면 (일반적
으로 말해서) 정부 관리들은 코뿔소(rhinos) 혹은 다른 멸종 위기의 동물
을 보존함으로써 그들에게 돌아오는 이익이 별로 없다고 생각하기 때문
이다. 이와는 반대로 우리는 세계 동물보존협회(World Conservation Union)
가 농장에서 기르던 소가 도둑을 맞았다는 보고서를 낸 것을 본 적이 없
다. 왜냐하면, 소를 소유한 목장 주인은 소를 밀렵하는 어떤 사람도 법
에 따라 — 마치 서부 활극 시대의 방식처럼 — 처벌받게 할 것이기 때
문이다.

누구를 위한 보호인가?

환경보존주의자(conservationist)들의 전형적인 세계관에 나타나는 이
상한 역설이 있다. 그들은 현시대를 살고 있는 우리는 후손들로부터 희
귀한 자원인 석유와 천연가스를 이기적으로 사용했다는 비난을 받게 될
것이라고 말한다. 우리가 주유소를 한 번 더 방문할 때마다 50년 후에
이 세상에 살고 있을 우리 손자들이 주유소를 들를 수 있는 기회는 한
번씩 더 줄어든다는 이야기다.

그러나 잠깐 다시 생각해 보자. 우리가 이 같은 충고를 받아들여 석

유 사용량을 줄여 하루에 백만 배럴씩 남겼다고 치자. 그것은 우리 손자들이 그만큼 석유를 더 쓸 수 있게 할 것인가? 그래서 우리 손자들이 우리가 남겨준 석유를 쓴다면, 그것은 우리 손자들이 또 자신들의 손자들이 써야 할 석유를 훔쳐 쓰는 일이 아니겠는가? 앞으로 50년 후의 환경론자들도 오늘의 환경론자들이 하는 말을 그대로 반복하지 않겠는가?

이론적으로 재생 불가능한 자원의 경우, 지금 소비되는 자원의 한 단위는 무한정 비싼 물건이 아닐 수 없다. 왜냐하면, 그 자원은 수많은 미

자본주의는 세상을 깨끗하게 만든다

"내가 어렸을 때 살았던 곳은 아주 냄새가 고약한 곳이었다. 말의 똥오줌 냄새, 사람들의 땀과 목욕하지 않은 냄새가 코를 찌르는 곳이었다. 매일 샤워를 한다는 것은 알지도 못한 일이었다. 기껏해야 토요일 저녁에 한 번 목욕을 할 수 있을 뿐이었다.

실내의 공기는 일반적으로 퀴퀴했고, 석유램프와 석탄난로에서 나는 매캐한 냄새가 뒤범벅돼 있었다. 그때는 말과 마차의 시대였고, 화장실이 밖에 따로 있었으며, 먼지가 풀풀 나던 시대였다. 날씨에 따라 먼지가 날리든지 진흙탕이 되든지 둘 중의 하나였다. 도시의 길도 아주 일부만이 — 벽돌 혹은 자갈로 — 포장되어 있었다. 물웅덩이, 물결모양의 바퀴자국, '통나무 길'들은 내 어린 시절의 팟홀(Pothole: 길바닥의 움푹 패인 곳)들이었다.

물론 자동차가 발명된 후였다. 그러나 자동차는 희소했고, 수제품이었고, 값이 너무 비싸서 부자들만 탈 수 있었다. 모델 T가 미국의 길을 채우기 시작할 무렵 나는 열 살이었다. 헨리포드(Henry Ford)는 값싼 자동차를 발명함으로써 미국 과학자들 그 누구보다도 공중위생에 크게 기여했다. 포드는 궁극적으로 길거리 위의 말똥과 오줌을 제거해버린 사람이 되었다."

Dixy Lee Ray, *Trashing the Planet* (지구를 쓰레기통으로 만들기)

래의 인간들이 혜택을 볼 수 있는, 그러나 현재 살고 있지 않기 때문에 쓸 기회가 없는, 사람들의 자원이기도 하기 때문이다. 그러나 이처럼 생각하는 경우 누구도 자원으로 인한 혜택을 받을 수 없다는 황당한 결론이 도출된다. 모든 석유 자원은 영원히 그대로 땅속에 놓아두어야만 한다. 단 한 방울이라도 기름을 태우는 일은 후손들에게 대단히 죄스러운 일이 아니겠는가?

사유재산권과 시장가격은 이 난감한 문제를 해결하는 방법을 알려준다. 석유를 생산하는 유정 및 구리광산의 소유자 혹은 다른 재생 불가능한 자원을 캐내서 그것들을 상품화시켜 시장에 내다파는 사람들은 그 자원의 현재 시장가치를 극대화시킬 수 있는 방안을 강구할 것이다. 공급량이 줄어들 경우 이들 자원의 가격은 오를 것이다. 그 경우, 이 자원은 더욱 경제적으로 사용될 것이고 대체물을 찾으려는 노력도 나타나게 될 것이다. 미래 세대들은, 그들이 석유를 살 때 내야 하는 돈을 통해, 오늘의 석유에 대해 자신들의 권리를 주장할 수 있을 것이다. 석유회사들은 아이다호 주 보이즈 시에 사는 사람들에게 석유를 공급하는 일을 결코 까먹을 수 없는 것처럼, 2025년에 살고 있을 사람들을 위해 석유를 남겨두어야 한다는 사실도 잘 알고 있다.

우리는 다리에 도착해야만 그 다리를 건널 수 있다

자원고갈에 관한 신경질적인 경고들은 기업가들이 자신들에게 이득이 되는 경우 새로운 자원 혹은 대체기술을 개발하리라는 사실을 무시한다. 이는 시간이 걸리는 일이며 새로운 유정을 발견하고 그 유정의 매장량을 평가하는 것도 시간이 필요하다. 결론적으로 말하자면, 우리 인간들은 가용한 석유, 천연가스 혹은 다른 재생 불가능한 자원들의 일부만을 사용했으며 또한 부존되어 있는 실제 자원 중의 일부만이 존재하는 것으로 알고 있었다. 우리가 확인한 석유자원이 앞으로 수 십 년 동안 쓸 수 있는 양일진대, 당장 더 찾아내야 할 필요가 없기 때문이다.

채굴 가능한 부존자원이 얼마나 많은가의 문제는 기술에 의해서가 아니라 경제학에 의해 결정된다. 석유 유정 혹은 구리광산은 자원이 고갈되기 이전에도 폐쇄되는 경우가 허다하다. 석유 한 방울까지, 혹은 구리 한 줌까지 모두 캐낸다고 돈을 더 벌 수 있는 것은 아니기 때문이다. 그러나 새로운 기술이 개발됨에 따라 채굴비용이 저렴하게 되고, 경제적으로 채굴할 수 있는 자원의 부존량은 양이 몇 배로 증가되기도 하는 것이다.

✢ ✢ ✢ ✢ ✢ ✢ ✢ ✢

"공적" 자원의 낭비: 너무나 흔히 발생하는 비극

경제학자들은 개레트 하딘(Garrett Hardin)의 유명한 논문이 발표된 후, 공동체가 소유한 자원의 운명을 "공유자원의 비극(tragedy of the commons)"이라는 말로 표현하기 시작했다. 하딘이 제시한 원천적인 역사적 사례는 농토에 대한 인클로져 운동(enclosure movement)이 시작되기 이전, 가축을 기르는 사람들이, 자신들의 동물이 풀을 뜯어먹을 수 있는 지역을 의도적으로 확대했던 사례이다. 즉, 그들은 자신의 동물들의 규모를 지탱할 수 있는 범위를 훨씬 넘는 풀밭을 사용했다. 임자 없는 호수나 강의 경우, 수많은 낚시꾼들에 의해 과도한 남획이 이루어졌고 그 결과 물고기의 숫자가 감소되고 있었다. 누구나 이 문제를 알고 있었다. 그러나 문제를 해결하는 것이 자신에게 득이 된다고 생각하는 사람들은 아무도 없었다. 어떤 낚시꾼이 자신이 잡는 물고기의 양을 제한한다고 해도 다른 낚시꾼이 더 잡아버리면 헛일이기 때문이다. 공유자원의 비극을 해결하는 방법은 그 자원을 사유화시키는 것이다. 개인이 소유하고 관리하는 호수에서, 남획은 마치 소들을 과다하게 넓은 곳에서 풀을 뜯어 먹게 하는 것과 마찬가지로 쓸모없는 일이 될 것이다.

만약 정부가 재산권에 대
해 간섭한다면 ─ 즉 정부
가 규제(가격통제) 혹은 위협
(국유화)을 가해서, 유정을
소유하고 있는 사람들이 자
신의 재산이 불안정하다고
느끼게 된다면 ─ 유정 주

이 책 읽어 봤나요?
Energy: The Master Resources
(에너지: 가장 중요한 자원)
by Robert L, Bradley, Jr. and Richard W.
Fulmer; Dubuque, IA: Kendall/Hunt
Publishing Company, 2004.

인은 그가 할 수 있는 동안 가능한 한 빨리, 가능한 한 많은 양의 석유를
퍼내서 빠른 시일 내에 최대의 이득을 취하고자 할 것이다. 그러나 이와
달리 유정의 주인이 자신의 사유재산을 대단히 안전한 것으로 생각한다
면 그는 석유를 빨리 뽑아 올릴 필요가 없다. 그는 얼마만큼 석유를 생
산하는 것이 가장 큰 이익을 가져다 줄 것인가, 혹은 다른 데 투자하는
것보다 석유를 생산하는 일이 더 좋은 일일까를 결정하게 될 것이다. 결
국 재산권에 대한 정부의 개입은 한정된 자원을 더 빨리 고갈시키고 마
는 역효과를 초래하는 것이다.

궁극적인 도박 게임: 에를리히의 인구폭탄

사람들을 겁주는 전문가들의 미래 예측에서 전혀 요구되지 않는 바
는 "예측이 얼마나 정확한 것인가" 라는 문제다. 이 점을 누구보다도 잘
예시해 준 사람이 폴 에를리히(Paul Ehrlich)다. 그는 1968년 고전으로 추
앙되는 『인구폭탄(The Population Bomb)』이라는 책을 간행했다. 이 책에
서 에를리히는 "인간 모두를 먹여 살리기 위한 투쟁은 끝났다… 1970년
대와 1980년대가 되면 지금 막 가동되기 시작한 어떤 대담한 계획에도

불구하고, 수 억 명 단위의 인간들이 굶어죽게 될 것이다."라고 주장했
다.

줄리언 사이몬(Julian Simon)은 정반대의 견해를 가지고 있었다. 그는
"인간의 마음"을 궁극적인 자원이라고 생각했다. 인구가 늘어난다는 사
실은 인간들을 먹여 살리기 위한 식량생산과 이들이 먹고 살 수 있는 공
간을 확보하기 위한 천재성도 함께 증대시키는 것을 의미한다고 보았
다. 사이먼은 사람의 숫자가 늘어날 경우, 그들은 사회로부터 가져가는
것보다 더 많은 것을 사회에 기여할 것이라고 생각했다. 인구가 늘어나
는 데 따라 임금도 늘어난다는 생각이었다.

이와 반대로 시간이 지날수록 인간 이외의 다른 자원의 중요성은 감
소될 것이라고 보았다. 사이먼은 자원의 가격이 점점 더 싸지고 있다는
(인플레이션을 고려한 가격으로 보았을 때) 사실로부터 자원의 가격은 내
려갈 것이라는 자신의 주장을 추론했다. 실제로 1980년 사이먼은 에를
리히와 유명한 도박을 벌였
다: 두 사람은 1980년 당시
가격이 1,000달러인 다섯 가
지 중요한 광물자원을 선정
했다. 그리고나서 이 광물들
의 가격(인플레를 고려, 표
준화 시킨)이 1990년에는 얼
마가 될 것인가를 체크해 보
라고 했다. 광물들의 가격이
상승한다면 에를리히가 이
기는 것이다. 광물들의 실질
가격이 하락하는 경우 사이

> ✳ ✳ ✳ ✳ ✳ ✳ ✳ ✳ ✳
>
> ### 자본주의자의 확신
>
> 줄리언 사이먼은 소비재는 — 어느
> 것이라도 — 궁극적으로 그 가격이 내
> 려갈 것이라고 확신했고, 그래서 에를
> 리히에게 자신이 틀릴 경우 1만 달러
> 를 걸겠다고 제안했다. 에를리히와 그
> 의 동료들은 — 이 중에는 버클리 대
> 학 물리학교수 두 명이 포함되어 있었
> 다 — 1천 달러로 역 제의했다. 1990
> 년 10월, 폴 에를리히는 줄리언 사이
> 몬이 도박에서 이겼음을 인정하고,
> 567.07달러를 지불하겠다는 수표를
> 보냈다.

먼이 이기는 것으로 정해졌다.(패자는 승자에게 변동된 가격에 해당하
는 액수의 수표를 끊어 보내야 했다.) 1990년에 구리, 크롬, 니켈, 주석,
그리고 텅스텐의 가격이 모두 1980년 당시보다 하락했다. 인플레를 무시
해도 그랬다. 사이먼이 승리했던 것이다. 더 중요한 사실이 있다. 사이먼
은 내기용 광물 다섯 가지를 에를리히에게 선정하라고 맡겼던 것이다.

재활용이냐? 폐기냐?

'지구의 날'이 주장하는 논리와는 전혀 달리, 재활용할 것이냐의 문제
는 도덕적인 문제라기보다는 경제적인 문제다. 생산된 물자가 사용된 이
후 그 물자를 다시 재활용해야 하느냐 혹은 쓰레기로 처리해야 하느냐는
단순한 화학 혹은 생물학 문제가 아니다. 이 질문에 올바른 대답을 하기
전에 우리는 우선 이 물자들의 정당한 시장가격을 알아야 한다. 이 물자
를 버릴 것이냐 재활용할 것이냐를 결정하기 위해 우리는 모든 사항들을
고려해야 한다. 사용한 물건을 버리는 것이 더 값이 싸다면, 즉 재활용하
는 것이 돈이 더 드는 일이라면(그것은 진짜 낭비가 되는 것이니까) 버리
는 것이 옳다. 그러나 상황이 변했다면(즉, 쓰레기 처리장의 용량이 한계
에 도달했다면, 혹은 원 자료가 희귀하게 되었다면) 과거에는 버리던 물
건이었다고 해도 지금은 재활용하는 편이 더 나을 수 있을 것이다.

중요한 점은 "재활용"은 자연을 사랑하는 사람들이 발명한 품목이
아니라는 것이다. 대기업에서 일을 해본 사람이라면 누구라도, 정부가
요구하지 않아도 재활용은 항상 고려해야 할 일임을 잘 알고 있다. 예를
들어보자. 식료품을 파는 상점에는 엄청난 양의 카드보드 상자가 나오
게 되어 있다. 이들은 종이상자들을 버리는 대신에 이들을 펴서 무게 당

✣✣✣✣✣✣✣✣

석유의 부존량: 적을수록 실제로는 더 많았다

1944년 당시 세계 전체의 알려진 석유 부존양(賦存量)은 510억 배럴이었다. 그 후 48년 동안, 인간들이 근시안적으로 휘발유를 마구 써댄 후인 2002년, 공식적으로 알려진 석유 부존양은 훨씬 늘어나 있었다. 2002년 전 세계의 확인된 석유 부존양은 1조 2,660억 배럴이었다.[1]

일정한 돈을 받고 필요한 사람들에게 팔고 있다. 공장도 마찬가지다. 이들은 쓰고 남은 쇳덩이 혹은 찌꺼기들을 버리지 않고 놓아둔다. 이 같은 고철을 구입, 녹여 가지고 재활용품을 만들어 파는 회사들이 있기 때문이다.

물론 이 같은 재활용 과정은 한계가 있다. 회사들은 모든 물건들을 재활용하지 않는다. 아니 재활용하지 않아야 될 것도 있다. 그 한 예로 회사가 받은 상품 상자에 부착되어 있는 선적 라벨은 원칙상 재활용이 가능하다. 그러나 그것을 재활용하기 위한 번거로움을 감내해야 할 가치가 있는가? 상자는 다시 사용할 수 있다고 해도 말이다. 비서의 데스크 위에 있는 전기스탠드의 60촉짜리 램프가 나갔을 경우, 그것은 그냥 버리면 될 일이다. 물론 그녀의 회사는 공장을 밝히는 거대한 형광등 램프들을 재활용한다는 원칙을 가지고 있을 수도 있을 것이다. 이 같은 관점을 명쾌하게 설명해주는 극적인 사례를 들어보자. 어떤 법률 사무소가 직원들이 사용한 수많은 컴퓨터 종이를 재활용하기 위한 통을 비치해 두고 있다고 하자. 그러나 그 사무소가 자기 직원들에게 사용한 휴지와 화장지를 재활용하라고 지시할 리는 없을 것이다!

만약 정부가 재활용에 대해 인위적 보상을 해주기로 한다면 어떤 일이 발생하게 될까? 정부의 이 같은 행동은 시장가격이 제시한 올바른 신호를 왜곡하게 될 것이며, 그 결과 사람들을 비효율적으로 행동하게 만들 것이다. 예컨대 정부가 개입하지 않는다면 우리들은 청량음료 혹

은 맥주 캔을 재활용하지 않으려고 할 것이다. 알루미늄의 가격이 너무
나 싸기 때문에 과연 그것을 재활용(게다가 그것을 깨끗이 세척해야 하
는데)하려는 노력이 가치가 있는 일인가가 의문스러울 정도이기 때문이
다. 그러나 정부가 빈 캔을 가져오는 사람들에게 5센트 혹은 10센트씩
돌려주는 조치를 취한다면, 이는 많은 사람들로 하여금 빈 캔을 재활용
하는 일이 가치 있는 일이라고 생각하도록 만들 것이다. 그러나 이는 완
전히 허구의 이야기다. 돌려준 돈은 절약된 알루미늄의 진정한 경제적
가격을 전혀 반영하지 않는다. 그런데 빈 캔을 쓰레기통에 집어 던져버
리는 대신 — 경제적 결과를 생각하는 것이다 — 수백만 가구들이 빈
캔을 분리수거하는 수고를 감당하고, 수 천 명에 이르는 식료품 가게 직
원들이 재활용 목적으로 반환되는 빈 캔을 처리 하느라 수고하는 '웃기
는' 일을 벌이고 있는 것이다. 재활용 캔을 수집하기 위해 특별히 만든
기계마저 존재하는 상황이다. 빈 캔을 수집하는 이들 기계 중 어떤 것은
한 대의 가격이 3만5천 달러가 넘는 것도 있다.

석유가 고갈되고 있다. — 이번에는 정말이다

- 1885년 미국의 지질학 조사 결과는 캘리포니아에서 석유가 발견될 가능
  성은 희박하거나 없다고 말했다.
- 1914년 미국 광업성(Bureau of Mines)은 앞으로 채굴할 수 있는 석유는 57
  억 배럴뿐이라고 예측했다.(1984년 미국은 340억 배럴의 석유를 채굴했다.)
- 1920년 미국 지질학 조사위원장은 미국의 석유생산이 거의 정점에 도달
  했다고 예측했다.(1948년 미국의 석유 생산은 1920년의 4배에 이르렀다.)
- 1939년 미국 내무부(Interior Department)는 30년 후에는 미국의 석유는 고
  갈될 것이라고 예측했었다.
- 1949년 내무부 장관은 미국 석유의 고갈이 눈앞에 닥쳐왔다고 예측했
  다.[2]

이처럼 빈 캔을 재활용하려는 노력이 현저한 낭비이며 우스꽝스런 일이라고 생각하지 않는 독자들을 위해 또 다른 예를 들어보자. 정부가 다 쓴 볼펜 한 자루를 들고 오면 25센트를 돌려준다고 치자. 볼펜을 다 쓴 후 소비자는 볼펜을 반납함으로써 볼펜 값을 다 돌려받을 수 있는 상황인 것이다. 혹은 플라스틱 우유 통의 둥글게 생긴 뚜껑은 어떤가? 그것을 사용하지 않았다고 전제하고 말이다. 혹은 새로 산 CD 혹은 DVD의 투명한 플라스틱 케이스는 어떤가? 정부가 이것들을 가져오면 1달러를 돌려준다고 치자. 그렇게 함으로써 정부는 미국 국민들의 생활에 또 하나의 보탬을 주게 될 것이다. 빈 캔을 수집하는 노숙자들이 수집할 물건이 하나 더 생겼으니 말이다.

마지막으로, 쓰레기에 대한 시장가격이 고려되지 않고 있다는 사실을 생각해 보자. 당신의 이웃이 바나나 껍질, 커피 여과용 종이, 똥 묻은 기저귀, 망가진 자동차 바퀴 덮개 등을 마을 어귀에 있는 당신 소유의 공터에 버려도 되느냐고 물었다고 하자. 아마도 당신은 사람들이 창고 사용료를 내는 것과 마찬가지로 쓰레기를 버리는 대가가 무엇이냐를 물어볼 것이다. 이웃 주민이 쓰레기를 더 많이 버릴수록 당신은 더 많은 돈을 부과하려고 할 것이다.

그러나 군 혹은 시 정부가 당신의 쓰레기를 거둬갈 때 그들은 당신이 버린 쓰레기의 무게에 따르는 합당한 돈을 내라고 요구하지 않는다. 당신이 얼마나 많은 물건을 재활용하는지, 쓰레기를 줄이려고 노력하는지, 혹은 천으로 된 기저귀를 사용하는지와 관

이 책 읽어 봤나요?
Environmental Overkill: Whatever Happened to Common Sense? (과도한 환경파괴: 상식과 다른 것들?) by Dixy Lee Ray; Washington, DC: Regnery, 1993.

계없이 당신은 하루에 다섯 개의 큰 쓰레기 더미를 쓰레기통에 던져버리는 당신의 이웃과 똑같은 세금을 도시 위생국에게 내고 있는 것이다. 만약 버리는 쓰레기의 양에 따라 세금을 내야 한다면 당신은 망가진 주전자를 버리기 보다는, 그것을 화단에 물을 주는 용도로 재활용하려고 할 것이다.

행동주의자들의 정부가 만들어내는 오염

독자들은, 19세기 말 그리고 20세기 초반, 회사의 경영주 혹은 환경을 오염시킨 사람들에 대한 고발 및 법적 투쟁을 정부(산업화라는 목적을 위해 개입했던)가 앞장서서 억제했다는 사실을 알게 된다면 놀랄 것이다. 일반적인 믿음과는 정 반대로, 자유 시장을 지지하는 사람들이 오히려 회사들에게 환경을 오염해도 된다는 면죄부를 주어서는 안 될 것이라고 주장한다. "자유기업(Free Enterprise)"이라는 용어는 대기업들이 전기(電氣) 혹은 다른 자원들을 마음대로 사용해도 된다는 것을 의미하지 않는다. 안정된 사유재산권을 지지하고 있는 사회에서, 화학 폐기물을 강에 내다버려야 할 기업가는, 그러기에 앞서 강을 소유한 사람과 협정을 맺어야 할 것이다.

어떤 경우라도 지구 온난화, 오존 구멍, 산성비 등과 관련된 신경질적 반응들은 명망 높은 과학자들에 의해 엉터리인 것들로 밝혀졌다. [이 주제에 관해서는

이 책 읽어 봤나요?
Economics and the Environment: A Reconciliation, (경제와 환경) ed. Walter Block; Vancouver: Fraser Institute, 1990.

크리스토퍼 호너(Christopher Honer)가 지은 *Politically Incorrect Guide to Global Warming and Environmentalism*, (지구 온난화 및 환경주의에 대한 정치적으로 잘못된 입문서)를 참조할 것)] 그러나 여기서 우리는 자본주의 경제체제가 사회주의 경제체제보다 훨씬 더 깨끗한 환경을 창조하는 데 기여했다는 사실을 강조해야 할 필요가 있다고 생각한다. 당신이 진정 재앙적인 환경파괴 현장을 보고 싶다면 미국이나 서유럽이 아닌 소련과 동부 유럽을 둘러봐야 할 것이다. 결국 쓰리 마일 아일랜드(Three mile Islands: 미국 핵발전소 사고가 일어났던 곳)의 과장된 공포와는 정반대로 체르노빌 핵발전소의 원자로 폭발 사고는 수 십 명(방사능으로 인한 사망자의 숫자는 제외 한 것이다)의 목숨을 앗아갔다. 부다페스트 중부 유럽대학교 환경과학 및 정책학 교수인 루벤 메나차카니안(Ruben Mnatsakanian)은 다음과 같이 언급했다:

> 산더미처럼 쌓인 고체 쓰레기, 호수와 같은 액체 쓰레기들은 폴란드, 체코공화국, 구동독, 우크라이나, 러시아, 카자크스탄, 에스토니아 등의 중공업 시설 근처에서 볼 수 있는, 아마도 소비에트 공산체제의 가장 뚜렷한 환경적 유산이라고 말할 수 있다. 쓰레기 더미를 연못에 버린다거나 아무데나 쌓아두는(아무런 실질적인 여과장치도 없이) 행위는 일상적인 일이었다.
>
> 최근 알려진 러시아의 화학무기 생산 및 저장(소련 시절 이는 절대적인 비밀이었다)은 특히 경악스럽다. 7개의 화학회사가 5개 도시— 브레즈니키, 차파에프스크, 드제르진스크, 볼고그라드 및 노보체보카살스크 — 에서 화학무기를 만들고 있었다. 5개 도시 중 4곳은 유럽에서 제일 큰 강이며, 수백만 유럽 시민들의 가장 큰 식수 취수원인 볼가강변에 위치하고 있다. 화학무기의 생산, 실험,

저장은 안전을 위한 규칙을 무수히 위반한 채 이루어졌다. 1990년
부터 1992년 사이 — 러시아가 국제화학무기협정에 조인하기 이
전— 러시아는 4만 톤에 이르는 독성물질을 보유하고 있었으며
이 중 3만2천 톤은 아인산 유기화합물이었다.

이 장에서 논한 바와 같이, 자본주의가 환경을 파괴한다는 비난은 완
전히 틀린, 잘못된 것이다. 시장가격은, 정부의 인위적인 캠페인과는 정
반대로, 어떤 물건을 재활용
해야 할지 혹은 버려야 할
지에 관한 적당한 균형점을
알려준다. 실제로 자본주의
경제는 환경에 관해 꾸준한
진전을 이룩하고 있는 중인
반면, 전체주의적 독재 정부
들은 지구를 더럽히는 최악
의 오염원이 되고 있다.

이 책 읽어 봤나요?
*Trashing the Planet: How
Science Can Help Us Deal
With Acid Rain, Depletion of the Ozone,
and Nuclear Waste (Among Other Things)*
(지구를 쓰레기통으로 만들기: 과학은 어
떻게 우리가 산성비, 오존 소멸, 핵폐기물
등의 문제에 대처할 수 있게 도와주는가?)
by Dixy Lee Ray; New York: Perennial,
1992.

❋❋❋❋❋❋❋❋❋

제 7 장
안전 확보: 시장을 통해서?
혹은 큰 형님(Big Brother)을 통해서?

생각해 봅시다.

🏠 시장의 힘은 노동자와 농민을 보호한다

🏠 미국 의사회는 의료비를 올리는 카르텔이다

🏠 특정지역에 대한 규제 조치는 대도시의 범죄율을 오히려 높인다.

🏠 비행기 추락사건이 발생한 후 항공안전국 (FAA)은 더 많은 기금을 받게 된다.

시장경제에 대해 우호적인 사람들의 경우에도 거의 예외 없이 완전한 자유(자유방임)에 대해서는 반대하는 모습을 보이고 있다. ― 정부는 당연히 우리들의 안전과 삶의 질을 보장하기 위해 최소한의 기준을 설정하고 강제해야 한다는 것이다. 과연 그럴까? 그렇지 않을 경우 노동자들은 목숨을 위태롭게 하는 일을 강요당하게 되고, 일반적인 소비자들은 돌팔이 의사들에게 자신의 건강을 맡기게 될 것인가? 1911년 발발했던, 악명 높았던 트라이앵글 화재 사건의 사후 처리에 관한 예를 들어보자:

뉴욕 주재 트라이앵글 웨이스트 회사의 화재 사건으로 146명의 젊은 이민노동자들이 사망했는데 이 사건은 산업혁명 이후 가장 처참한 재난으로 기록된다. 이 사건은 오늘에도 산업노동자들이 얼마나 비인간적인 조건에서 일을 하고 있는지에 대해 경종을 울리고 있다. 많은 사람들은 이 사건을 극단적인 산업주의가 야기한 잔인함의 상징으로 보고 있으며, 이 비극은 아직도 미국 및 국제사회의 노동운동의 집단적 사고 속에 기억되고 있다. 이 비극의 희생자들은 자본가들의 탐욕에 희생된 순교자들로 추앙되고 있다.[1]

우리가 이제껏 살펴본 다른 분야들과 마찬가지로, 여기서도 우리가 일상적으로 알고 있었던 지식은 낡아빠진 것일 뿐이다. "규제가 없는" 시장에서 돈에 굶주린 탐욕적 기업가의 경우라도 그의 최고의 우선순위는 생산의 질을 높이고 안전을 유지하는 것이다. 역으로 정부가 강제한 기준은, 많은 사람들이 생각하는 것과는 정 반대로, 안전을 위한 만병통치약이 아니다. 사회의 질병들을 "고치려는 각종 정치적 방안들"은 질병을 오히려 더욱 악화시킨다.

상충관계(trade-off)는 있기 마련이다

이렇게 말하는 것은 비정하게 여겨질지 모르지만, 안전에는 언제나 희생이 수반되는 것이다. 트라이앵글 화재 사고를 다시 생각해 보자. 이 사건에서 산업가들은 노동자의 복지를 위해 많은 돈을 지출하지 않은 악마라고 비난당한다. 화재에서 살아남은 노동자들의 말에 의하면, 9층의 문과 계단의 복도를 연결하는 문이 잠겨 있었고, 화재 대피시설은 이를 이용할 사람들의 숫자에 비해 턱없이 부족했다. 회사의 주인이 안전을 위해 더 많은 신경을 쓰고, 사전에 조심했더라면 수많은 사람들이 목숨을 건질 수 있었을 것이다.

　그러나 여기에서 안전시설을 확대하기 위한 돈은 누가 제공해야 하는 것인가? 라는 문제가 제기될 수 있다. 노동조합이 선전하는 것과는 달리, 경쟁적인 시장에서 노동자들의 월급은 그들이 얼마나 많은 돈을 회사에 벌어다 주었는가에 따라 달라진다. 만약 고용주들이 그들이 노동자를 고용할 때마다 안전에 관한 돈을 더 많이 써야 한다고 강요당할 경우(왜냐하면, 더 많은 수의 노동자를 위해 더 많은 안전비용이 필요하기 때문이다), 결국 노동자들이 받게 될 월급은 줄어들기 마련이다. 트라이앵글 화재 사건 이후 그 회사의 노동자들이 더 좋은 안전한 환경을 위해 자신들의 월급 중 일부를 포기하는 데 기꺼이 동의했다는 사실은 자연스러운 일이다. 그러나 이 같은 처절한 사건의 피해자가 되지 않았던 수 천 명의 노동자들은 어떻게 되었나?

　여기서 가부장적 자유주의자들은 수수께끼 같은 어려운 문제에 당면하게 된다. 만약 1911년도의 가난한 이민 노동자들이, 자신의 안전이 향상되는 대가로 더 낮은 임금을 받게 되는 상황을 받아들이기로 했다면, 왜 정부가 강제적인 새로운 안전 관련 법안을 규정해야 했는가? 만약 노동자들이 정말로 월급이 내려가더라도 안전한 시설에서 일하기를 원했다면, 고용주들은 사전에 안전조치를 확보하기 위해 자신의 돈을 털어 넣어야 할 필요가 없었을 것이다. 반면에 가난한 노동자들이 (이 사건의 경우처럼) 위험을 각오하더라도, 열악한 환경에서 일하면서 임금을 약간이라도 더 많이 받기를 원한다면, 어떻게 해야 하는가? 우리는 이 같은 상황에서 어떤 결정을 내려야 하는가?

　오랜 시간이 지난 후인 오늘의 시점에서 되돌아보면, 1900년대 초반의 가난한 노동자들의 선택은 근시안적이었고 부적절했다는 것을 알 수 있다. 그러나 이와 똑같은 관점에서, 2100년에 살고 있을 사람들은 '우리 야만인'들이 로봇을 들여보내지 않고 사람들을 탄광에 직접 들여보냈다는 사실에 경악할 것이다.

시장의 안전(Market Safety)

가상의 실험(thought experiment)을 위해 규제가 전혀 없는 "무정부" 상태를 가정해 보자. 거기에는 물건에 상표를 부쳐야 할 의무도 없고, 건물의 화재 관련 규제도 없고, 뇌수술을 하는 의사가 면허증을 가지고 있을 필요도 없다고 하자. 그런 사회는 우리들이 생각하는 것처럼 처절하게 잔인한 사회일까?

그렇지 않을 것이 확실하다. 기업이 전혀 "규제" 받지 않는 곳이라도 우리는 최소한의 규범, 재산권 등이 있다고 가정할 것이며, 그럼으로써 회사들은 소비자들에게 자신이 만든 물건을 사달라고 설득할 수 있을 것이다. 이 같은 환경일 때, 맥도널드가 상한 고기를 사용해서 햄버거를 만들고 바이엘 제약회사가 플라세보(속임수 약)가 가득 찬 아스피린을 판매하는 것이 현명한 일일까? 이 같은 나쁜 일을 방지하기 위한 아무런 규제 장치가 없는 경우라 할지라도, 주요 회사들은 자신의 상품의 질을 높임으로써 더 많은 이득을 취하려고 노력할 것임이 분명하다. 소비자를 병들게 하고 죽게 만드는 상품을 만드는 회사들이 그런 일을 반복적으로 지속할 수는 없을 것이다. 고객들이 다 병들고 죽어 버릴 테니 말이다.

소비자들은 궁극적으로 원하지 않는 상품을 거부하는 체크 능력을 가지고 있으며, 현대 시장경제는 소비자를 보호할 수 있는 훨씬 정교한 방법을 보유하고 있다. 가장 현저하게 나타나는 사실은 현대 시장경제에는 상품의 등급을 매기는 〈컨슈머 리포트지(Consumer Report Magazine)〉

혹은 보험업자 안전시험소(Underwriter's Laboratories) 등이 존재한다는 점이다.(전구나 그 밖의 많은 전기제품에는 보험업자 안전시험소가 품질을 보증했음을 알려주는 UL 마크가 찍혀 있다.) 인터넷 사용자가 증가함

✳ ✳ ✳ ✳ ✳ ✳ ✳ ✳ ✳

자유 시장의 보호: 당신이 원하는 곳 어디에도 있습니다.

아이러니컬하게도 신용카드 회사들도 — 이들은 결코 랄프 네이더 (Ralph Nader: 사회주의 좌파적 관점에서 소비자운동을 하는 미국의 사회운동가)의 친구들이 아니다! — 역시 소비자들을 사기로부터 보호하는 데 앞장서고 있다. 휴버트(J.H. Hubert) 검사는 아래와 같이 설명한다:

[비자와 마스터카드 회사]는 가게의 출입문에 자사의 로고가 붙어있는 것, 자사의 카드를 선전하는 것 등을 그렇게 의도했건 아니건 상관없이, 자신들의 신용을 인정하는 상징으로 알고 있다. 비자 혹은 다른 신용회사들은 모두 자기 회사들이 소비자들에 의해 사기꾼으로 인식되거나 혹은 무언가 기분 나쁜 일과 연계되어 있으면 안 된다고 생각한다. 그래서 카드회사들은 카드 결제에 문제를 제기하는 소비자들을 기쁘게 만드는 저마다의 방안을 가지고 있다. 이를 차지 백(chargeback: 지불 거절)이라 부른다.

카드회사들의 차지 백 절차에 의해, 소비자들은 자신의 카드를 발급해 준 회사에 자신의 문제를 보고하고 카드 발급회사는 문제 해결을 도와주는 것이다. 차지 백 과정을 시작하기 위해 카드 소유자는 카드사가 제공하는 양식을 무료로 사용할 수 있다. (매달 회사가 보내주는 카드 사용 내역 통지서 뒷부분에 이 양식이 포함되어 있는 경우도 있다.) 불만을 접수받은 카드회사는 카드 소유자에게 불만의 내용을 증명할 수 있는 서류를 만들어서 제출하라고 요구한다. 카드 소유자의 불만이 타당하다고 인정될 경우 은행은 물건을 판 사람의 은행에 차지백(지불 거절)을 요청한다. — 즉, 카드 소유자의 은행은 물건을 판 사람의 은행에서 돈을 돌려받는 것이다. 물건을 판 사람의 은행은 이 같은 요구를 들어주어야만 하는데, 이는 각각의 카드회사가 각각의 은행들과 이 같은 과정과 절차에 대해 사전에 합의했기 때문이다.[2]

에 따라, 관심 많은 소비자들은 잘 알지 못하는 회사가 만든 상품을 구입하려고 할 때 그 상품을 구입하기 전에 (소비자 평가, 같은 종류의 다른 상품과 비교할 때 가격이 적당한지 여부 등을) 사전 조사하기 마련이다.

대규모의 중개인들이 소비자를 보호하는 데 결정적으로 중요한 역할을 담당한다. 예컨대 월마트(Wal Mart)는 값싼 물건을 소비자에게 제공하는 일과 함께 월마트의 선반에 진열될 많은 상품을 만드는 생산자들과 상품의 품질에 대해 잘 모르는 소비자를 연결시켜 주는 일을 하는 것이다. 소비자들은 플로리다의 농장, 시카고의 도살장, 중국 회사들이 만든 TV의 품질 등에 대해 조사할 처지가 못 된다. 그러나 월마트는 이들 상품의 품질에 대해 정확히 평가할 수 있는 사람들을 고용하고 있다. 월마트 및 다른 대형 소매업자들은 오랫동안 기업활동을 해오고 있으며, 소비자들의 요구를 충족시켜야만 사업에서 성공할 수 있다는 사실을 잘 알고 있다. 이들은 소비자들을 감전사 시킬지도 모르는, 값은 싸지만 품질이 조악한 전구를 팔아서 수천 달러의 이득을 더 취하는 일이 얼마나 바보 같은 짓일지를 잘 알고 있다. 자유 시장에서는 단기간의 이득을 취하는 것보다 장기적인 신뢰를 얻는 것이 훨씬 더 이익이 되는 일이기 때문이다.

규제하는 사람들: 제3자 보증인들

본 장에서 저자는 "규제 없는"이라는 용어에 따옴표를 부쳐서 사용했다. 왜냐하면, 자유 시장경제 속에는 수백만 가지는 아니라 할지라도 적어도 수천 가지 이상의 사적으로 강제되는 규율과 법칙들이 스스로를 감시하고 있으며, 그렇게 함으로써 소비자와 시민을 보호하기 위한 "규제"를 실행하고 있기 때문이다. 보험업자 안전시험소(Underwriters

Laboratories)는 그 중의 한 예이다. 다른 유사한 것들도 많이 존재하고 있다. 예를 들자면, 금융부문에는 무디스(Moody's) 같은 평가기관이 증권을 발행하는 회사 또는 국가의 신용등급에 대한 전문적인 평가를 통해 그들의 등급을 매기고 있다. 이베이(eBay) 같은 온라인 어음교환소(clearinghouse)는 상인과 개인들에게 사기당할 가능성을 최소화하기 위한 정보를 제공하고 있으며, 아마존과 같은 소매업자들은 고객들의 중요한 정보를 보호하기 위해 암호 기술자들을 고용하고 있다.

공식적인 정부 규제기관과 가장 유사한 사적인 규제기관은 아마도 보험회사들이라고 말할 수 있을 것이다. 예컨대 정부의 감시를 받지 않는 항공업계를 생각해 보자. 그럴 경우라도 주요 항공사들은 추락 혹은 다른 사고가 발생했을 경우, 자신들의 업무를 수행하기 위한 표준절차의 일환으로, 손해배상에 관한 규정을 만들어 둘 수밖에 없을 것이다. 논의를 위해 항공사들이 사고로 인한 사망자들에게 100만 달러를 지급한다는 규정을 만들어 두었다고 가정해 보자.

하루에 수십 회 이상 점보 제트기를 운항하는 항공사에게 이 규정은 상당한 부담이 될 것이다. 아무리 보수적으로 경영하더라도 (고객들은 그렇다고 주장할 것이다) 만에 하나 추락사고가 발생하는 경우 주주들을 보호하기 위한 조치로서 항공사들은 보험에 가입하지 않을 수 없을 것이다.

물론 보험회사들은 그처럼 큰 위험을 담당하는 대가로 충분한 보험료를 요구할 것이다. 그러나 보험회사들은 항공사에 대해 또 다른 부가적인 요구를 한다. 예컨대 보험회사들은 항공사의 승무원들이 명망 있는 기관에서 자격을 인정받아야 할 것과, 그들이 정기적으로 마약을 흡입하는지에 대한 테스트를 받아야 한다고 요구할 수 있을 것이다. 또한 보험회사들은 항공사들이 능력을 인정받은, 믿을 수 있는 회사가 만든 비행기를 구입해야 한다고 요구할 수도 있을 것이다. 실제로 가장 낮은 보험료를 보장받기 위해서, 항공사들은 보험회사 직원들이 아무 때나 비행기 격납고 혹은 항공사 운항 사무실 등에 들이닥쳐 그들이 업무를 잘 하고 있는지를 감시할 수 있도록 하며, 심지어 갑작스런 방문 비용까지 항공사가 내도록 하는 조치를 취하고 있다. 우리들이 흔히 알고 있는 것과는 정반대로, 자유 시장에서의 항공 여행은 비행기로 여행하려는 승객들이 비행기 추락 관련 통계자료를 열심히 찾아보려는 신경을 쓰지 않아도 되는 일이다. 승객들이 추락사고시 보상금을 받게 되어 있는 한, 항공 여행은 대단히 안전한 여행 중의 하나로 남아있게 될 것이다. 나머지 모든 것들은 보험회사의 전문가들이 다 알아서 해 줄 것이다.

좋은 경제학(Good Economics)

"나쁜 경제학자는 눈앞에 다가온 것만 본다; 훌륭한 경제학자는 저편 너머에 있는 것을 본다. 나쁜 경제학자는 제안된 과정의 직접적인 결과만을 본다; 훌륭한 경제학자는 장기적이며 간접적인 결과에 주목한다; 나쁜 경제학자는 주어진 정책이 특정 집단에게 미친, 그리고 앞으로 미칠 효과만 본다: 훌륭한 경제학자는 그 정책이 다른 모든 집단들에게 어떤 효과를 미칠지를 탐구한다."

Henry Hazlitt, *Economics in One Lesson* (교훈으로 배우는 경제학)

이 같은 고려들은 순전히 상상이 아니다. 이들은 이미 실제로 (정도의 차이가 있기는 하지만) 보험회사들이 행하고 있는 일들이다. 누구든지 연기 탐지기 혹은 화재 차단기를 장착한 덕택에 화재보험료를 덜 낼 수 있게 된 사람들, 혹은 생명보험의 보험료를 내리기 위해 담배를 끊은 사람들은 이러한 과정을 이해할 수 있을 것이다. 사적인 "규제"와 정부 관료기구에 의한 규제의 차이점은 전자(사적인 규제)는 오직 효과가 있는 곳에

서만 지속된다는 점이다. 만약 보험회사의 검사관이 항공사로부터 리베이트를 받는다거나, 항공사가 비용을 절감하기 위해 위험한 수준으로 비행기를 정비하는 것을 못 본 척해준다면, 이 같은 부정은 궁극적으로 첫 번째 추락사고가 일어난 후에 뿌리가 뽑히게 될 것이다. 보험회사는 수억 달러 이상 손해를 보게 될 것이며(이 금액이 리베이트보다 클 것임은 말할 필요도 없다), 다른 항공사들은 자신의 비행기들이 훨씬 높은 안전도를 유지하고 있다고 선전함으로써 승객들을 빼앗아 가버릴 것이다.

이와는 반대로 현재 정부가 규제하고 있는 항공 안전에 관해 분석해 보자. 1996년 5월 11일 에버글레이즈에 추락해서 110명의 승객을 사망케 한 밸류젯(Value Jet) 항공사 592항공편의 추락 사건을 살펴보자. 이 사건은 밸류젯 항공사가 사고 발생 이전에 조직적으로 안전수칙을 무시했던 악명 높은 사례이다. 추락사고 당시 미 연방 항공 행정국(Federal Aviation Adminstration, FAA)은 이미 수립된 지 30년을 맞이하고 있었다. (연방항공국(Federal Aviation Agency) 혹은 민간항공국(Civil Aeronautics Authority) 때까지 고려하면 역사는 더 길어질 것이다.) 미국 연방항공행정국의 웹사이트가 선언하듯이, FAA의 가장 중요한 책임은 "비행기의 안전을 지속적으로 보장하는 것"이다. 실제로 만약 보통 민간인이 추락사고가 발생하기 전날 "왜 우리는 FAA를 해체하고 자유 시장에 그 임무를 맡기지 않는 거요?"라고 물었다면 아마도 그 대답은 다음과 같은 끔찍한 말이었을 것이다. "그럴 경우 도처에서 항공기 추락 사고가 발생할 거요!"

FAA의 거창한 목표가 항공사고를 방지하는(혹은 줄이는) 것이었다면, 우리들은 그 항공사고가 있었던 직후, 정부가 어떻게 이처럼 안전하지 않은 회사에게 항공사업을 지속할 수 있도록 초록색 불을 켜주고 있었던 것인지를 생각해 보지 않을 수 없었을 것이다. 사고가 발생한 직후

교통부장관 프레데리코 페나(Frederico Pena)는 "나는 내일 밸류젯사의 비행기를 탈 것이오"라고 말한 것으로 알려졌다. 이 같은 언급은 바로 우리가 정부의 규제를 비난할 수 있는 근거이다. 물론 이 한 가지 사례가 족쇄 없는 자유 시장경제의 우수성을 증명해 주는 것은 아니다. 비교를 위해 자유 시장경제 체제하의 비행기 추락사고와 정부규제 하의 비행기 추락사고의 수치를 비교해 보아야 할 필요가 있을 것이다. 중요한 사실은, 정부의 감독 하에 있는 비행기가 추락한 경우 그 사건은 정부 규제를 반대하는 사례에 포함되어 계산되어야 한다는 것이다.

그러나 이는 실제 세상에서 일어난 일은 아니다. 도리어 밸류젯 비행기가 추락한 후에 드높았던 목소리들은 FAA에 더 많은 예산이 주어져야 한다는 것이었다. 밸류젯 항공사와 정부 규제기관과의 우호적인 관계에 대해 터무니없게도 "자유 시장(the Free Market)"이라는 딱지를 붙였던 것이다. 국제노동자 협회가 발행하는 사회주의 성향의 잡지는 "592항공편에서 목숨을 잃은 110명의 남녀 및 어린이들은 더욱 좋은 환경에서 더 많은 전문 항공관제사들과 일하기 위해 파업 중이던 13,000명의 관제사가 레이건 대통령에 의해 해고된 1981년 8월 이후 시작된 과정의 비극적 결말"[3]이라고 주장했다.

자본주의에 대한 이처럼 체계적인 적대감은 단순히 불공평하거나 비이성적인 일만은 아니다. ─ 이것은 가판 신문의 편집자 혹은 사회주의 이론가들이 원하는 감시(oversight) 능력을 훼손시키는 일인 것이다! 다시 반복해서 말하자면, 순수이 사적인 환경에

이 책 읽어 봤나요?

Free to Choose: A Personal Statement (선택의 자유: 개인적 소회) by Milton and Rose Friedman; New York: Harcourt Brace Jovanovich, 1980.

서, 즉 모든 계약 관계가 자발적으로 이루어지고, 사유재산 제도가 엄격하게 존중되는 곳이라면, 형편없는 감시능력밖에 제공하지 못하는 어떤 제 3세력도 즉각 시장에서 퇴출되어 버릴 것이다. 이와는 반대로, 정부가 안전한 항공운행에 대해 책임을 지려고 한다면, 정부의 비효용과 부패로 인해 돈이 더 들어가게 될 것이다. 아무리 냉소적인 인간이라 할지라도 완전한 시장경제가 정부가 개입하는 경우보다 여행자들에게 보다 큰 안전을 제공할 수 있다는 사실을 인정하는 것은 어려운 일이 아니다.

집에 의사가 있습니까?

정부가 보다 순수하고 질 높은 감독을 제공할 수 있다는 또 다른 사례로 가장 흔히 인용되는 것 중의 하나는 식의약품안전국(Food and Drug Adminstration)일 것이다. 정부는 FDA를 통해 위험한 음식이나 의약품을 팔려는 사람들에게 벌금을 부과한다. 그러나 이 벌금으로 이들에게 얼마나 큰 피해를 입힐 수 있는가? 만약 시장이 품질 좋은 상품을 제공할 수 있다면 식의약품안전국의 존재는 무의미해질 것이다. 그러나 식의약품안전국이 있기에 상황이 더 좋아진다면 식의약품 안전국의 존재가치는 충분하다. 그런데 정말 그럴까?

실제 상황은 이보다 복잡하다. 의학적 생산품을 "안전함" "불안전함"이라고 단순하게 분류할 수는 없는 일이다. 예컨대 어떤 치료약이 어떤 특정 암을 치유할 수 있는 확률이 80%라고 하자. 그런데 그 약이 심장마비를 일으킬 확률이 1%라고 하자. 이 약의 승인 여부를 결정해야 하는 사람들은 이 약의 안전성이 높다고 해야 할 것인가 아니라고 해야 할 것인가? 이 약은 도움이 되는 것일까 혹은 아닐까?

이 질문은 단순한 철학적 질문이 아니다. 이 같은 결정을 내림으로 써 FDA는 실험 중인 약과 기술의 선택을 제거할 수도 있기 때문이다. 1962년, FDA는 1950년대의 수면제 비극에 대처하기 위해 의약품의 승인 "기준"을 대폭 높인 바 있었다. 그러나 그 결과는 의약품 가격의 대폭 상승을 초래했다. 밀튼 프리드만(Milton Friedman)은 1979년 이 사실을 다음과 같이 지적했다:

> 1962년 이래, 매년 소개되는 "새로운 화학물질"의 숫자가 거의 50% 정도 감소되었다. 또한 새 약품이 승인받는 데 소요되는 시간이 훨씬 길어지게 되었으며, 부분적이지만 그 결과로 인해 신약을 개발하는 데 필요한 돈이 몇 배 이상 증가되었다. 한 평가에 의하면, 1950년대와 1960년대 초반, 신약을 하나 개발하는 데 약 50만 달러가 소요되었고 새로운 약이 출시되기까지 약 25개월 정도가 소요되었다.… 1978년에는 "신약을 개발하는 평균비용이 5,400만 달러나 되었으며, 출시되는 데까지는 대체로 8년 정도가 소요되었다."
>
> 개발비는 약 100배로 늘어났고, 출시 시간은 4배 길어졌으며, 약의 가격은 대체로 약 두 배 정도 비싸지게 되었다. 그 결과 미국의 제약회사들은 더 이상 희귀한 질병에 걸린 환자들에게 필요한 약을 개발할 수 없게 되었다. 제약회사들은 점점 더 대량으로 팔릴 수 있는 약에만 의존하게 되었다. 오랫동안 제약의 선도국가였던 미국은 점차 제약 후진국이 되고 있다. 그렇다고 우리가 외국이 개발한 약으로 인한 혜택을 보는 것도 아니다. 왜냐하면 FDA는 외국의 제약회사가 제출한 (약효 관련) 증거들을 잘 받아들이지 않기 때문이다.[4]

프리드만은 FDA의 문제점들을 지적하는 것과 더불어 제일 먼저, 그리고 아주 강력하게, 의약품 관련 산업에 관한 허가제도를 비판해 왔다. 심지어는 의학과 관련된 아주 "현저한" 사례에 대해서도 비판적이었다. 그는 정부가 공식 인가한 의사의 숫자가 줄어들 경우 의료비용은 올라갈 것이라고 주장했다. 미국의사회(American Medical Association, AMA)에 대해 냉소적인 사람들은 의사들의 엄격한 자격 제한은 환자를 보호하기 위한 것이라기보다는 경쟁을 제한하기 위한 것이라고 보았다. 이렇게 말하는 것은 단지 경제적인 측면만을 말하는 것이 아니다. 의사의 숫자가 적은 곳에서는 (비록 그 의사들이 최고 중의 최고라 할지라도) 환자들의 의료혜택이 줄어들 수밖에 없다. 프리드만은 의학(medicine)과 자동차를 비유했다. 만약 정부가 캐딜락보다 품질이 낮은 차는 팔지 못하도록 규제한다면 그런 정책은 미국의 자동차 교통의 품질을 높이는 데 아무런 기여도 하지 못할 것이다.

프리드만이 지적하듯이, 허가를 받은 의사들은 허락을 받지 않은 영역에 대한 연구를 하려고 하지 않을 것이며, 의료사고가 발생할 경우 상호간 불리한 증언을 하지 않게 될 것이며, 일상적인 의료활동을 하는 데 필요한 시간을 낭비하게 만들 노동조합 같은 데 가입할 것이다. AMA의 규제조치가 없었다면, 일상적인 의료활동들은 간호사들도 할 수 있는 일이었다. 프리드만은 만약 우리들이 의료분야에도 자유시장이 있다면 우리는 "의학의 백화점"을 가질 수 있을 것이며, 전문적 지식을 가진 회사들이 환자와 의사를 중개해 주는 역할을 할 수 있을 것이라고 주장했다. 프리드만은 이렇게 결론을 내렸다:

> 나의 목적은 현재와 같은 의료제도 외에도 다른 방안이 있을 수 있다는 사실을 보여주려는 것이다. 나의 중요한 논점은 중앙정

부의 계획과 실험의 가능성을 제한하는 전문가들의 독점에 대해
반대한다는 것이다. 장점에 대해 평가하기는커녕 어떤 개인 혹은
집단들이 생각할 수 있는 모든 가능성을 불가능하게 만드는 그런
조치들을 비판하는 것이다. 시장의 가장 큰 장점은 다양성에 대한
관용이다: 자유 시장은 다양한 영역의 특정 지식과 능력을 활용할
수 있게 해준다. 자유 시장은 어떤 특정 집단을 무력화시켜 그들
이 새로운 실험을 방해하지 못하게 만들고, 고객에게 제일 좋은 것
인지 아닌지를 생산자가 아닌 고객이 결정할 수 있게 해주는 곳이
다.[5]

안전: 그것을 길 밖으로 끌고 나와라

위에서 인용한 프리드만의 언급이 알려주는 것처럼, 관료주의적인
"해결책"에 대해 가장 격렬하게 반대하는 이유는 그것이 때로는 의도하
지 않았던 나쁜 결과를 만들어 내기 때문이다. 그 속성상 정치적인 개입
이 불러온 문제점들은 사전에 그 자세한 내용을 알 수가 없다. 그러나
수없이 많은 과거의 사례들은, 분석가들로 하여금, 정부가 저절로 생겨
난 자발적인 조직들을 제치고 자기 스스로 새로운 영역에 개입했을 때
마다 언제라도 나쁜 문제가 발생했다는 사실을 확신케 해준다.

여기 아주 재미있는 사례가 있다: 지역 구획(zoning) 조치들은 오히려
범죄율을 높인다는 것이다. 바쁘게 일하는 정부의 의도는 이해 할만하
다. 정부는 부동산 시장에 규제가 없을 경우 "무정부상태"가 도래할 것
이라고 우려한다. 특히 대도시의 경우 기업과 거주지가 혼재하게 될 것
이라고 생각한다. 물론 대부분의 사람들은 이 같은 결과가 초래될 것을

이 책 읽어 봤나요?

The Death and Life of Great American Cities(위대한 미국 도시들의 죽음과 삶) by Jane Jacobs; New York: Random House, 1961.

원하지 않을 것이며, 전문적인 도시계획자가 만든 책임 있는 계획을 지지할 것이다. 그런데 정말일까?

정부의 고상한 의도가 있었음에도 불구하고 도시계획의 결과는 정반대로 나타났다: 아주 세심하게 "고려된" 이웃이 결국은 아주 노후화된 이웃이 되고 말았다. 작고한 작가 제인 제이콥스(Jane Jacobs)는 1961년 출간된 그녀의 고전적인 책 『위대한 미국 도시들의 죽음과 삶(The Death and Life of Great American Cities)』에서 지역 구획 조치와 범죄율 사이의 놀라운 관계를 발견했다. 이 책은 당시에 존재했던 "미국 도시들의 계획과 재건축에 대한 공격"의 선봉장이었다.

제인 제이콥스는 공공의 안전은 같은 동네 사람들이 스스로 자신의 동네를 돌보는 경우 가장 확실하게 보장될 수 있다는 사실을 발견했다. 길거리, 상가, 술집, 식당(밤늦게까지 문을 열고 있는)과 공공장소 등이 모두 스스로 돌보는 대상에 포함되었다. 이곳들에서의 안전은 거주민들, 가게 주인들 및 이들을 사용하는 고객들 모두에게 상호 이익이 되는 일이었기 때문이다. 그 결과 기대하지 않았던 이웃들 간의 상호협력이 이루어졌고 안전이 확보될 수 있었다. 그러나 관료들이 만들어낸 인위적인 지역 구획은 주민들이 자연적인 형태로 만든 기업주, 주민, 고객들 사이의 협력관계를 파괴해 버렸다. 맨하탄 연구소의 하워드 후속(Howard Husock)은 감동적인 비유로써 제이콥스의 신비스런 이해를 설명하고 있다:

제인 제이콥스의 주장을 올바로 이해하기 위해 그녀가 도시재개발 계획에 반대하는 이유가 무엇인지부터 알아보자. 그녀의 반대는 미학적 혹은 기획에 대한 관심에 기반을 둔 것은 아니다. 물론 그녀가 공공의 주택 디자인에 대해 불만을 가졌던 것은 사실이지만 말이다. 그녀는 마을의 빈터 혹은 공원에 세워지게 될 고층의 공공주택 계획은 상식과 맞지 않는 것이라고 생각했다. 여러가지 이유로 — 일부는 일하러 갔고, 일부는 도서관에 갔고, 또 다른 일부는 집에 머물기에 — 사람들이 주기적으로 걸어 다니지 않는 공터(플라자)는 마치 고층건물 사이의 골목길처럼 위험한 장소가 될 가능성이 높았다. 이 같은 장소에서는 제이콥스가 관찰했던, 서로를 바라보는 오래된 이웃 사람들의 눈이 있을 수 없었다. 부자들은 경비를 두거나 안전을 보장하는 장치를 만들 수 있겠지만, 제이콥스가 분명히 언급한 것처럼, 부자가 아닌 사람들은 과거 도시가 계획되기 이전 이웃들이 서로 제공할 수 있었던 안전을 스스로 준비하지 않을 수 없는 상황이 된 것이다.[6]

대도시에서 살아본 적이 있는 사람들은 누구라도 제이콥스가 말한 진실을 인식하고 있을 것이다. 높은 지식을 가진 전문가들이 도시를 구획 지어 갈라놓을 경우, 즉 어느 지역은 상업지역으로 개발하기 위해 놓아두고, 또 다른 지역은 거주지역으로 만들어 둔 후, 대규모 주거시설을 건설하고 인위적으로 "공적"인 지역을 구분하는 경우, 이 같은 정책은 원하던 바와는 정 반대로, 자연스럽게 형성되어 공공의 안전을 보장했던 장치를 파괴시키는 결과를 초래한다. 상업 그 자체에 대해 처절한 반감을 가진 좌파들은, 그들이 원했던 대로, 푸줏간이 들어서지 않았기에 더렵혀지지 않는 아파트 단지에서 강간 사건이나 살인 사건이 발생한다고 해도 그런 것은 참을 수 있다는 말인가?

절망적 결과를 초래한 좋은 의도들

정부가 주도한 안전장치들은 때로는 잘못된 정보에 근거하고 있다. 보험회사 혹은 다른 사기업들은 자신들이 의도하지는 않았지만 자신들이 소비자들로 하여금 위험한 행동을 하도록 조장한다고 느낄 때는 곧바로 자신들의 정책을 수정한다.(그렇게 하지 않는다면 그들의 고객은 다른 회사를 선택할 것이기 때문이다.) 그러나 규제를 통해 시민들의 위험한 행동을 오히려 조장한 정부 관리들이 그들의 잘못을 인정하는데까지는 — 그들이 잘못을 인정한다고 가정할 경우일지라도 — 시간이 훨씬 더 오래 걸린다.

만약 정부 관리들이 자신의 잘못을 인정한다면, 그것은 그런 잘못이 다시 발생하지 않게 한다는 핑계로 세금을 더 많이 걷기 위해서일 뿐이다. 기업은 실수를 했을 경우 처벌을 당하지만(즉, 손해를 보지만) 정부 관리들은 실수했을 경우, 관리들이 실수하는 때마다, 오히려 자기 부서의 예산이 증가한다는 사실을 보게 될 것이다.

이 같은 비극적인 사실은 에어백 관련 규제의 역사에서도 잘 나타나 보였다. 1984년 7월 11일, 충돌사건이 발생했을 경우 부상의 정도를 줄여준다는 이점 때문에 연방정부는 미국에서 판매될 모든 새 자동차들은 1989년까지 운전석에 에어백을 부착하거나 "자동으로 착용되는 안전벨트"를 부착해야 한다는 의무를 규정했다. 이 규제조치는 다시 강화되어 1998년까지 모든 새 자동차들은 운전석과 조수석 모두에 에어백을 장착하도록 했다.

그러나 이 같은 규제의 결과는 치명적이었다. 저속으로 달리던 자동차 충돌사고에서 에어백이 없었다면 살 수 있었던 작은 어린이와 여성이 목숨을 잃은 것이다. 최악의 해인 1997년 55건의 사망사고가 에어백과 직접 관련이 있는 사고였다.

미국 고속도로안전협회(National Highway Traffic Safty Administration: NHTSA)는 작은 어린이와 여성들을 보호하기 위한 조치로서 에어백 장착을 필수가 아닌 선택으로 정하지 않았었는가? 물론 그렇게 하지 않았

자동차 안전벨트 법안의 명암

에어백 법안과 함께 안전벨트 법안의 강제적 적용은 의도하지 않았던 결과를 초래했던 고전적인 사례이다. 안전벨트가 안전을 위해 큰 기여를 했다는 초기의 연구결과는 잘못된 것이었다. 왜냐하면, 자발적으로 안전벨트를 착용하는 운전자들은 그렇지 않은 운전자들보다 원래부터 더 조심스럽게 운전하는 사람들이었기 때문이다. 대부분의 경제학자들은 운전에 관한 결정은 다른 모든 결정들과 마찬가지로 한계상황에서(on the margin) 이뤄지는 것으로 본다. 운전자들에게 안전벨트를 착용하라고 강요하는 것은(혹은 안전벨트가 달려 있는 자동차를 구입하라고 강요하는 것은) 운전자들로 하여금 안전벨트를 착용하지 않은 경우보다 더 안심하고 운전을 막할 수 있도록 하는 상황도 동시에 제공하는 것이다. 누구나 사고가 났을 때 안전벨트를 착용하고 있는 것이 얼마나 더 도움이 될지에 대해서는 의문을 제기하지 않지만 — 자동차 충돌 실험을 하는 더미 인형들에게 물어보라 — 안전벨트 착용이 강제로 시행된 이후 충돌 사고가 더 빈번히 발생했다는 것도 사실이다.

시카고 대학교의 샘 펠츠만(Sam Peltzman)은 방대한 실험을 통해 안전벨트와 다른 자동차 안전규제 조치들이 확실히 더 많은 충돌사고를 유발했다는 사실을 발견했다. 그는 운전자들의 사망사고 건수가 별로 줄어들지 않았다는 사실도 발견했다. 사고 당 사망비율은 줄어들었지만 사고는 더 많이 발생했기 때문이다. 그래서 자동차 사고로 인한 전체 사망자 숫자는 오히려 더 늘어났던 것이다. 모든 운전자들에게 안전벨트를 강제로 착용하게 한 후, 운전자들이 방심 운전해서 낸 사고로 인해 자전거를 타고 가던 사람 혹은 걷고 있던 사람들의 사망사고는 더 늘어났던 것이다.

알기 쉬운 경제학

의도하지 않은 결과의 법칙(The Law of Unintended Consequences):

정부가 어떤 특정 문제를 강제적인 조치를 통해 해결하고자 할 때마다 보이지 않았던 문제가 나타나기 마련이다. 때로는 병을 고친다는 게 병 그 자체보다 오히려 더 못한 경우를 초래할 수 있다:

- 복지수당은 혼외 출산을 조장할 수 있으며 그 결과 가난과 범죄를 증가시킨다.
- 주택 임대가격 규제는 가난한 사람들이 쓸 만한 집을 구하는 것을 더 어렵게 만든다.
- 아이들을 보호하기 위한 약품포장 법안은 노인들로 하여금 약을 약통이 아닌 다른 곳 아무데나 두게 만들며(아이들이 열기 어려울 터이니까), 그 결과 과다 복용의 원인이 된다.
- 야간통행금지는 몇 가지 사소한 범죄를 줄일 수 있을 것이지만 폭력사건을 더 증가 시킬 것이다. 경찰의 업무가 분산되고 통금이 실시된 밤거리에는 범죄를 감시할 수 있는 수많은 사람들이 걸어 다니지 않을 것이기 때문이다.

다. 정부는 에어백은 목숨을 앗아가는 경우보다 보호하는 경우가 훨씬 많다고 생각했다.(앞으로 살펴보게 될 것이지만 이 역시 논쟁의 여부가 있는 주장이다.) 그래서 아직도 새로운 자동차를 사려는 사람들은 모두 에어백이 부착되어 있는 자동차를 사야 한다.(에어백 하나 가격은 500달러 정도다.) 그러나 자비심 많은 고속도로 안전협회는 관심 있는 운전자들에게 에어백 장착 의무를 면제받을 수 있도록 하는 방법을 마련했다. 고속도로안전협회가 승인하는 경우, 그들은 운전자에게 서류를 보내주고, 그 서류를 들고 자동차를 구입하러 혹은 자동차를 수리하러 간 운전자들은 에어백 장치를 작동하거나 중지시키는 스위치를 부착할 수 있도록 했다.(그러나 에어백을 제거하는 것은 불법이었다. 왜냐하면 고속도로안전협회의 에어백 면제 승인을 받지 않은 운전자가 이런 차를 운전하게 될 경우 반드시 에어백 장치를 다시 가동시켜야 하기 때문이다.)

현시점에서 보았을 때, 에어백에 관한 사례는 개인의 자유, 공동체의 안전에 대한 관심, 그리고 관료들의 고집불통이 상호작용을 일으키며 서로 득과 실을 교환하는 모습을 보여주는 일상적인 사례에 불과하다. 고속도로안전협회는 자동차에 에어백을 장착할 것이냐의 여부는 고전적 자유주의자들이 말하는 선택할 자유에 관한 것이라는 주장을 반박하지는 않은 채, 다만 에어백은 수많은 사람들의 생명을 구하고 있다고만 이야기하고 있다. 정말로 에어백이 대부분의 사람들에게 좋은 것이라면 사람들은 스스로 알아서 에어백을 장착하려고 할 것이다.

2005년 행해진 조지아 대학교의 메리 마이어(Mary Meyer)와 트레미카 페니(Tremika Fenny) 교수의 연구결과는 이 사변적인 논쟁에 또 다른 반전을 가져다 주었다. 이들은 일반적인 시민들을 대상으로 조사했을 경우에도 — 허약한 어린이나 여성들만이 아니라 — 에어백은 위험한 것이며 생명을 구하기보다는 오히려 더 많은 생명을 앗아갔다는 사실을 발견했다. 만약 마이어와 페니 교수의 연구결과가 맞는 것이라면, 정부가 에어백으로 인해 목숨을 잃은 사건들을 크게 축소시킨 것이다:

국립 고속도로안전협회(NHTSA)는 에어백으로 인한 사망사고를 추적하고 있다. 우리들은 고속도로안전협회 웹사이트에서 에어백으로 인한 사망 사례를 볼 수 있으며, 사망 사고를 초래한 조건도 기록되어 있다. 어떤 사망사고는 저속으로 달릴 때 충돌한 결과 야기된 것이며, 에어백 외에 다른 원인을 찾을 수 없는 경우다. 그렇다면 에어백은 저속으로 달리다가 충돌한 경우에만 인명 피해를 유발한 것일까? 고속으로 달리다가 발발한 사고의 경우에도 에어백은 인명피해의 원인이 아닐까?

그렇다면 에어백은 수많은 목숨을 구했다고 주장할 수 있는 공식적인 통계는 무엇인가? 마이어와 페니 교수는 정부가 자료를 속였다고 비난하는 것인가? 아니다. 그들은 정부가 자료를 속였다고 비난하지 않았다. 그들은 정부가 발표한 통계자료의 수집 방법이 문제라는 것을 지적했다. 즉, 정부 자료는 사망을 유발한 충돌사고 자료만 가지고 연구한 자료이며, 그럴 경우 연구자들은 당연히 에어백이 구한 생명이 많다고 추론할 수 있을 것이다. 그러나 마이어와 페니 교수는 모든 종류의 충돌사고(그 사고가 인명피해를 유발한 것이든 아니든)에서 얻은 자료를 회귀분석해(regression) 보았다. 이처럼 대량의 자료를 사용해서 실험할 경우, 에어백은 득보다는 실이 많았다. 마이어와 페니 교수는 암환자에게 방사선 치료를 하는 비유를 사용했다:

　　방사선 치료 요법은 암환자들의 생존 가능성을 높일 것이다. 그러나 방사선 치료는 위험한 것이며 실제로 암을 유발할 수도 있다. 미국에 사는 모든 사람들의 자동차에 에어백을 장착해 놓고, 사고가 난 사람들의 경우만을 대상으로 에어백의 효과를 측정한다는 것은 마치 모든 사람에게 방사능을 쬐어준 후 암환자들의 건강이 좋아졌는가를 파악하는 것과 마찬가지다. 암 환자들에게 방사선 치료는 효과적인 것처럼 보일 것이다. 그러나 전체적으로 보았을 때 방사능 때문에 죽는 사람의 숫자는 늘어날 것이다.

　　바로 이 같은 상황이 에어백의 사례에서 나타나고 있는 것이다. 심각한 사고가 발생했을 때 에어백은 인명을 구할 수 있다. 그러나 에어백은 본질적으로 위험한 것이며 운전자에게 위해(危害)를 가한다. 우리의 분석은 낮은 속도로 달리다가 난 충돌사고의 경우 에어백을 장착한 차량의 운전자가 죽을 확률은 그렇지 않은 경우

보다 현저하게 더 높아졌음을 알려준다.[7]

두 저자가 설명하듯이, 그들이 발견한 사실을 증명하기 위해서는 다른 연구자들의 유사한 연구가 시급히 이루어져야 한다. 왜냐하면, 정부의 규제조치로 인해 모든 차량들에 에어백이 장착될 것이며, 그렇게 될 경우 에어백이 미치는 안전(혹은 위험)에 관한 연구는 훨씬 어려워질 것이기 때문이다. 자신의 명저 『자유론(On Liberty)』에서 존 스튜어트 밀(John Stuart Mill)은 대중적인 지지를 받기는 할지라도 진리가 아닌 믿음의 노예가 되는 일을 방지하기 위해, 인간은 법적인 면에서 어떤 관점이라도, 비록 그 관점이 분명히 잘못된 것이고 심지어 비난 받을 만한 것이라 할지라도, 자유롭게 표현할 자유가 있다고 말했다. 마찬가지 맥락에서, 회사 및 개인들은 안전에 대해 다른 접근 방법을 동원해서 실험해 볼 수 있는 법적인 자유를 가지고 있다. 사람들 대부분이 그것을 웃기는 짓이라고 말 할지라도 말이다. 왜냐하면, 전문가들이나 많은 사람들의 의견이 잘못된 것일 가능성은 상존하기 때문이다.

제 8 장
부채문제의 해결

생각해 봅시다.

🏠 적자는 인플레이션의 원인이 아니다.

🏠 적자는 경제를 촉진시키는 작용을 하지 않는다.

🏠 세금 감면은 적자를 증대시키는 원인이 아니다.

🏠 빌 클린턴 대통령은 실제로는 균형재정을 이룩하지 못했다.

정치가들은 돈 쓰기를 좋아한다. 엄청난 세금을 거두고 언론기관을 장악하고 있더라도, 정치가들은 언제라도 그들이 선호하는 프로그램에 써야 할 돈이 더 필요하기 마련이다. 이러한 상황에 처했을 때 정치가들은 — 개인 혹은 회사도 마찬가지지만 — 돈을 빌려서 쓸 수 있다. 예컨대 정부는 30년 만기 채권을 발행하고 팔 수 있다. 이 채권을 구입한 국민들은 30년 후 미국 재무부가 보장하는 일정 금액을 돌려받을 수 있다.(채권을 보유하고 있는 사람들은 채권에 붙어 있는 쿠폰을 떼어 주고 대신 재무부로부터 정기적인 이자를 먼저 받을 수도 있다.) 이 채권을 판매함으로써 정부는 현재 필요한 현금을 확보할 수 있다. 그러나 정부는 채권을 판매함으로써 미래에 거두어들일 세수(稅收)를 감소시킬 빚을 지게 되는 것이다. 사적인 회사 혹은 개인의 경우에도 원칙은 똑 같지만, 정부가 양산하는 적자에 대해서는 엄청난 규모의 신화와 잘못이 포함되어 있다.

정부의 재정적자(deficits)는 인플레를 유발하지 않는다

정부의 재정적자는 그 자체로서 전반적인 물가에 영향을 미치지 않는다. 만약 정부가 3천억 달러의 빚을 지고 있다면, 그것은 정부가 상품과 서비스를 구입하기 위해 3천억 달러를 더 쓸 수 있다는 것을 의미하며, 이를 파는 사람들은 소비 수요가 증대된 만큼 가격을 올리려는 경향을 보일 것이다. 그러나 3천억 달러는 어디에서 왔는가? 정부는 이 돈을 민간부문에서 뽑아낸 것이다. 즉, 가계와 기업은 3천억 달러만큼 쓸 수 있는 돈이 줄어든 것이다. 정부가 돈을 빌릴 경우 분명히 어떤 특정 상품의 가격은 오를 것이다. 그러나 그 자체가 일반적인 인플레를 유발하지는 않는다.

정부 부채는 민간부문의 투자를 방해한다

정부 부채가 인플레이션을 유발하지는 않더라도 그것은 대단히 해로운 것이다. 왜냐하면, 정부 부채는 이자율을 올리고 민간부문의 투자를 방해하기 때문이다. 어떤 사람이 돈을 아껴서 정부가 발행하는 채권을 사려고 한다면, 그 사람은 자신의 돈으로 제록스사(혹은 다른 회사)가 발행하는 채권은 살 수 없게 되는 것이나 마찬가지다. 이 경우 연구와 개발에 필요한 돈을 구하기 위해 제록스사는 자기 회사의 채권에 보다 높은 이자율을 제시하지 않을 수 없을 것이다. 그다지 많지 않은 돈을 두고 정부가 발행하는 채권과 경쟁을 벌여야 하는 상황이 되었기 때문이다. 결국 제록스사를 포함한 민간 기업들에 투자되는 돈의 양은 더 적어지게 될 것이다. 시중 자금의 상당 부분을 정부가 빨아들여버린 상황이기 때문이다.

레이건 행정부 이후, 좌파들 대부분은 정부의 부채에 대해 우려를 표명했다. 그러나 그들이 항상 그렇게 행동한 것은 아니다. 실제로 케인즈주의의 최대 번성기였던 1950년대와 1960년대, 지식계층 사람들은 대규모의 적자를 경기가 불황일 때 "집단적인 수요"를 창출할 수 있는 탁월한 방안으로 보았다. 이 같은 방식으로 정부를 감독하는 현명한 사람들은 재정적자를, 병든 경제, 즉 그대로 놓아둘 경우 자신의 수단으로는 도무지 회복될 가능성이 없는 경제를, 마치 자동차를 점프 스타트 시키듯이, 회복시키는 계기로 생각했다. 1970년대의 "스태그플레이션(stagflation)"(두 자리 숫자의 실업률과 인플레이션이 동시에 진행되는)의 처절한 경험은 대부분의 경제학자들이 케인즈식 처방(정부의 개입)을 터무니없는 일로 확신하도록 만들었다.

세금을 올리는 일은 "책임감" 있는 일이 아니다

좌파 언론들은 "성숙한" 그리고 "책임감 있는" 정치가들이 세금을 올리는 일을 마치 정부의 적자를 줄이기 위한 과감한 노력인 것처럼 칭송한다. 반대로 세금을 줄여야 한다고 주장하는 사람들은(대체로 공화당원들이다) 국민들에게 당장의 이익을 주겠다고 유혹함으로써 인기에 영합하는 성숙치 못한 근시안적인 궤변가라고 간주된다.

정부의 적자는 기업에 대한 투자를 감소시키며, 그 결과 경제성장을 저하시키는 문제이기는 하지만, 세금을 올리는 것은(이것 역시 경제성장을 저하시킨다) 이 문제에 대한 올바른 해결책이 아니다. 올바른 해결책은 정부의 지출을 줄이는 것이다! 정부가 1달러를 사용할 때마다 이 돈은 결국 사적인

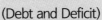
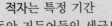
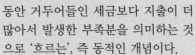

빛과 재정적자
(Debt and Deficit)

적자는 특정 기간 동안 거두어들인 세금보다 지출이 더 많아서 발생한 부족분을 의미하는 것으로 '흐르는', 즉 동적인 개념이다.

반면에 빛은 정적인 개념이다. 빛은 '정지된' 개념으로 어떤 특정시점에서 아직 갚지 못한 부채의 총량(total outstanding liabilities)을 의미한다. 기자들이 이 두 가지 개념의 차이점을 이해하고 있다고 기대하지 마라.

분야(사적인 분야는 바로 소비자들의 욕구를 충족시키는 곳이다)에서 사용되어야 할 돈을 빨아들이는 것이나 마찬가지며, 정치가들이 선택한 목표에만 기여하는 것이 되고 만다. 이 같은 관점에서 볼 때, 정부가 1달러를 어떻게 구했는지 그 자체는 중요하지 않다. 빌렸느냐 세금을 통해 거두어들였느냐는 문제가 아니다. 실제로 두 가지 방법 중 하나를 택하라면 빌리는 편이 훨씬 덜 강압적이며 개인의 프라이버시를 침해하지 않는 방법일 것이다. 시민들은 정부에게 자발적으로 돈을 빌려주려고 할 것이며 IRS(Internal Revenue Service: 미국 국세청)가 그들의 배경을 심각하게 고려해야 할 필요도 없을 것이다.

우리의 손자들에게 빛을 부담시킬 것인가?

세금 감면 주장에 대한 비난 중 가장 효과적인 수사적(rhetorical) 도

구 중 하나는 오늘 우리들이 이기적으로 바꾸어 놓은 세금 관련 규칙들 때문에 궁극적으로 고통을 당하게 될 사람들은 바로 우리의 후손들이라는 사실을 국민들에게 알리는 것이다. 그러나 이 같은 주장은 (대체적으로 보아) 넌센스에 불과하다. 지금 만약 정부가 1천억 달러를 납세자들에게 되돌려 주는 대신에 같은 액수에 해당하는 적자를 내게 되었다면, 앞으로 50년 후 국가의 빚은 엄청나게 더 많아질 것이다(이자로 갚아야 할 액수도 훨씬 불어나게 될 것임이 분명하다). 50년 후 어른이 될 우리의 어린 일꾼들은 그들이 낸 세금 중에서 더 많은 부분을 이자를 갚는 데 허비해야만 하는 현실에 직면하게 될 것이다. 그러나 이 같은 상황을 상쇄하는 다른 측면에 대해서도 생각해야 한다: 만약 정부가 오늘 1천억 달러만큼 더 많은 적자를 낸다면, 미래의 노동자들은 그렇지 않을 경우보다 훨씬 더 많은 액수의 국채(Treasury Bond)를 물려받게 될 것이다. 결국 누구에게 미국 재무부가 (50년 후에) 이 빚을 갚아야 하는가의 문제다. 왜 정부는 오늘 돈을 빌려준 사람들의 자손들에게 돈을 갚아야 하는가?

이는 단순한 언어의 유희 혹은 회계학적인 꼼수가 아니다. 세금 감면과 재정 적자에 관한 논란은 때로 마치 정치가들이 타임머신을 타고 미래로 달려가서 우리의 후손들로부터 좋은 것들을 빼앗아온 후 지금 우리의 사리사욕을 채우기 위해서 쓰는 것처럼, 그럴듯한 논리로 설명된다. 이 같은 주장은 황당하다. 우리가 오늘 쓰는 모든 것들은 현재 존재하는 자원으로부터 생산되는 것이기 때문이다.

다음과 같이 말하는 것이 미래 세대를 더 가난하게 만드는 재정적자의 실체에 대해 더욱 현실적이며 감각적으로 말하는 것이다. 정부의 재정 적자는 사적인 영역으로부터 자금을 빨아들여 정부가 보조하는 프로젝트들로 흘려보낸다. 정부의 재정적자는 사적인 영역에 투자되어야 할 돈의 양을 줄어들게 함으로써 결국 우리의 후손들이 보유하게 될 트랙터, 공장, 도구, 그리고 장비들의 숫자도 줄어들게 할 것이다. 이런 측면만 본다고 해도 현 정부가 지고 있는 재정적자는 아직 태어나지도 않은 우리의 후손들을 가난하게 만드는 원인이 되는 것이다.

레이건 정부의 기록

세금 감면에 반대하는 사람들이 자기들의 주장을 뒷받침하는 사례로 자주 사용하는 예가 레이건 대통령 당시의 경험이다. 이들이 말하는 전형적인 버전은, 레이건 대통령은 대통령직에 취임한 후 부자들을 위해 세금을 모두 되돌려주는 매우 무책임한 조치를 단행했다는 것이다. 이렇게 해서 정부의 부채는 사상 최대로 늘어났고 국세청은 굶어죽을 지경이 되었으며, 결국 레이건 대통령의 후임자들이 연방정부의 지출을 늘이는 일을 어렵게 만들었다는 것이다. 레이건 대통령이 물려준 적자를 해소시키기 위해서만도 정부의 지출이 더 필요한데 그럴 수조차 없게 만들었다는 것이다.

레이건 대통령에 대한 이 같은 전형적인 비난에는 결정적인 하자가 하나 있다. 실은 레이건 대통령 재임 당시 연방세수는 오히려 늘어났던 것이다. 1981년 5,990억 달러였던 연방세는 1989년에는 9,910억 달러로 늘어났던 것이다. 이것이 대규모 재정적자의 원인이 되었다고? 연방정부의 지출은 세금의 증가보다 더 빠른 속도로 늘었다. 여기에서 레이건의 재정정책에 비판을 가할 수 있는 확실한 부분이 있다. 그러나 1980년대의 정부 재정적자는 잘못된 세금 감면 탓에 야기된 것은 아니었다.

연방 정부의 수입과 지출, 1981-1989[1]

년도	수입(백만 달러)	지출(백만 달러)
1981	599,272	678,241
1982	617,766	745,743
1983	600,562	808,364
1984	666,486	851,853
1985	734,088	946,396
1986	769,215	990,430
1987	854,353	1,004,082
1988	909,303	1,064,455
1989	991,190	1,143,646

클린턴 정부의 예산

　　레이건과는 반대로 빌 클린턴은 현존 좌파들이 말하는, 책임 있는 재
정정책을 상징하는 인물로 되어 있다. 그는 세금을 증액시켰고 균형예
산을 이룩했다고 (분명히) 말해지고 있다. 그러나 여기서도 이야기는 간
단치 않다. 예컨대 1997년 클린턴은 (공화당 의원들이 자극한 것이지만)
자본이득세(capital gains tax)를 28%에서 20%로 내린 적이 있었으며, 주택
판매에 부과되던 양도소득세도 상당 정도 감축시킨 적이 있었다. 두 번
째 문제는 클린턴 재임 중, 연방 재정적자는 해소되었지만 미국 정부가
진 빚의 총액은 한 해의 예외도 없이 지속적으로 늘어났다는 점이다. 그
럼에도 불구하고 이 같은 차이가 나타난 것은 정부의 회계 조작으로 인
해 가능했던 것인데, 결국 개인적인 재무담당 책임자가 투옥되는 결과를
초래했었다. 빌 클린턴 행정부의 "흑자"는 정부가 세금을 더 많이 걷어

들였던 해에, 그리고 당시 현재 지출보다 돈을 덜 썼기 때문에 발생했던 것이다. 그런 해에 정부는 돈을 더 이상 빌릴 필요가 없었던 것이다.

그러나 이처럼 현재의 돈의 흐름에만 초점을 맞추는 경우 미래의 채무에 대해서는 말하기 어려우며, 정부가 당면한 진정한 재정상황에 관한 완전한 그림을 그릴 수 없게 된다. 극적인 사례를 들어보자. 만약 정부가 오늘, 2025년부터 40세가 넘는 사람들은 사회보장제도에 의한 은퇴연금을 받을 수 있다고 결정했다고 치자. 이 같은 결정은 정부의 지불능력에 엄청난 변화를 초래하는 일일 것이다. 그러나 일상적인 재정평가 방법에 의거할 경우, 이 같은 결정은 금년도 예산적자에 반영되지 않는다. 마찬가지로 클린턴 행정부가 언젠가 약간의 재정흑자를 낸 해가 있었다고 할지라도, 연방정부의 빚은 클린턴 재임 기간 내내 지속적으로 늘어났던 것이다.

클린턴 시대: 4개의 공식적인 흑자, 그러나 지속적으로 늘어난 정부의 빚[2]

연도	수입-경비	연말 연방정부 빚 총액 (단위 백만 달러)
1998	69,213	5,478,189
1999	125,563	5,605,523
2000	236,445	5,628,700
2001	127,299	5,769,881

빚과 적자에 관한 가장 원초적인 질문은, 당신과 정부 둘 중에서 누가 당신의 돈을 더욱 사려 깊게 사용할 가능성이 높은가? 라고 묻는 것이다. 이 질문에 대답해 보라. 당신은 곧, 왜 연방정부의 예산을 줄이고 세금을 줄이는 것이 가장 좋은 전략이 되는지를 알 수 있을 것이다.

제 9 장
돈과 은행업(Banking)

생각해 봅시다.

🏠 돈은 정부에 의해서가 아니라 자본주의에 의해 발명된 것이다.

🏠 탐욕이 아니라 정부 때문에 인플레가 야기된다.

🏠 금본위제는 현대경제에서 작동 가능하다

🏠 자유시장의 은행은 정부가 규제하는 은행보다 안전하다.

진짜 이야기: 2003년 10월 9일 대단히 큰 규모의 세계적인 회사가 자신이 생산한 가장 인기 있는 상품(이미 45억개나 팔린)의 새 버전을 발표했다. 수많은 소비자들은 왜 새로운 버전이 필요한지에 대한 실질적인 이유를 알지 못하고 있었지만, 회사는 기존의 모델들이 안전상 하자가 있다고 발표했다. 처음에는 사람들이 새 모델을 사려고 했다. 그러나 시장 분석가가 무엇인가 특이한 상황을 발견했다: 신상품을 열정적으로 구입한 사람들조차 곧 신상품에 대해 흥미를 잃었고, 되팔거나 다른 사람들에게 주어버리는 현상이 나타났다. 어떤 사람은 신상품을 사자마자 몇 시간도 되기 전에 되팔아 버리기도 했을 정도다. 마치 명절 기간 동안 먹는 후르츠 케이크처럼, 수백

만의 이상한 사람들이 상품을 가족들, 친구들 혹은 전혀 모르는 사람들에게 돌리고, 이를 받은 사람들은 이것을 오랫동안 가지고 있지 않았다는 것이다. 가장 놀라운 일은 바로 똑같은 사람들이 — 마치 시계가 움직이는 것처럼 — 곧바로 나가서 그 상품을 더 많이 구입했고, 곧 바로 뒤돌아서서 그 상품을 되팔아 버렸다는 점이다.

나는 지금 교묘한 발명품이 야기한 대규모 환상을 말하는 것이 아니다. 아주 익숙한 물건에 대해 말하는 것이다. 미국 정부가 발행한 20달러짜리 지폐에 관한 이야기다. 우리 모두는 화폐경제 체제 속에서 자라났고 화폐경제는 우리에게 아주 익숙한 것이다. 그러나 우리가 돈 그 자체에 대해 생각할 경우, 화폐경제는 대단히 특이한 것이 아닐 수 없다. 현대적인 모습의 돈은 그 자체로서는 아무런 유용성도 없다. 당신은 그것을 먹을 수도 없고, 대통령의 얼굴이 그려진 초록색 종이로 건물을 지을 수도 없다. 그런데 사람들은 그런 종이를 더 많이 가지기 위해 이혼도 하고 심지어 살인도 한다.

불행한 일이지만 돈에 관한 연구 및 이와 관련된 영역인 은행에 관한 연구 영역에는 돌팔이들과 괴짜들이 넘쳐난다. 수백 명 이상의 영향력 있는 저자들과 이론가들은 — 정치가들은 말할 필요도 없고 — 조건이 없는 엄청난 번영을 약속한다는 현란한 논리로 시민들을 헷갈리게 만들고 있다. 이 장을 통해 우리는 잘못된 신화들을 파헤치고 화폐와 은행업에 관한 기본적인 이해를 습득하게 될 것이다.

물물교환은 원시적이다

좌파들과 도덕주의자들은 돈을 비하하기를 즐기지만, 돈이야말로 현대문명을 가능케 했다는 것은 명백한 진실이다. 돈이 없는 세계는 유토피아(이상향)가 될 수 없다. 오히려 그런 세상은 지구 위의 대부분의 사람들이 굶어 죽게 되는 악몽의 세상이 될 것이다. 돈은 엄청나게 중요한 도구이다. 돈이 없다면 지구 전체를 이동하는 상상할 수 없을 정도로 복잡한 자원과 상품의 흐름에 질서를 부여할 수 없을 것이다. 이 같은 역할로 인해 돈은 그 배후에 있는 수학만큼이나 사활적으로 중요한 것이 되었다.

돈이 제공하는 서비스가 얼마나 중요한지를 대충이라도 알기 위해서 우리는 돈이 없는 삶을 상상해 볼 필요가 있다. 간단하지만 중요한 예로서 치과의사의 경우를 생각해 보자. 화폐경제체제 아래에서 치과의사는 자신의 전문적인 서비스를 오직 이가 아프거나 혹은 치아교정기가 필요하다는 등 공통점을 가진 모든 사람들에게 제공할 수 있다. 치과의사는 자신의 전문적인 서비스를 제공하는 대가로 돈을 받는다. 그리고 그 돈으로 자신이 필요한 물품, 예컨대 사과, 스웨터, 새로운 CD를 구입하고 혹은 1년에 한 번 배수로를 청소하는 사람 등을 불러 자기 집 지붕 청소를 시킬 수 있다.

하드 녹스(Hard Knox) 학교에서 배우는 루즈벨트 대통령의 스타일

우리는 모두 켄터키 주 포트 녹스(Fort Knox)에 엄청나게 큰 금 저장고가 있다는 사실을 알고 있다. 그러나 연방정부가 일반 시민들로부터 강제로 빼앗은 금을 모두 저장하기 위해 그 건물을 지었다는 사실은 모르고 있다. 결국 당신이 국가가 보유한 돈을 모두 가지게 된다면, 당신은 그 돈을 어딘가에는 저장해야 할 것이다! 2차 세계대전 중 포트 녹스에는 금이 18,000톤이나 있었던 적이 있었다. 그것은 포트 녹스에 있었던 금의 최대 양이었는데, 그것은 순금의 자유의 여신상을 90개를 만들 수 있는 양이었다.

만약 돈이 없었다면 치과의사는 자신의 노력을 파는 것과 자신이 필요한 물품을 구입하는 것을 위의 예처럼 구분해서 할 수 없을 것이다. 치과의사는 적당한 양의 달러화를 가지고 있는 사

이 책 읽어 봤나요?

Money Mischief: Episode in Monetary History (화폐의 해악: 역사에 나타난 에피소드) by Milton Friedman; New York: Harcourt Brace Jovanovich, 1992.

람이 아니라 사과를 가지고 있는데 이가 아픈 사람, 스웨터를 가지고 있는데 보철기가 필요한 사람, CD를 가지고 있는데 치아를 깨끗하게 하기 원하는 사람들을 일일이 찾아야 할 것이다. 이럴 경우 거래는 심각하게 제한될 것이다. 더 나쁠 수도 있다. 치과의사가 자신이 원하는 스웨터를 가진 사람을 찾았을 경우, 그리고 그 사람이 보철기를 필요로 하는 경우라고 해도 문제가 다 해결되는 것은 아니다. 치과의사는 상당량의 스웨터를 교환해 줄 수 있는 사람일 경우에만 그를 치료해 줄 수 있을 것이다. 그의 치아를 치료해 주는 대신에 앞으로 몇 년 동안 그로부터 스웨터를 공급받아야 할 터이니 말이다. 그러나 이것 역시 대단히 번거로운 일이 아닐 수 없으며, 거래의 범위를 제약하는 요인이 될 것이다.

치과의사는 치아의 근관(根管) 치료를 해주는 대가로 스웨터 144벌을 받을 수 있을 것이며, 여분의 스웨터를 원하는 상품 및 서비스와 교환할 수 있을 것이다. 그러나 이 경우 그는 치과의사 노릇뿐만 아니라 전혀 전문성이 없는 스웨터 세일즈맨 노릇까지 해야 할 것이다.

이상의 예가 말해주는 것처럼, 돈이 없는 세상은 비참한 세상이 될 것이다. 돈이 없다면 오늘날 우리가 살고 있는 분업의 시대, 즉 사람들이 자신의 전문적인 직업에 종사하고 그럼으로써 전체 생산량을 증대시킬 수 있는 시대가 아니라, 사람들이 스스로 모든 것을 자급해야 하는

시대가 될 것이다. 우리 모두는 스스로 자신이 먹을 식량을 재배해야 할 것이며, 스스로 입을 옷을 만들거나 스스로 사용할 도구를 만들어야 할 것이다. 물론 돈이 없는 세상에서도 거래는 이루어질 수 있다. 그러나 물자의 교환을 어떻게 조정해야 할지의 문제 때문에 교역을 통한 잠재적인 이득은 실현될 수 없을 것이다.

돈을 발명한 사람은 아무도 없다

언어나 과학과 마찬가지로 돈은 누구에 의해서 발명된 것이 아니다. 어떤 현명한 왕이 나타나서 순수한 물물교환은 문제가 많다는 사실을 인식하고 모든 거래를 편리하게 하기 위한 하나의 도구를 만들라고 그의 신하들에게 명령한 적도 없다. 경험하지 않은 사람이었다면 정말 엄청난 천재성을 가지고 있는 사람이어야 발명할 수 있는 것이었다: 물물교환의 세계에서 어떤 사람이 교환수단을 돈으로 바꾸자고 말했다면 그의 말은 미친 소리로 들릴 것이다.(당신의 값어치 있는 돼지 여러 마리를 말과 바꾸는 대신에 매끈한 돌 몇 개와 돼지들을 바꾸면 안 되는가? 당신이 그 매끈한 돌들을 원하지 않는다고 걱정하지 마라: 다른 어떤 사람이 그 매끈한 돌을 받는 대신에 당신에게 말을 줄 테니까! 만약 당신들 모두가 별 쓸모없는 그 매끈한 돌을 가치 있는 물건이라고 동의할 경우, 우리는 훨씬 편해질 것이다!) 돈의 기원은 "국가"라고 주장하는 이론의 또 다른 문제는 그처

스웨터 두 벌 대신 이것 두 조각 줄께: 역사상 화폐로 사용된 적이 있는 물건들

빵, 담배, 조개, 붉은 흙, 소금, 럼주, 강철 못, 고래의 이빨

럼 현명한 지도자에 관한 기록이 역사 속에 존재하지 않는다는 사실이
다. 고대 문명에서 돈을 사용했다는 다양한 증거가 있지만, 돈이 현명한
지도자에 의해 발명된 것이라는 기록은 없다.

자본주의 경제체제 그 자체와 마찬가지로, 돈의 발전은 의도하지 않
았던, 그러나 자기 이익 추구를 위해 노력했던 상인들이 의도하지 않은
채로 나타난 것처럼, 자본주의의 부산물이었다. 오스트리아 경제학파의
창시자인 칼 멩거(Carl Menger)는 1800년대 말엽, 돈이 어떻게 발전하게
되었는지에 대해 신뢰할 수 있는 설명을 제시했다. 첫째로 멩거는 순수
한 물물교환 체제의 경우에도 다른 상품보다 시장에서 더 잘 팔릴 수 있
는 상품이 있다는 사실을 알아차렸다. 즉, 어떤 상품은 다른 상품보다
"유동성"이 더 좋았던 것이다. 예를 들면, 어떤 농부가 자신이 기르던 소
를 시장에 들고 왔는데, 그 소를 사려는 사람들이 닭 몇 마리 및 버터와
교환하려는 목적으로 만들어 가져온 어떤 사람의 새 망원경을 사려는
사람들보다 더 많았다고 하자. 이처럼 차이가 나기 때문에 시장에서 잘
팔리지 않는(즉, 유동성이 나쁜) 물건을 가져온 상인은 자신의 물건을
사려는 사람을 구하기 대단히 어려워질 것이며, 그 상인은 더 많은 사람
들이 원하는 물건을 가져오기를 원하게 될 것이다. 멩거가 주장한 두 번
째로 좋은 방안은, 잘 팔리지 않는 물건을 잘 팔리는 물건으로 — 즉, 새
로 가져온 물건은 궁극적으로 자신이 원하는 물건과 바꿀 수 있다는 희
망 아래 — 대체하는 것이다. 우리의 예로 돌아가 보자. 망원경을 가져
온 사람은 대장장이가 가져온 몇 개의 연장과 망원경을 교환할 수 있을
것이다. 그리고 난 후 연장을 닭 몇 마리, 그리고 버터와 바꿀 수 있을
것이다.

멩거는 이 같은 과정은 시간이 지남에 따라 눈덩이처럼 점점 커지게
될 것이라고 보았다. 순수한 물물교환 제도에서도 시장에서 잘 팔리는

미국 정부의 "확실한 믿음과 신용(Full Faith and Credit)"?

금본위제도와 허가 받은 돈(fiat currency)의 차이를 논할 때, 우리는 미국의 달러화는 정부에 의해 그 가치가 "보장"되고 있다고 말한다. 그러나 엄밀하게 말할 경우 이는 넌센스다. 허가 받은 돈을 사용하는 경우라도 종이돈의 가치를 보전해 주는 것은 없다. 우리의 지갑 속에 있는 초록색 종이들에 대해 미국 정부는 아무런 의무를 지지 않는다. 더 나아가 정부는 시중에 얼마나 많은 달러화가 유통되어야 하는지, 그리고 돈을 가지고 있으려는 사람들의 욕구가 안정적인지 등에 대한 관심을 제외한다면, 돈의 구매력이 어느 정도여야 한다는 것을 강제로 규정하지 않는다. 그러나 만약 세상의 모든 사람들이 어느 날 갑자기, 미국의 옛날 대통령은 너무 못생겼기 때문에 그 대통령의 얼굴이 그려진 돈은 더 이상 갖고 다니지 않겠다고 결심한다면, 즉 미국 통화의 신뢰도가 상실된다면, 그때 물건 가격(미국 달러화로 표시된)은 천정부지로 뛰어오르게 될 것이고 정부는 이를 통제할 방법이 없을 것이다. 독점시장의 경우라도 가격을 궁극적으로 결정하는 요소는 수요와 공급의 법칙이다.

품목들은 더 유동성이 커질 것이고, 많은 다른 사람들이 그 물건을 원한다는 이유 때문에 사람들은 그 물건을 가지고 싶어 하게 될 것이다. 궁극적으로 한두 가지 상품이 다른 모든 상품들을 앞질러서 가장 선호되는 교환수단이 되었으며, 그렇게 해서 그 상품들은 돈처럼 되었다. 역사적으로 거의 모든 상품들이 돈의 역할을 담당했었지만 자본주의가 발전함에 따라 희귀한 금속들이 그 역할을 담당하게 되었다. 중요한 사실은 돈은 시장과 함께 출현했다는 점이며, 거의 모든 상품들은 그 자신의 본질적 가치 때문에

이 책 읽어 봤나요?

What Has Government Done to Our Money? (돈에 대한 정부의 역할) by Murray Rothbard; Auburn, AL: Ludwig von Mises Institute, 2005.

돈의 역할을 담당했던 것이다.

우리는 당신들을 돕기 위해 정부로부터 파견되었습니다

왕이나 다른 지배자들은 혼자서만 잘 살 수는 없었기 때문에 언제나 돈을 추구했다. 비록 돈의 생산과 분배는 공식적으로는 시장에 의해 결정되는 것이지만, 정부는 사기행위를 방지하고 표준적인 기준을 확보한다는 명분 아래 돈의 지급에 대한 독점적 통제력을 행사해 왔다. 그러나 돈의 생산과 배분은 마치 자동차의 생산 및 배분과 마찬가지로 정부의 관리와 관계없이 이루어질 수 있는 일이다.

금이나 은처럼 자신의 가치에 근거한(commodity based) 돈으로부터 그 자체로서는 본질적인 가치가 없는 종이쪼가리에 불과한 '허가받은 돈'으로의 이동은 빠른 속도로 이루어지지는 않았다. 미국에서 달러화는 원래 일정량의 금과 은으로 교환될 수 있었다. 그래서 사람들은 종이돈을 받아들이게 된 것이다. ㅡ 종이돈은 "진짜" 돈(즉, 금과 은)으로 바꿀 수 있는 티켓이나 마찬가지였다. 시간이 지나면서 사람들은 종이를 돈으로 생각하는 데 익숙해졌으며, 그래서 1933년 프랭클린 D. 루스벨트 대통령이 종이돈을 금으로 교환해 준다는 정부의 약속을 파기했을 당시에도 혁명이 터지지는 않았던 것이다. 대통령은 심지어 미국 시민들에게 그들이 가지고 있는 금을 종이돈으로 바꾸라고 강요했을 정도다. 1971년 리처드 닉슨 대통령은 미국의 달러화와 금의 관계를 마지막으로 단절시켜 버렸다. 그래서 외국의 중앙은행(미국 국민들은 물론)은 그들이 보유하고 있는 달러를 실제로 유용한 상품(금)과 교환 할 수 없게 되었다.

돈을 더 찍으면 물가가 오른다

많은 지식인들은 "금본위제 지지자(gold bugs)"들을 "진보(progress)"를 이해하지 못하는 네안데르탈인들과 같은 원시적인 반동분자라고 비하한다. 금본위제는 그 본질적인 우스꽝스러움으로 인해 매도당한다. 왜 은행 금고에 다시 처박아 놓을 금을 캐기 위해 사람과 기계를 동원한단 말인가? 정부가 금으로 교환해 줄 수 있는 양보다 훨씬 많은 종이돈이 시중에 풀려 있는 것이 훨씬 더 좋은 일이 아닌가? 혹은 달러를 어느 것과도 연계시키지 않는 것이 더 좋은 일이 아닐까?

이처럼 생각하는 현대의 과학적인 사람들이 간과하고 있는 것은 금본위제는 정치가들에게 책임감을 강요하고 있다는 사실이다. 달러를 가져오는 사람들에게 일정량의 금을 바꿔줘야 할 법적인 의무가 있었던 시대의 정부는 달러를 마음대로 찍어낼 수가 없었다. 그러나 '허가받은 돈'을 찍어내기 위해 더 들어가는 돈은 종이 값에 불과하다. 수많은 위조지폐 사범들이 증거 하듯, 잉크와 종이를 구입해서 100달러짜리 위조지폐를 찍어내는 일은 돈벌이가 되는 일이다.

알기 쉬운 경제학

허가받은 통화(fiat currency): 특정 형태의 통화(대개 종이로 된 돈)로 정부의 강제에 의해 그 가치가 도출된다. 상품 혹은 이를 대변하는 돈(representative money)과 달리 허가받은 통화는 금과 은 등 가치 있는 상품에 기반을 두지 않으며, 특별 기금에 의해 가치가 보장되지도 않는다. 허가 받은 돈은 돈을 가지고 있는 사람이 그 돈을 가지고 미래 언젠가 물건을 교환할 수 있는 사람을 만날 수 있다고 확신하는 한 그 가치가 유지된다.

미국의 경우는 다른 나라보다는 상황이 훨씬 양호했지만, 미국에서도 정치가들이 돈을 찍어내겠다는 위험한 계획을 가진 적이 있었다. 밀튼 프리드만에 의하면:

> 모든 것을 종합할 경우 1990년대 미국의 물가는 1891년도 미국 물가보다 15배 비싸다. 영국의 경우는 50배나 되었다.… 1891년부터 1940년까지 미국의 인플레는 연평균 1%미만이었고, 영국은 1.6%였다. 1940년 이후 50년 동안 미국과 영국의 인플레이션 비율은 각각 4배가 되었다. 미국은 연평균 4%, 영국은 연평균 6.4%였다.[1]

정부는 언제라도 재빨리 인플레이션의 책임을 남에게 전가하고 그를 비난한다. 비난당하기 쉬운 범주에 포함되는 이들은 노동조합, 탐욕스런 기업가, 중동의 석유재벌 등이다. 그러나 이들은 어떤 특정 상품의 가격을 올리는 사람들이지 물가 전체를 올리는 사람들은 아니다. 미국 사람들이 휘발유를 더 많이 소비한다면 그 경우 햄버거 혹은 스니커를 사먹을 수 있는 미국 사람들의 돈은 줄어들게 될 것이다. 전반적으로 물가를 상승시키기 위해서라면 정부는 돈을 더 찍어내야 한다. 프리드맨과 다른 경제학자들이 브라질, 전쟁 시기의 독일, 소련, 그리고 고대 중국의 특정 시대를 연구함으로써 밝혀낸 바처럼, 가격인플레이션(price inflation)은 시간과 장소를 불문하고 돈과 관련되는 현상(monetary phenomenon)이었다.

은행업의 원리

은행업은 복잡하고 겁부터 주는 주제인 것 같지만 그 본질은 간단하다. 은행업은 두 가지 기본적인 목표를 가진다. 첫째, 은행은 창고와 같다. 거의 모든 사람들은 돈을 집의 한구석에 처박아두기보다는 (그것이 금이든 혹은 종이돈이든) 은행의 금고속이 더 안전하다고 생각한다. 둘째, 약간 모호한 기능이기는 하지만, 은행은 신용거래의 중개인 혹은 빌리는 사람과 빌려주는 사람의 중간자 역할을 담당한다.

부분 지불 준비제도(fractional reserve system), 즉 은행은 자신이 금고에 보관해둔 돈보다 더 많은 금액을 빌려줄 수 있는 제도 때문에 두 가지 기능 사이의 경계선은 모호하다. 우리 모두는 은행에 당좌예금 구좌를 개설한 경우에도 이자를 받고 있다. 이론상, 돈 주인이 사전 신고를 하면 즉각 사용할 수 있는 돈을 짧은 시간 맡겨 놓았는데도 불구하고 은행은 이자를 지급하고 있는 것이다.

거꾸로, 전액지불준비제도 하에서는 두 가지 기능이 엄격히 구분된다. 저금을 한 사람이 자신의 기금을 수표로 사용하기 위해서라면 그는 우선 돈을 당좌구좌(check account)에 저금해야 하며, 은행에게 자신의 돈을 지켜주는 수수료를 내야 한다. 반면에 돈을 맡기려는 사람이 이자를 받기를 원하는 경우, 그는 저축구좌(savings account)를 개설하고 계약에 의해 일정기간 그 돈을 꺼내면 안 된다. 저축구좌에 맡겨진 돈은 계약된 기간 동안엔 더 이상 그의 돈이 아니게 된다. 그 돈은 은행에서 돈을 빌려서 집을 구입한 사람, 혹은 (높은 이자율로) 돈을 빌려 쓰려는 다른 사람의 당좌구좌로 이전된 것과 같은 상태가 되었기 때문이다. 이 같은 과정을 통해 은행업은 비록 고객들의 당좌구좌 총액의 100%에 해당하는 지불준비금을 갖춰야 할 경우라도 돈벌이를 할 수 있는 것이다.

✽ ✽ ✽ ✽ ✽ ✽ ✽ ✽

최악의 인플레이션: 왜 사람들은 히틀러를 지지했는가?

미국 사람들은 1년에 물가가 4% 오른다면 놀랄 것이며, 10%이상 물가가 오른다면 경악할 것이다. 독일의 경우 양차 대전 사이 기간인 1922년 7월 100.6이었던 도매물가지수는 1923년 7월 194,000으로 뛰어올랐다. — 무려 190,000%에 이르는 악성 인플레였던 것이다. 1923년 11월 도매물가지수는 기가 막힐 정도인 7,260억이 되었다. 1개월에 4,600%씩 물가가 오른 것이다. 1923년 연말, 150곳의 조폐공장에서 밤낮으로 종이돈을 찍어내야 할 정도였다. 노동자들은 하루에 월급을 3번씩 받았다. 노동자의 아내들은 남편의 월급을 여행 가방에 쓸어 담았다. 어떤 사람들은 외발 수레에 돈을 싣기도 했다. 그들은 눈에 띄는 어떤 물건이라도 사기 위해 달려갔다.[2]

"들 고양이" 은행업(Wildcat Banking)

1837년부터 1861년까지 미국 연방정부는 은행업의 규제를 각 주(州)에 일임했다. 이처럼 상대적으로 쉬운 은행업의 시대는 때로 개인들이 마치 식당을 개업한 후 음식물을 제공하듯이 자유롭게 은행을 개업하고 돈을 찍어낼 수 있었던 혼돈의 황무지처럼 보인다. 흔히 나타났던 은행의 파산과 재정적인 공황상태는 규제받지 않은 은행업은 무모한 일이라는 사실을 증명한다.

그런데 이는 역사상 나타났던, 정부의 개입을 정당화시키려는 모든 시도와 마찬가지로, 대개는 신화와 같이 잘못된 설명이다. 예를 들자면, 은행을 자유롭게 개업할 수 있었던 시대도 사실은 자유방임 시대가 아니었다. 주 정부는 다양한 규제 장치들을 설정했고, 실제로는 이 같은 규제 때문에 오히려 더 많은 문제가 발생했다. 둘째로, 1800년대의 공황

이 책 읽어 봤나요?
The Rationale of Central Banking and the Free Banking Alternative (중앙은행과 그 대안으로서의 자유은행의 논리) by Vera Smith; New York: Liberty Press, 1990.

이 1900년대의 대공황 혹은 주체할 수 없는 인플레보다 더 심각했던 것인지에 대해서도 의문이 많다.

주 정부의 규제정책은 어떻게 은행업을 위험한 것으로 만들었을까? 경제학자 조지 셀진(George Selgin)과 래리 화이트(Larry White)가 설명하듯이 "주 정부들은 은행들에게 그들의 화폐가치에 상응하는, 주정부가 인정하는 특정한 자산(대개는 주정부의 공채)을 담보물로 준비해 둘 것"을 요구했던 것이다.[3] 이것이 왜 문제가 됐을까? 차후 '자유 은행들의 집단적 파산'은 그들이 담보물로 보유하고 있었던 주의 공채 가격이 하락했기 때문이다. 즉, 발행된 화폐가치에 상응하는 조건으로 주 정부가 발행한 공채를 과다하게 준비해 두었던 탓이었던 것이다.[4] 다른 말로 하자면, 정부의 규제가 은행제도의 균형을 깨뜨려버렸던 것이다.

더욱 일반적으로 말하자면, 우리는 어떻게 은행업이 가능한지를 물어야 한다. 전액지불준비제도 하에서 은행은 위와 같은 방식으로 망할 가능성은 없을 것이다. 투자자들이 자신의 돈을 되돌려 받을 수 있을지를 걱정하지 않아도 되기 때문이다. 마치 세탁소의 고객이 자신이 세탁소에 맡긴 옷을 잃어버릴까 노심초사 하지 않아도 되는 것처럼 말이다. 은행에 계약의 의무를 부과하는 방패를 씌우는 정부의 정책들은 오히려 은행업의 방만 경영(bank recklessness)을 초래했다.(비록 이 같은 사례들이 소위 자유 은행업 시대에 많이 발발했지만, 그리고 프랭클린 루스벨트 대통령이 선언한 "은행의 휴일"— 즉, 은행업의 과열을 방지하기 위해 여러 날 동안 은행의 문을 닫으라고 했던 일 — 은 은행들의 방만 경영의 좋은 사례가 된다.) 은행 지점의 개설(branch banking)을 제약하는 주정부들의 규제 또한 한몫 챙기고 야간도주해 버리는 조직을 양산하게 했다. 어떻게 그랬을까? 명망 있고 튼튼한 은행이 전국을 장악하는 것을 막음으로써 정부는 시골 지역에 거주하는 사람들의 은행 선택 권한을 축소 시켰고, 그 결과 시골 사람들은 안정성이 약한 은행과 거래할 수밖에 없게 되었다.

역설적인 일이지만, 은행의 파산 혹은 공황은 은행가들을 '정직하게 만들어 두려는' 장치 때문에 발생한 결과였다. 만약 조 스미스가 진정한 경쟁이 이루어지는 시장에서 은행을 개업했다면 그는 누구에게도 스미스 화폐를 가져야 하고 상인들은 스미스 화폐를 받아야 한다고 강요할 수 없을 것이다. 조 스미스가 자신이 찍은 화폐를 보유하도록 시민들을 설득할 수 있는 유일한 방법은 스미스은행은 스미스은행이 발행한 화폐를 가져오는 사람에게 화폐의 가격에 해당하는 금(혹은 다른 귀중한 물품)을 교환해 줄 것이라고 약속하는 것이다. 그가 은행업을 출범시켰다고 가정할 때, 스미스(혹은 다른 사설 은행가)가 자기가 상환해 줄 수 있는 양보다 더 많은 액수의 돈을 인쇄할 수 없도록 하는 방법은 무엇일까?

한 가지 방법은 사람들이 정부가 정직한 시스템을 만들고 정직한 은행제도를 운영하기 위해 규제를 한다고 믿고 이를 따르는 것이다. 다른 방법은 약간 덜 순진한 것으로서, 은행이 고객에게 행한 약속을 지키지 못할 때 그 은행을 파산시키고 업계에서 퇴출시켜 버리는 것이다. 은행가들은 성숙한 사람들이다. 그들은 이 같은 조치를 받아들일 것이다. 은행가들이 자신들이 행한 결정 때문에 위험에 직면하게 될 수도 있다는 사실을 알게 될 때, 은행가들은 자신들의 자금을 더욱 조심스럽게 관리할 것이다. 어떤 은행이 '너무 커서 무너질 가능성이 없다(too big to fail:

大馬不死)'고 인식될 경우, 즉 어떤 은행에 대한 투자가 줄어드는 경우 정부가 수십억 달러를 긴급 수혈해 줄 것으로 인식될 때 그 은행이야말로 실제로는 너무나 위험한 은행인 것이다.

제 10 장
커지는 고통

일반 시민들이 기업에 대한 정부의 규제를 지지하는 가장 큰 이유 중 하나는, 순수한 자본주의는 대공황을 유발한다고 생각하기 때문일 것이다. 이런 전형적인 견해는 — 이 생각은 국가가 승인한 교과서들에 의해 매년 더욱 확대 강화되고 있다. — 1920년대야말로 제한 없는 자유방임 시대였다고 주장한다. 규제 없는 주식시장은 대규모의 이익을 위한 주식 구매를 허락했거나, 혹은 최소한 악화시키는데 기여 했고, 그 결과가 검은 금요일(Black Friday)의 주식시장 붕괴로 나타났다는 것이다. 실업률의 증가는 소비자들을 두렵게 했고, 그들은 소비를 줄일 수밖에 없었다. 기업들의 매출은 격감했고, 노동자들은 해고당했다. 이 같은 악성 사이클은 나쁜 방향을 향해

생각해 봅시다.

🏠 비즈니스 사이클은 자유시장의 산물이 아니라 정부의 산물이다.

🏠 허버트 후버 대통령은 자유방임 경제를 행하지 않았다.

🏠 프랭클린 D. 루스벨트 대통령은 대공황을 오히려 악화시켰다.

🏠 소련의 "성장"은 가짜였으며 비효율적인 것이었다.

지속되었고 결국 스스로 구제할 수 없는 지경에 이르렀다. 그래서 현명한 정치지도자인 프랭클린 루스벨트(Franklin D. Roosevelt)에 의해, 그리고 궁극적으로는 제 2차 세계대전을 통해, 미국의 경제는 자유경제가 스스로 파놓았던 구렁텅이로부터 벗어날 수 있었다. 규제당하지 않는 자본주의가 야기하는 괴물 같은 상황은 '분노의 포도' 라는 고전적 소설에서도 잘 묘사되었다. 이 소설은 공급량을 줄여 가격을 올리기 위해 오렌지를 석유에 처박아 버리는 모습을 어쩔 도리 없이 보고 있어야만 하는, 정직하지만 굶어 죽게 된, 불쌍한 처지의 사람들을 묘사하고 있다.

　이 글을 읽는 독자들은, 이 공식적인 이야기의 거의 모든 내용들이 얼마나 잘못된 이야기인 줄을 알게 되더라도 놀라지 않을 것이다. 첫째, 대공황을 야기한 것은 순수한 자본주의가 아니라 연방준비제도(Federal Reserve)였다. 둘째, 1920년대는 잘못된 정부의 운영이 널리 만연되었던 시대였지 경제적 자유방임의 시대는 아니었다. 셋째, 뉴딜정책은 공황을 더욱 악화시켰다.(힌트: 수확된 농산물을 의도적으로 파괴하라는 명령을 내린 사람이 누구였을까?) 넷째, 전쟁은 국가를 부유하게 만들지 않는다. 이 장에서 우리는 이 관점들에 대해 자세히 탐구해 볼 것이며 경제성장에 관한 잘못된 오류들을 지적할 것이다.

비즈니스 사이클: 정부의 탓

　매년 어떤 기업들은 성장하고 어떤 기업들은 쇠퇴한다. 정상적인 시장경제 하에서는 성공적인 기업가들은 이익과 성장이라는 보상을 받고, 성공적이지 못한 기업가들은 손해, 궁극적으로는 파산 당한다는 처벌을 받는다. 비즈니스 사이클을 이야기한다는 것은 기업 전반에 나타나는 주기적인 흥망성쇠를 논하는 것이다. 이 질문은 "왜 어떤 기업은 노동자를 해고하고, 규모를 축소해야 하는가?"를 묻는 질문이 아니다. 오히려 이 질문은 "왜 때때로 대부분의 기업들은 그들의 예측이 너무나 낙관적이었다는 사실을 깨닫게 되는가?"를 묻는 것이다.

마르크스주의 이론가들은 물론, 일반인들도 택하고 있는 하나의 견해는, 비즈니스 사이클은 자본주의의 자연스런 결과라고 보는 것이다. 이런 설명의 문제점은 경제 상황의 붐(boom)과 위축(bust)을 구분하는 기준은 아무데도 없다는 사실을 알지 못하고 있다는 점이다. 만약 자유기업이 공황(depression)의 원인이라면 왜 최악의 공황은 1850년대 혹은 1880년대가 아니라 1930년대에 발생했는가? 실제로 미국의 시장은 1930년대보다 훨씬 일찍부터 "들 고양이"들 같았다.

또 다른 설명에 의하면, 비즈니스 사이클은 화폐 및 은행 제도에 정부가 개입하기 때문에 발생하는 것이라는 주장이다. 우리는 이처럼 설명하는 사람들을 두 가지로 분류할 수 있다. 하나는 밀튼 프리드만으로 대표되는 "화폐주의 이론(monetarist theory)"이며, 다른 하나는 이에 대항하는 루드비히 폰 미제스와 프리드리히 하이예크에 의해 발전된 오스트리아 학파이다. 본서의 목적은 이 두 가지 경쟁하는 이론들의 장단점을 자세하게 분석하는 데 있지는 않지만, 이들 이론에 대한 간략한 요약은 대공황(그리고 일반적인 비즈니스 사이클)이 자유시장의 잘못이 아니라는 것을 설명하는 데 유용할 것이다.

화폐주의자들은(이 견해는 프리드만 교수의 일반 시민들을 위한 책 「자본주의와 자유(Capitalism and Freedom)」에서 설명되었다.) 정부는 화폐 공급을 서서히, 지속적으로 증가시켜야만 한다는 견해를 가지고 있다. 그 같은 예측 가능성은 금융시장에 확신을 주며 실제적인 생산량의 완만하며 지속적인 성장을 이끌게 된다. 그러나 연방준비제도의 실질적

소련: "위대함을 향해 굶어죽고 있다"
(USSR: "Starving to Greatness")

"기술적인 측면에서 보았을 때, 러시아제 산업장비의 일부 부품이 탁월하다는 사실은 일반적인 관측자들을 감동하게 만들었고, 그것을 소련이 성공했다는 증거로 생각하게 했다. 그러나 효율적인 경제제도에 관한 일반적인 질문을 했을 때 이런 것들은 아무런 의미가 없는 것이다. 새로운 공장이 생산량을 증대시키는 데 유용한 것으로 증명될 수 있느냐의 여부는 기술적인 데 달려 있는 것이 아니라 일반적인 경제상황에 달려 있는 것이다. 만약 트랙터가 대체하려는 노동력이 트랙터를 만드는 데 소요되는 가격과 노동력 그리고 투자된 자금에 대한 이자를 합친 것보다 더 싼 것이라면, 최고의 트랙터를 만드는 공장은 그 자체로는 자산이 되지 못하며, 그것에 돈을 투입하는 것은 순손실을 발생시키는 일이 될 것이다."

Frederick Hayek, "The Present State of the Debate," in *Collectivist Economic Planning* (집단적 경제계획) 1937년 판.

인 정책은, 이와는 정반대로, 우리의 신뢰를 거의 완벽하게 부정하는 것이었다. 1929년 대폭락 이후 3년 동안의 공황상태에서 연방정부는 화폐공급량을 거의 1/3이나 줄였던 것이다! 프리드만과 그를 지지하는 사람들이 볼 때, 이 같은 정책은 놀라운 일이 아닐 수 없었다. 당시 전반적인 경제 하강(downturn)은 미국 역사상 어느 때보다 더욱 심각하고 오랫동안 지속된 것이 아니었던가?

경기순환(trade cycle)에 관한 오스트리아학파의 이론은 중앙은행과 화폐에 관한 권위 있는 당국의 존재 그 자체를 비난한다. 오스트리아학파에 속하는 다수 학자들은 진정한 자유 시장을 추종한다. 화폐의 공급은 금 혹은 은 같은 구체적인 상품의 존재와 병행되어야 하며, 은행은 지불금을 100% 확보하고 있어야 한다고 주장한다. 그러나 정부 자신이 보유

한 특권으로 인해 ─ 그리고 특히 연방준비제도(Fed)의 설치로 인해 ─
국가의 은행들은 거대한 카르텔로 조직될 수 있으며, 여기서 공식적인
화폐 공급량은 실제로 은행의 금고 속에 준비된 돈보다 훨씬 빠른 속도
로 팽창된다. 요약하자면, 오스트리아학파의 이론은 1920년대의 붐
(boom)은 그 대부분이 실질적인 저축과 기업 활동을 가능케 하는 투자
가 없는 상황인데도, 마치 그것들이 존재하는 것처럼 꾸며진 허상에 의
한 것이었다고 설명한다. 어느 시점에 이르면 허상은 붕괴되고 현실, 즉
추락과 위축이 나타나게 되며, 경제는 인위적인 번영기 동안 만들어졌
던 '잘못된 투자(mal-investments)'를 와해시킬 시간을 필요로 하게 되는
것이다. 물론 프랭클린 루스벨트 대통령의 정책은 노동과 다른 자원들
을 보다 합당한 곳으로 재 할당함으로써 이루어질 수 있는 재조정 과정
을 지연시키고 방해하는 데 기여했을 뿐이다.

　우리가 통상적으로 알고 있는 역사가 대단히 잘못된 것이라는 사실
을 아주 잘 알려주는 개인적인 일화가 있다. 나의 학생 하나가 워싱턴에
서 인턴을 하고 있던 중에 연방 준비은행(Federal Reserve)을 방문했다. 그
곳을 둘러보던 중 학생은 연방 준비제도의 역사에 관한 중요한 시점들
을 기록해 둔 표를 보았다. 1913년 연방 준비제도 법안, 1914년 연방 준
비제도의 공식적인 시작, 세계대전과 다양한 연방준비제도의 수장들의
이름이 기록되어 있었다. 그러나 놀랍게도 연방준비제도의 역사 기록표
에 대공황이 누락되어 있었던 것이다. 이를 황당하게 여긴 나의 학생이
연방준비은행 관람 안내자에게 질문했다. 안내자는 이 역사 표를 만든
사람이 대공황을 전시물에 포함시켜야 할 중요한 사건으로 생각하지 않
았다고 대답했다. 실제로 어떤 사람이 "또 다른 공황을 막기 위해 정부
의 감독이 필요하다"고 주장할 때마다 이를 비판적으로 보는 사람은 다
음과 같이 질문해야 할 것이다. "왜 연방준비제도는 첫 번째 공황을 막

알기 쉬운 경제사(Economic History Made Simple)

1930년대 미국의 스무트 홀리 관세법(Smoot-Hawley Tariff Act)은 미국의 관세를 역사상 최고 수준으로 끌어 올렸다. 이 법의 목표는 수입된 외국의 농산물로부터 미국의 농민을 보호하기 위한 것이었지만, 관세 수정 과정이 진행되기 시작하자마자 외국 농산물의 수입을 막을 수 있는 방법이 없음을 알게 되었다. 특수이익 집단들로부터 보호 장치를 더욱 강화해야 한다는 요구들이 쇄도했고, 이 법안은 농민들을 위해 경제의 거의 모든 분야에서 관세를 올리게 하였다. 관세인상 조치는 폭풍 같은 반작용을 초래했고, 대공황을 오히려 악화시켰다.

지 못했는가? 첫 번째 공황이 발생했을 때 연방준비제도는 이미 15년 동안 일을 하고 있지 않았는가?"라고 말이다.

"진보적"인 허버트 후버 대통령

프랭클린 루스벨트 대통령을 위대한 대통령인 것처럼 인식하도록 하는 공식적인 신화를 만들기 위해서는, 루스벨트 대통령 이전의 대통령 — 허버트 후버 — 은 아무것도 하지 않은, 대공황이 시작되었음에도 불구하고 자유 시장에 개입하는 것을 주저한 반동적인 대통령으로 비하시켜야만 했다. 실제로 모든 미국인들에게 그렇게 가르쳐졌다. 그러나 이것 또한 완전한 허튼소리에 불과하다. 후버 정부는 잘못된 통화정책으로 대공황을 초

이 책 읽어 봤나요?
America's Great Depression
(미국의 대공황) by Murray
Rothbard; Auburnm, AL: Ludwig von
Mises Institute, 2000.

래했을 뿐만 아니라, 적어도 악화시켰으며 그 이전 대통령 재임 당시 시작된 주기적인 경기 하강세를 반전시키기 위해 상대적으로 덜 자유방임주의적인 정책을 추구하였다.

머레이 로스바드(Murray Rothbard)가 자세히 정리해 놓은 바처럼, 허버트 후버 대통령의 정치 경력은, 하딩 대통령이 그를 상무장관으로 임명했던 1921년 무렵 이래, 시장에 적극 개입하는 정책으로 특징지워진다. 후버는 '상무부(Department of Commerce)'를 "미국 국민들을 위한 경제통역자(economic interpreter of he people)"로 전환시키고자 했다. 왜냐하면, 미국 국민들은 경제통역인을 "아주 심각하게 필요"로 하고 있었기 때문이다. 장관직을 담당하자마자 후버는 1920년부터 1921년 불황 당시 야기된 실업 문제를 해결하기 위한 '실업 대책위원회'를 구성했다.[1] 그가 직접 했던 말이다:

> 우리는 공공사업을 확대하기 위해 연방, 주, 그리고 시정부들의 협력체를 발전시켰습니다. 우리는 고용주들에게, 가능한 한 많은 사람들에게 월급을 줄 수 있도록 하기 위해, 고용인들의 작업 시간을 나누어 주라고 부탁했습니다. 우리는 혁신, 수리(repair) 그리고 가능하다면 건설 사업을 확대할 수 있도록 산업을 조직했습니다.[2]

몇 년이 지난 후인 1926년, 후버 장관(당시 쿨리지 대통령)은 비즈니스 사이클을 되돌릴 수 있는 방법이 있는 "새로운 경제학(New Economics)"을 만들었다는 사실에 자부심을 가지고 있었다:

> 수년 전만 하더라도 고용주들은 다른 고려는 하지 않은 채 실업자들 혹은 이민자들을 싼 임금을 주고 채용하는 것이 자신들에

게 이익이 되는 것으로 간주했습니다. 당시, 임금을 가장 적게 주고 일을 가장 오래 시키는 것이 생산원가를 최하로 낮추고 이익을 극대화 하는 수단이라고 생각했습니다.... 그러나 우리는 지금 생각을 바꾸는 장정에 올라와 있습니다. 위대한 생산의 본질은 높은 임금과 낮은 가격입니다. 왜냐하면, 위대한 생산은 소비를 확대하는 데 있기 때문입니다. 이는 오로지 높은 임금을 통해 가능해진 구매력 향상과 높은 생활수준을 통해 얻을 수 있는 것입니다.[3]

후버 대통령의 노력은(그것이 강압적인 것이었건 혹은 보다 더 현명한 방법에 의거한 것이었건 간에) 후임 루스벨트 대통령과 마찬가지로 임금의 수준을 유지하는 데 있었다. 그것은 사실 대공황을 더 오래 지속시키게 했던 결정적인 처방이나 마찬가지였다. 미국 경제는 과거 경제 불황의 경우 대체로 1~2년 이내에 그 불황으로부터 벗어날 수 있었는데 반해, 대공황이 더 오랜 시간 지속된 이유는 대공황 당시의 임금수준이 시장에서 자연스럽게 결정되어야 할 수준 이상으로 높게 유지되었기 때문이다. 노동자들은 새로운 환경에 따라 재조정될 수 없었다. 협력을 위한 일차적인 방안 — 정확한 시장가격과 임금이 제공하는 신호 — 이 후버와 그의 후임 루스벨트 대통령에 의해 좌절당했기 때문이다. 후버 대통령의 요구에 의해 대기업들 — 전화, 철강 및 자동차 산업을 포함하는 — 은 현실적인 임금(real wage)을 유지하는 데 동의했고 상호 협력하여 경기 하강을 견뎌내자고 합의했다. 심지어 미국 노동자 연합도 대공황에 대처하는 후버 행정부의 방식에 박수를 쳤을 정도다. 미국 노동자 연합은 1930년도 자신들이 발행하는 잡지 사설에서 다음과 같이 말했다:

대통령과의 회의는 산업 지도자들에게 새로운 책임의식을 부여했다.... 그들은 함께 행동할 것이 요구된 적이 없었다... 공황 초기 그들은 자신들만의 이익을 수호하기 위해 개별적으로 행동했다... 그럼으로써 공황을 더욱 심화시켰다.[4]

임금 조정을 막은 것 이외에 후버 행정부는 주정부 및 연방정부가 행하는 공공사업 계획도 대대적으로 확대했다. 후버 행정부는 농촌에 대한 지원금을 확대했으며, 농민들에게 경작면적을 감소시킬 것(농산물의 가격을 유지하기 위해)을 요구했다. 1930년 후버는 미국 내 대부분의 경제학자와 은행가들의 반대에도 불구하고 치명적인 스무트−홀리 관세법에 서명했다. 같은 해에 후버는 실업률을 완화시키기 위하여, 아주 돈이 많은 사람이 아닌 한, 외국인들이 미국으로 이민 오는 것을 금지했다. 후버 대통령의 이민정책 변화는 그 후 몇 개월 동안 유럽에서 미국으로 이민 오는 사람의 숫자를 90%나 줄어들게 만들었다.

위의 사례에 비추어 보았을 때, 후버 대통령은 "대기업의 친구"가 아니었으며, 모든 교과서가 선언하듯이 자유방임을 지지한 사람이 아니었음이 분명하다. 그렇다면 잘못된 신화의 원천은 무엇인가? 후버가 투표자들을 향해 자신은 재산권과 경제적인 자유를 지지하는 사람이라고 말했고, 미래의 역사학자들이 그의 선거용 수사(修辭)에 현혹되었기 때문인가? 그럴 수도 있을 것이다. 그러나 재선을 위한 선거 캠페인 기간 동안 후

이 책 읽어 봤나요?
FDR's Folly: How Roosevelt and His New Deal Pro-longed the Great Depression (루스벨트의 오류: 루스벨트 대통령과 그의 뉴딜정책은 어떻게 대공황을 더 오래 지속시켰는가?) by Jim Powell; New York: Crown Forum, 2003.

버 대통령이 말했던 1929년의 붕괴에 대한 다음과 같은 반응은 그가 자유주의자가 아니었다는 사실을 말해준다:

우리는 아무것도 안 했을 수도 있습니다. 그렇다면 그것은 철저하게 잘못된 낭비입니다. 우리는 경제 불황에 대해 반격을 가하기 위해, 경제를 방어하기 위해, 미국 건국 이래 전례가 없었던 최대 규모의 여러 가지 계획들을 사기업들과 의회를 향해 제안함으로써 상황에 대처하려했습니다. 우리는 이것들을 실행에 옮겼습니다.... 워싱턴의 어떤 행정부도 이 같은 시대에 큰 사명감을 가지고 폭 넓은 임무를 담당한 경우란 없었습니다.... 대공황의 역사상 처음으로, 임금이 깎이기 이전 이익 분담금, 이윤, 그리고 생활비 등이 줄어든 적은 없었습니다.... 이 같은 상황은 생활비가 줄어들고, 이윤이 실질적으로 소멸될 때까지 지속되었습니다. 이들의 임금은 지금 현재 세계에서 가장 높은 수준의 실질임금입니다.

새로운 일자리들을 창출했고, 미국경제체제 전체에 새로운 삶의 기운을 불어 넣었습니다.; 우리나라 역사상 "남녀 모두의 공통 이익을 위해" 이보다 더 큰 일이 행해진 적이 없습니다.... 일부 반동적인 경제학자들은 이 같은 경제파탄 상황을 바닥이 보일 때까지 그대로 놔두어야 한다고 합니다.... 우리는 그 같은 경제학자들의 조언을 따르지 않기로 결심했습니다. 빚을 진 모든 미국 사람들이 파산을 하고 우리 국민들의 저축이 파탄 나는 것을 두고 보지 않기로 결심한 것입니다.[5]

또 다른 괴이한 반전이 있었다. 후버 대통령의 정적이었던 프랭클린 D. 루스벨트는 후버 대통령을 "제멋대로이며 돈을 무분별하게" 지출 한

사람이라고 비난하면서 "워싱턴의 모든 것들을 가능한 한 빨리 통제해
야 한다."고 주장했다. 루스벨트는 후버 정부를 "평시 기준으로 역사상
그 어느 때보다도 돈을 가장 많이 지출한 행정부"라며 비난했던 것이
다.[6]

뉴딜정책은 대공황을 해소시키지 못했다

후버 대통령의 경제에 대한 개입정책은 대공황을 지속시켰고, 루스
벨트 대통령의 뉴딜정책은 — 이 정책은 사실은 후버 대통령의 '과감
한' 개혁을 확대시킨 것에 불과하다. — 상황을 더욱 악화시켰을 뿐이
다. 뉴딜정책은 잘못된 프로젝트들을 제거할 수 없도록 했으며, 그 결과
과거의 경기불황들이 빠른 시일 내에 해소될 수 있었던 것과는 달리, 대
공황이 더욱 오래 지속되게 만드는 결과를 초래했다. 이 같은 관점에 대
한 역사적인 사실은 분명하고 논쟁거리가 되지 못한다: 1933년 시작된
FDR의 "임기 초 100일" 동안 급격한 법안들이 만들어지던 당시, 실업률
은 무려 24.9%에 이르고 있었다. 그러나 전례 없는 뉴딜 조치에도 불구
하고 (혹은 그런 조치들 때문에) 그 후 4년 동안 실업률의 하락은 그다지
대수로운 것이 아니었다. 1937년 당시 실업률은 겨우 14.3%로 내려가
있었다.(다시 반복하지만, 그 이전 미국의 경제 불황들은 모두 2년 이내
에 회복되었다.) 1938년 실업률은 다시 19%로 치솟았다. 그렇다면 도대
체 뉴딜정책이 대공황을 "치유"했다고 말할 수 있는 근거는 무엇인가?

뉴딜정책이 가장 자랑하는 기구는 국가회복부(National Recovery
Adminstration)인데 — 이곳에서는 자동적인 시장의 힘을 장님에게 맡기
는 것에 반대하고 대신에 "과학적"인 계획을 수립했던 곳이다. 그러나

경제학자 래리 리드(Larry Reed)는, NRA(이 기구는 때로 그 비판자들에 의해 국가방황부(National Run Around)라고도 불렸다)는 "파쇼 스타일의 조치들을 통해" "정부가 강제하는 카르텔"을 만들어냈다고 분석한다.

그러나 전통적인 자유를 쇠퇴시켰음에도 불구하고 NRA는 미국 경제를 다시 작동하도록 만들지 않았는가? 이 질문에 리드는 다음과 같이 답하고 있다:

> NRA가 경제에 가한 충격은 즉각적이고 강력한 것이었다. 이

루스벨트의 무장한 자객(Roosevelt's Jack-Booted Thugs)

농민들에게 밭을 모두 갈지 말라고(그럼으로써 식량의 생산량을 줄이고, 대신 식량의 가격을 올리기 위해) 명령하느라 바빴을 때, 루스벨트 행정부는 NRA의 규칙에 따라 생산량 감소 및 가격 상승을 위한 미시 경영을 한 것이다. 존 T. 플린(John T. Flynn)은 이 같은 조치를 루스벨트가 "자본주의의 수호자" 로서 규제를 강요한 것이라고 보았다:

> NRA는 자신이 규제를 강요할 수 없다는 사실을 발견했다. 규제를 가하자 암시장이 커지기 시작한 것이다. 그 결과 오직 강압적인 경찰력을 동원해야만 규제를 강요할 수 있었다. 시드니 힐맨 의류공장의 규제위원회는 경찰력을 고용했다. 경찰은 마치 돌격부대원들처럼 의류공장이 있는 지역을 순찰했다. 그들은 공장에 진입, 힐맨 직원들을 쫓아내고 그들을 일렬로 세운 뒤 그들을 간단히 심문했다. 힐맨의 회계장부는 즉석에서 몰수되었다. 야간작업은 금지되었다. 사복을 입은 유격대 경찰병력은 이 구역을 야간 순찰했으며, 밤중에 모여서 함께 바지를 만드는 범죄행위를 저지르고 있는 사람들을 찾아내기 위해 도끼로 문을 부수며 다녔다. 그런데 규제위원회는, 국민들이 반대하기 때문에, 이 같은 강압적 조치가 없는 한, 이런 조치들을 따르게 할 방법은 없다고 말했다.[7]

숨을 참지 마세요.(Don't Hold Your Breath)

"나는 확신을 가지고 자본주의의 몰락과 새로운 역사
의 시작을 예측했었다. 돈으로 돈을 버는 장치는 무엇인
가 잘못된 것이며, 은행 시스템은 궁극적으로 완전히 붕
괴되고 말 것이며, 우리는 남아서 거래를 하며 살아갈 것
이다. 자신의 정원을 가꿀 수 있는 사람은 다른 사람들보다 기회가 더 좋
을 것이다. 나는 괜찮을 것이다. 나는 약간의 채소를 가질 수 있을 것이기
때문이다.

Margaret Drabble,
Guardian, 1993년 1월 2일

법안이 통과되기 5개월 이전부터 경제 회복세가 뚜렷이 나타났었
다: 공장의 고용율과 임금은 각각 23, 25%씩 늘어나고 있었다. 그
런데 NRA가 출현해서 작업시간을 줄이고, 임금을 의도적으로 상
승시키고, 기업을 운용하는 또 다른 비용들을 추가시켰다. NRA가
일을 시작한 후 6개월 정도가 지났을 때 공업생산은 무려 25%나
줄어들었다. [경제학자] 벤자민 앤더슨(Benjamin M. Anderson)은
"NRA는 회복을 위한 장치가 아니었다. … 그것은 오히려 회복을
방해하는 장치였다.… NRA가 존속했던 기간 동안 공업생산은
NRA가 출현했던 1933년 7월 수준보다 높아진 적이 없었다."고 말
했다.[8]

제 2차 세계대전은 미국을 대공황으로부터 빠져나오게 했는가?

루스벨트의 정책이 대공황으로부터 미국을 구한 것이라는 주장을 회의적으로 생각하는 많은 미국 사람들은 2차 대전이 미국의 경제를 재도약 시키고 다시 출발하게 만들었다는 다른 이론을 제시한다. 그러나 이같은 설명 역시 타당하지 못하다. 궁극적으로 전쟁은 자원을 낭비하게 만들며 수백만의 노동자를 죽이는 일이다. 전쟁이 어떻게 경제성장을 위해 좋은 일일 수 있다는 말인가?

헨리 헤즐리트(Henry Hazlitt)는 19세기 경제학자인 프레데릭 바스티아(Frederick Bastiat)을 따라, 2차 대전 덕택에 미국의 대공황이 해결되었다는 잘못된 생각을 "깨진 유리창의 오류(broken window fallacy)"라고 명명했다. 이 오류는 2차 세계대전을 미국의 경제성장을 가능하게 만든 계기라고 설명할 뿐만 아니라 마치 평론가들이 허리케인과 지진이 "생산을 자극"했다고 말하는 것과 같은 것이다. 이들은 파괴로 인해 건설하려는 노력이 촉진될 것이기 때문이라고 말도 되지 않는 소리들을 지껄일 때마다 그 못생긴 머리를 다시 들어올린다. 헤즐리트는 이 같은 견해가 황당한 것임을 다음과 같이 설명한다: 노동력과 자원이 단순히 망가진 것을 수리하거나 교체하기 위해 사용될 경우, 어떤 새로운 부(富)도 창출될 수 없다. 허리케인이 없었다면(혹은 적의 폭격이 없었다면) 노동력과 다른 자원들은 기왕에 존재하던 자본과 소비재들을 더욱 확대시키기 위한 노력에 투입될 수 있었을 것이다.

'깨진 유리창의 오류'는 한 번 인식되기만 한다면 어렵지 않게 피할 수 있다. 그러나 불행하게도 주류 경제학자들이 사용하는 전형적인 통계자료들조차 나쁜 습관을 오히려 더욱 악화시키는 데 기여하고 있다. 수백만 명의 생산성 높은 젊은이들을 해외의 전쟁터로 보내 싸우다 죽게 하는 것은 물론, 수많은 자원을 전쟁에 퍼붓는 것은 미국을 더욱 가난하게 만드는 일이다.(물론 많은 사람들은 전쟁의 대가를 치를 만한 가치가 있다고 말한다. ─ 여기서 말하려는 포인트는 2차 세계대전에 대

깨진 유리창(The Broken Window)

"이 작은 기물파손 행위(vandalism)가 일단은 유리 끼우는 일을 하는 사람들에게 일할 수 있는 기회를 더 많이 제공할 것이다. 유리 끼우는 일을 하는 사람은, 유리창을 깨는 짓을 하던 사람이 죽었다는 소식을 들었을 때, 유리창 깨는 사건이 일어났다는 소식을 들었을 때보다 오히려 더 슬퍼할지도 모른다. 그러나 유리창이 깨진 가게 주인은 새 양복을 사려고 마련해 둔 250달러를 날려버리게 된 셈이 되었다. 가게 주인은 유리창을 새로 끼워야 하는 바람에 새 양복(혹은 같은 가격대의 필요한 상품 혹은 사치품)을 살수 없게 된 것이다. 유리창과 250달러를 가지고 있는 대신 그는 지금 유리창만 가지고 있는 상황이 되었다. 바로 그날 오후 새 양복을 사려던 그의 계획은 무너져버린 것이다. 유리창도 있고 새 양복도 가지려던 그는 유리창만 있고 양복은 없는 상황에 만족할 수밖에 없게 되었다. 우리가 그 사람을 공동체의 일원으로 생각한다면, 그 공동체는 존재해야 했을 새 양복 한 벌을 잃은 것과 같으며, 새 양복 한 벌 만큼 가난하게 된 것이다. 유리창을 끼우는 사람의 소득은, 다른 말로 하자면, 양복점 주인의 손실이나 마찬가지다. 그리고 아무런 새로운 '일자리'도 생겨나지 않았다."

Henry Hazlitt, *Economics in One Lesson* (교훈으로 배우는 경제학).

한 개입은 정말로 큰 희생이 요구되었던 일이라는 점이다.) 그럼에도 불구하고 전쟁에 소요된 비용은 경제체제의 업적을 측정하기 위해 사용되는 국내총생산의 공식적인 측정에 잘 나타나지 않는다. 다음에서 우리는 이 같은 접근방법의 문제점을 살펴볼 것이다.

전체는 부분의 합이 아니다

항상 야기되는 일이지만, 일반 시민들이 가지고 있는 경제성장에 관한 이해 중에서 가장 잘못된 문제는 주류 경제학자들이 늘 말하는, 그리이 책 읽어 봤나요?
The Roosevelt Myth (루스벨트의 신화) by John T. Flynn; San Francisco: Fox & Wilkes, 1998.

고 정치가들과 언론인들이 앵무새처럼 따라 말하는, 잘못된 통계로 부터 연유하는 것이다. 경제력의 일반적인 상태를 표시하는 가장 중요한 하나의 숫자는 국내총생산(Gross Domestic Product)이며, 이는 국내에서 생산된 모든 완성된 상품과 서비스의 시장가격 총액을 측정한 것이다.(경제학자들은 국민총생산[Gross National Product]도 계산하는데 이는 어디에 있든지 관계없이 일국의 국민들이 생산한 모든 최종 결과물을 다 합친 것이다. 우리의 논의에서 이 두 가지 개념의 차이는 그다지 중요하지 않다.) 성장을 나타내 주는 전형적인 지표는 인플레이션으로 인한 가치 변화를 고려한 GDP가 전년도와 비교할 때 몇 퍼센트 정도 성장했느냐 하는 것이다. 그러나 앞으로 살펴보겠지만, GDP 수치를 경제정책의 기본으로 삼는 것은 정말로 위험한 일이며, 역설적으로 진짜 성장을 억누르는 일이 될 수도 있다.

일부 교과서들은 자신들의 책에 사용된 숫자들이 분명한 문제점들이 있다는 사실을 인정한다. 고전적인(그리고 정치적으로 올바르지 못한) 사례는 자기 가정부와 결혼한 남자의 이야기이다. 그들이 결혼하기 이전에는 그녀의 서비스(빨래, 청소, 요리)는 공개된 시장에서 구매한 것이었기 때문에 공식적인 GDP에 포함되어 있었다. 그러나 결혼한 후에 새로 얻은 가정부, 즉 부인은, 그런 일들을 "공짜"로 해주게 되었으며 그 결과 그녀가 결혼하기 전 1년 동안 벌었던 돈만큼 GDP가 줄어들게 되었다. 마찬가지로 암시장에서 이루어지는 일들은 그 본질상 정부의 통계학자들에게 보고되지 않으며, 그 결과 공식적인 GDP 통계에서 제외

인플레이션을 잡으려면? 연준(Fed)을 없애면 된다.

"만약 오스트리아 학파의 이론이 맞는 것이라면 정부는 무슨 일을 해야 하는가?… 만성적이며 때로는 걷잡을 수 없는 인플레이션을 치료하는 유일한 방법이 한 가지 있다: 즉, 부풀리는(inflate) 일 그 자체를 막는 것인데, 연준(Federal Reserve)이 은행의 지불금 요구 한도를 내리든지 혹은 공개된 시장에서 자산을 구입하는 방식 등으로 의도적으로 화폐의 양을 줄이게 하면 될 일이다. 인플레이션을 야기한 잘못은 노동조합이 선전하듯이 기업의 '독점' 혹은 잘 모르는 사람들이 생각하는 예감, 혹은 소비자들의 '탐욕' 때문이 아니다. 인플레이션을 야기한 잘못은 정부가 만든 합법적인 위조지폐 때문이다. 사회 속에서 정부만이 위조지폐를 만들 수 있는 힘을 가진 유일한 조직이다. ― 즉, 정부는 새 돈을 찍어낼 수 있다. 정부가 그런 힘을 지속적으로 사용하려고 하는 한, 우리들은 화폐의 궁극적 가치를 파괴해 버리는 인플레 때문에 고생하게 될 것이다. 최소한 우리는 정부에게 부풀리는 힘의 사용 그 자체를 중지하라고 요구해야만 한다. 그러나 모든 권력은 사용될 뿐만 아니라 남용되기 마련이기 때문에, 그것보다 훨씬 더 효율적으로 인플레이션을 끝낼 수 있는 방법은 정부가 돈을 찍어내는 권리를 완전히 박탈하는 것이다. 이는 연준이 더 이상 자산을 구입하지 못하도록 하는 법을 만들던가, 혹은 은행의 지출금 비율을 낮추지 못하게 하든가, 혹은 더욱 근원적인 방법으로 연방 준비제도(Federal Reserve System) 그 자체를 해체시켜 버리는 것이다."

Murray Rothbard, *America's Great Depression* (미국의 대공황)

되는 것이다.

이 같은 단점들은 대단히 심각한 것이지만 ― 실제로 경제학자 피트 보트크(Pete Boettke)가 주장하는 바처럼, 공산주의 국가들의 경우, 암시장에서 이뤄지는 거래 때문에 노예 같은 생활을 하는 국민들도 굶어죽지 않고 연명할 수 있는 것이다! ― 공식적인 평가에 나타나는 실질적인 문제점들에 대해 주의를 기울이지 않고 있다. 공식적인 GDP수치에는 모든 "간접적인(intermediate)" 지출비용이 빠져 있다. 결과적으로 GDP 는 자본가들의 중요성을 과소평가하는 반면에, 소비자와 정부지출의 역 할은 과장하게 되는 것이다. 경제학자 마크 스쿠센(Mark Skousen)은 이 렇게 설명한다:

> GNP는 오로지 마지막 소비자에게 판매된 상품 및 서비스의 생 산만 고려한다. GNP는 중간 투입물, 즉 원료(raw materials), 일부만 완성된 상품, 도매상품, 또 다른 완성되지 못한 상품(재고포함) 등 마지막 소비 단계에 이르지 못한 모든 경제행위를 포함시키지 않 는다. GNP는 마지막 생산품으로 간주되는 내구성 있는 모든 새로 운 자본재, 즉 기계와 장비의 구입 금액은 포함시킨다. 그러나 이 러한 상품들 중에 가죽이나 철강 같은 내구성이 없는 자본재 혹은 중간 생산품은 포함되지 않는다. 요약하자면, GNP는 고정된 자본 은 포함시키지만 유동적인 자본은 포함시키지 않는다. 그래서 GNP는 실제로 모든 것을 합친 수치가 아니며, 어떤 의도를 가지고 만든 접근 방법인 것이다.[9]

주류 경제학자들이 이처럼 중간 단계의 생산품들을 제외시킨 이유는 "중복 계산(double counting)" 을 피하기 위해서라고 한다. 예컨대 그들은 빵을 만들기 위해 투입된 모든 밀가루와 귀리(oat)의 가격을 다 합치 는 경우 산출(output)이 과장 될 수 있다고 주장한다. 그

이 책 읽어 봤나요?

Economics on Trial: Lies, Myths, and Realities (시험 받는 경제학: 거짓말, 신화 그리고 현실) by Mark Skousen; Scarborough, Ontario: Irwin, 1990.

렇다고 할지라도, 그들이 선호하는 해결 방법 — 각 단계의 총 지출액을 제외하고, 다만 부가된 가치(value added)만을 계산하는 방식 — 은 정책상 큰 오류의 기저(基底)가 되는 것이다. 스쿠센은 다음과 같이 설명을 계속 한다:

> GNP는 중간재는 포함시키지 않기 때문에 GNP 수치는 경제체제의 소비 수준을 크게 과장하고 있다.… 국가의 수입에 관한 통계에 의하면, 1988년도 미국 GNP에서 소비가 차지한 부분은 66%에 이르렀다.… 이 수치에 의하면 미국의 경제는 당연히 소비자의 지출여부에 따라 변하는 — 투자 혹은 기업의 지출이 아니라 — 소비자 중심의 경제인 것으로 보이게 한다. 사실 GNP 자료에 의하면 정부의 지출이 사적인 투자보다 훨씬 더 중요한 것으로 나타난다.(정부의 구매는 9,360억 달러였는데 미국 내의 개인투자는 7,650억 달러였다.) 소비를 이처럼 과장해서 강조하는 것은 언론의 금융 관련 혹은 경제 관련 해설들에서 쉽게 발견되는 잘못된 인식이다. 특히 크리스마스 무렵 언론은 매일매일 상품이 얼마나 많이 팔렸는지를 보도한다. 명절 기간 동안 상품매출이 늘어나면 그것을 경제 상황이 양호하다는 지표로 삼는다. 이 같은 보도의 배경에는 크리스마스 시즌 같은 계절이 일년 내내 지속된다면 경제는 더욱 성장할 수 있을 것이라는 생각이 깔려 있는 것이다.[10]

이제까지의 논의를 개괄해 보자: 전통적인 GDP 수치는 "가치가 부가"된 부분들을 고립시키기 위해, 생산의 각 단계에서의 지출을 제외시키는 바람에 — 그것이 개인에 의한 것이든 정부지출이든 — 소비를 상대적으로 크게 부각시키는 결과를 초래했다. 스쿠센 교수의 자료를 사용해서 다시 말하면: 2005년도 개인들의 소비지출은(대략 8조 7,000억 달러) GNP(대략 12.5조 달러)의 70%에 이르는 것이었다. 이 같은 비율은 "소비자들의 신뢰" "소매 지출"이 나타내는 숫자들과 관련, 큰 혼란이 야기될수 있음을 의미하는 것이기도 했다. 그러나 반대로 공식적으로 집계된 사적인 투자는 불과 2.1조 달러에 불과했고, 그것은 GNP의 16.8%밖에 되지 않는 것이었다. 그러나 이 수치는 사기업이 지출한 모든 돈을 반영한 것은 아니다. 왜냐하면 이 수치는 기업이 지출한 다른 14.6조 달러에 이르는 지출을 중복계산 된다는 이유로 제외시켜 버리고 얻은 수치이기 때문이다. 여기에 포함되는 지출은 원재료, 공급, 재고에 대한 추가분 등이다. 이 같은 지출을 기업분야의 지출 혹은 전체 지출에 포함시킬 경우, 우리는 개인 소비 지출액이 2005년 미국 전체에서 이루

경제성장이 인플레를 유발하는 것은 아니다

금융관련 해설을 하는 사람들은 일반적으로 산출량이 증가될 경우 물가가 오른다고 말한다. 이 같은 케인즈 식 사고방식은 인플레이션과 실업률의 관계를 그림으로 설명한 바 있는 유명한 필립스 커브(Philips Curve)를 통해 더욱 세련되어졌다. 손쉬운 금융 및 조세 정책을 통해, 비록 인플레의 대가를 지불해야 하지만, 불황이 치유될 수 있다고 보는 이 관점은, 강력한 정책은 인플레이션을 원천적으로 차단할 수 있지만 동시에 대규모 해고를 초래할 수도 있다고 본다.

그러나 이 같은 분석은 이론과 실제 두 분야 모두에서 틀린 것으로 판명되었다. 첫째 이론적인 면을 보자: 우선 실질적인 산출량이 증가될 경우 그 산출량 한 단위의 금전적인 가격은 내려갈 것이 분명하다. 결국 인플레이션이란 상품에 비해 돈이 훨씬 많을 경우 나타나는 현상이다. 둘째, 실제적인 측면을 보자: 산출량이 적었을 때 발생한 인플레이션의 사례가 대단히 많았고(예컨대, 1970년대의 미국), 산출량이 증가했지만 인플레이션이 발생하지 않은 경우(예컨대, 1980년대의 미국)도 많았다.

어진 경제행위 중 겨우 32%에 불과하다는 사실을 알게 될 것이다. 기업이 지출한 금액은 높게 잡을 경우 62%를 차지할 것이다.[11]

정부가 지출한 1페니는 1페니 소득으로 간주된다

위에서 제시한 문제 외에도 대중적인 거시경제학 지표들은 더 심각한 문제를 가지고 있다. 이 수치들은 정부가 지출한 돈을 산출(output)로 취급하고 있다. 이처럼 이상한 관점을 이해하기 위해서는 경제행위를 측정하기 위한 전통적 방법들을 살펴볼 필요가 있다.

우선 우리는 스미스 씨가 얼마나 많은 생산을 했는지 알아보려고 한다고 가정하자. 한 가지 방법은 스미스 씨가 다양한 곳에서 번 돈을 모두 합쳐 보는 것이다. 예컨대 스미스 씨가 공공 강연을 통해 1만 달러를 벌고, 대학 교수로서 9만 달러를 벌고, 기고문 등을 통해 2만 달러, 그리고 화장품을 판매해서 3만 달러를 벌었다면, 스미스 씨는 1년간 총 15만 달러를 생산한 것이다. 이와 같은 수치를 얻을 수 있는 또 다른 방법은 스미스 씨가 한 일에 대해 다른 사람들이 지불한 돈을 모두 합쳐 보는 방법이다. 즉, 합계를 얻는 방법에는 두 가지가 있는 것이다. 수입을 측정하는 방법과 지출을 측정하는 방법이 그것이다.

이 같은 방법은 GDP를 계산하는 전형적인 방법이다. 어떤 사람이 새 자동차를 구입했을 경우, 그 해의 공식 GDP는 그만큼 올라간다. 이 같은 접근방법에는 분명한 문제가 있다는 반론, 즉 어떤 물건을 사고 그 대신에 달러화를 지불하는 것 그 자체는 생산적인 일이 아니라는 반론이 있지만, 이 방법에는 유용성이 분명히 존재한다. 우리가 실제로 측정한 것은 소비자의 생산성이 아니다. 자동차를 생산한 사람들의 생산성

을 측정한 것이며, 우리가 얻은 경제 가치를 측정할 수 있는 유일한 척
도는 소비자들이 상품과 서비스를 구입하기 위해 자발적으로 얼마나 많
은 돈을 썼는가에 관한 것이다.

이 수치가 개인 혹은 사기업이 지출한 돈을 고려한 것인 한, 문제는
없다. 그러나 이 과정에 정부의 지출이 포함될 경우, 그것은 과연 타당
한 일일까? 그렇지 않다. 아주 역설적인 사례를 생각해 보자. 1983년도
회계감사에서 미국 국방부가 화장실 변기 의자 하나에 600달러를 지급
했다는 사실이 밝혀진 적이 있었다. 이 같은 정부지출이 미국 경제의 총
생산액에 포함되어야 할까? 분명히 그렇게 하면 안 될 것이다. 기껏해
야 변기 의자의 시장가격 정도가 고려될 수 있을 것이다. 정부가 무엇인
가를 구입하기 위해 값을 지불할 경우, 그것은 민간인 혹은 사기업의 경
우와 달리 시장에서 통용되는 가격을 지불하고 구입한다는 가정을 할
수가 없는 것이다.

이렇게 차이가 나는 이유는, 정부는 궁극적으로 세금을 통해, 혹은
돈을 찍어 냄으로써, 돈을 벌고 있기 때문이다. 그래서 정부의 수입과
지출은 서로 일치하지 않는다. 동시에 관료들은 돈을 아껴 쓰고 남길 필
요가 없다. 남겨진 돈은 다음 해 예산에서 불필요한 돈으로 간주되어 삭
감될 것이기 때문에 그들은 돈을 더 많이 지불할 경우에도 별로 신경을
쓰지 않는다. 실제로 이 같은 사례, 즉 공공자금을 관리하는 사람들이
특수 이익집단의 비위를 맞추거나 정부에서 떠난 후 그 회사의 자문 자
리 등 일자리를 얻기 위해 일하는 것은 오랫동안 잘 알려진 사례들이다.

그러나 개인이 무언가를 구입하기 위해 1,000달러를 사용하는 경우,
그곳에서는 경제적인 가치가 분명히 창출된다. 왜냐하면, 그 개인은 여
러 가지 다양한 경쟁상품들을 비교한 후, 혹은 어떤 목적을 위해 사용할
것인가(투자할 것인가 혹은 기부할 것인가 등등)를 생각 한 후, 1,000달

러를 사용하기 때문이다. 이와는 반대로 정부가 100만 달러 혹은 10억 달러를 어떤 프로젝트에 사용하고자 하는 경우, 정부는 자기가 하는 일이 과연 모든 사람들을 위해 옳은 일인가를 먼저 따져보지는 않을 것이다. 오히려 정부는 국민들을 가난하게 만들 가능성이 더 높다. 정부가 쓰는 돈이 어디에서 온 것인가를 살펴보면 더 확실하게 알 수 있다. 정부가 쓰는 돈은 열심히 일한 납세자들로 부터 온 돈이다. 당신과 나는 돈을 벌기 위해 노력하지만, 정부는 돈을 벌기 위해서 세금을 거두든지 혹은 돈을 찍는 것이다.

제 11 장
빵과 서커스: 인기영합적인 정부의 계획들

생각해 봅시다.

🏠 NASA(미 항공우주국) 는 돈과 인명을 낭비 한다.

🏠 빈곤과의 전쟁은 빈곤 을 퇴치하는 데 실패 했다.

🏠 1980년대는 "탐욕의 10년"이 아니었다.

🏠 사회 안전(Social Security)은 사회적이지도 않고 안전하지도 않다.

우리들은 그때 교실에서 나눗셈과 다른 중요한 이슈들을 공부하고 있던 중이었다. 크게 놀란 선생님이 복도를 뛰어 달려와서 문을 열고 "방금 우주 셔틀이 폭발했다!"고 외쳤다. 선생님은 얼마 전에 교실에 TV세트를 설치하기위해 고생 했고(바퀴 달린 스탠드 위에 설치된 TV 였다 — 당시 가톨릭계 초등학교 들에는 오디오/비디오 장치를 설치하지 못하게 했다), 그래서 그날 그 선생님 반의 학생들은 발사 장면을 TV를 통해 시청할 수 있었던 것이다. 이 특별한 셔틀 발사는 다른 경우보다 훨씬 더 유명했다. 왜냐하면, 학교 선생님인 크리스타 매컬리프(Christa McAuliffe)가 우주인으로 승선했기 때문이다. 그러나 1986년 운명의 날, 챌린저호가 폭발하고 추락하는 바람에 학생들의 기쁨은 비탄으로 바뀌고 말았다.

이 비극에 대한 일차적인 반응은 비판이었고, 그 다음에 사람들은 왜 그런 사고가 일어났는지를 알고자 했다. 불행하게도 챌린저호의 비극은 우주를 향한 인류의 위대한 도전에 수반되는 그런 위험 때문에 발생한 것은 아니었다. 차후 지속적인 조사를 통해 밝혀졌지만, NASA(미국항공우주국)는 셔틀의 비행에 부수되는 위험을 관리하는 데 정말 형편없는 조치를 취하고 있었다. 사건이 발생한 후 미 항공우주국 관리자들은 전형적인 관료들처럼 행동했다. — 그들은 서로를 비난하기 바빴고, 다음과 같은 문제들을 해결하는 데 실패했다.

NASA: 불필요하게 위험하다

챌린저 폭발사고에 관한 대중적이고 기술적인 정보를 포함하고 있는 책은 노벨상 수상자인 리차드 파인만(Richard Feynman's)의 *What Do You Care What Other People Think?* (다른 사람들의 생각에 대해 당신은 어떻게 생각하십니까?)이다. 로널드 레이건 대통령은 이 사건을 조사하기 위한 '로저스 위원회'의 위원장으로 파인만을 임명했다. 파인만은 이름을 밝히기를 원하지 않는 내부자로부터 조언을 받았고, 폭발 관련 부스터 로켓의 오자 모형 링(O-Ring)이 담당하는 역할을 발견했다. 파인만은 TV로 중계된 청문회에서 얼음물 컵에 조임쇠(clamps)를 사용해서 오-링의 물질을 담가 보이며 문제를 지적했다. 오-링은 얼음물 속에서 곧 부서지고 말았다(챌린저 호 폭발사고가 난 날 아침 발사대에는 얼음조각들이 붙어 있었다).

파인만이 그의 소수자 견해 보고서에서 밝힌 것처럼 — 그의 보고서는 여러 차례의 탄원과 수정 끝에 공식보고서의 부록으로 채택될 수 있었다 — NASA(미 항공우주국)에 만연하는 문화가 그 같은 위험을 조장했다는 것이다. 예컨대 NASA의 엔지니어들은 지휘계통으로 올라가는 과정 중에 삭제되어 버린 특수한 문제점들이 내포하고 있는 위험들을 알고 있었다.(한 엔지니어는 파인만에게 셔틀이 실패할 확률은 상부에 보고된 확률보다 사실은 거의 100배에 이르는 것이었다는 사실을 말해주었다.) 2003년 발생한 콜럼비아호 사건은 엔지니어들이 평가한 바 — 그리고 파인만과 그의 비판적인 부록이 말하는 바 — 가 진실에 더 가까운 것임을 알려준다.

NASA의 문제점은 어떤 특정 개인 때문에 야기되는 것은 아니다. 누구도 미 항공우주국 최고급 관리자들이 인간의 생명을 소홀히 취급 한다고 말하지 않는다. 반면에 정치 경제학적 통찰력은 이 같은 실패 사건들이 단순히 운이 나빠서 일어난 일일 뿐이라고 생각할 수는 없도록 한다. 미 항공우주국과 같은 기구가 성취하기를 갈망하는 것들이 두 번의 셔틀 사고와 같은 사고를 유발하는 데 기여했고, 기구 내의 문화는 그 같은 사건이 미래에는 발생하지 않도록 방지하도록 하는 데 오히려 장애요인이 되었던 것이다.

가장 현저한 위험의 근원은 일차적으로 인간이 탑승하는 비행 그 자체에 있었다. 대부분의 관찰자들은 인간이 탑승한 우주선들이 성취한 과학적 기술적 업적들은, 무인 인공위성을 통해서도 성취 가능한 것들이었다고 보고 있다. 그러나 NASA와 같은 정부 기구들은 — 국민의 까다로운 변덕에 복종해야 하는 의회로부터 자신들의 예산을 타내야만 하기 때문에 — 우주탐험은 대단히 멋있는 일이라는 사실을 지속적으로 연출해야 할 필요가 있었던 것이다. 이 같은 목표는 삡~삡~ 소리를 내는 로봇을 우주에 보내는 것보다 매컬리프 같은 민간인 선생님을 보냄

정말로 그것은 인류의 거보(巨步)였다.
(A Giant Leap, Indeed)

불한당 같은 물리학자인 리차드 파인만은 대통령위원회로부터 탈퇴, 챌린저 폭발 사건의 근본부터 살펴보고자 했다. 정부가 공식적으로 알고 있었던 챌린저호 실패 확률이 10만분의 1이었다는 사실을 알게 된 파인만은 NASA 엔지니어들을 모아서 한 집단을 만든 후, 엔진 결함(다른 부분의 결함은 제외하고) 때문에 셔틀이 실패할 확률이 얼마나 되는지를 평가해 달라고 요구했다. 엔지니어들은 대체로 엔진이 실패할 확률이 1/200 혹은 1/300 정도 될 것이라고 평가했다. 반면에 엔지니어 출신 경영진 한 사람은 어떻게 평가할 것인가의 방법에 대해 아주 간략한 언급 몇 마디만을 제시했다. 성공할 확률을 구체적으로 적어 달라는 파인만의 압력에 못이긴 그 관리자는 처음에는 "100%"라고 대답했다. 다른 기술자들이 충격을 받은 모습을 하자 그 관리자는 "에-, 거기서 빼기 엡실론"(임의의 아주 작은 숫자)이라고 급히 추가했다. 엡실론을 정의해 달라고 압박하자 그는 1/100,000이라고 대답했다. 그는 나중에 파인만에게 자신의 주장을 증명하는 자료들을 추가로 보냈다. 거기에 대해 파인만은 다음과 같이 논평했다:

> [보고서]는 "미션이 성공할 확률은 거의 1.0에 가깝다"는 식으로 말하고 있다. 그러나 그것은 성공할 확률이 1.0에 가깝다는 말인가? 혹은 1.0에 가까워져야 한다는 말인가? 역사적으로 보았을 때 이처럼 높은 성공 확률은 인간이 탑승한 우주선과 무인우주선 계획에 관한 철학적 문제를 제기한다. 즉, 이 문제는 수치상의 확률 대 공학적인 판단의 문제인 것이다. 내가 말할 수 있는 바는 "공학적인 판단"은 결국 숫자로 만들어지게 될 것이라는 점이다! 보고서는 거의 모든 것을 계량화했다. 모든 것들이 다 숫자로 적혀 있었다. "HPHTP 파이프가 폭발할 확률은 10^{-7}"처럼 말이다. 그러나 우리들이 사물을 그런 식으로 평가할 수는 없다. 10,000,000분의 1이라는 확률은 실제로는 측정 불가능한 것이다. 엔진의 각 부품들의 실패할 확률을 선별해서 누적하여 1/100,000같은 수치의 확률을 얻을 수 있다는 사실은 분명하다.[1]*

역자 주: 고장 날 확률이 1/100인 부품 3개가 동시에 고장이 나면 사고가 발생한다고 가정하고 사고확률을 0.01×0.01×0.01=0.000001, 즉 1,000,000분의 1이라고 계산하는 것과 같은 방식을 의미한다.

이 책 읽어 봤나요?

What Do You Care What Other People Think? (다른 사람들의 생각에 대해 당신은 어떻게 생각합니까?) by Richard Feynman; New York: W.W. Norton, 1988.

으로써 훨씬 더 쉽게 달성될 수 있었던 것이다.

NASA의 관리자들이 설정한 높은 수치의 셔틀 안전성에 대해 생각해 보자. 그들이 당면한 인센티브를 고려했을 때 이것 역시 아주 합리적인 행동이다. 더 많은 예산을 따내기 위해서 NASA의 공식적인 보고서가 셔틀 계획을 마치 죽음의 덫인 것처럼 묘사할 수는 없는 일이다. 관리자들이 셔틀은 잘못되지 않을 것이라고 믿고 있는 한, 그들이 희망적인 가장 높은 수치를 성공할 확률로 제시하는 것은 완벽하게 합리적인 일이다. 모든 엔지니어들의 관심사를 공개적으로 노출시키는 것은, 자신들의 프로젝트를 위해 지원금이 필요한 NASA의 비판자들에게 좋은 탄약을 제공하는 것과 같다.

챌린저 호 폭발사건이 있은 후에도 파인만의 비판을 과소평가하거나 억압하려는 시도가 있었다는 점 역시 완벽하게 이해할 수 있는 일이다. 물론 어떤 사람도 더 많은 우주인이 희생되어야 한다고 생각하지는 않는다. 그러나 파인만처럼 돌출행동을 하는 사람의 준열한 비판적 보고서는 이 문제를 전문적으로 알지 못했던 국회의원들로 하여금 셔틀 프로그램을 전면적으로 폐기시킬 수 있게 만들 수 도 있을 것이다. 이 같은 관점에서 볼 때, 몇 가지 면피용 광고(그것이 어느 정도 부정확한 것일지라도)는 평생을 우주계획에 바친 사람들이 할 수 있는 완전히 이성적인 일이라고 말할 수 있을 것이다.

우주: 민간부분이 담당하기에는 너무 넓다?

물론 NASA의 운명에 관한 이야기들은 연방정부가 로켓과 셔틀을 우주로 쏘아보내기 위해 수십억 달러를 사용할 수 있는 적절한 역할을 담당하고 있음을 전제로 한다. 우주개발 계획을 지지하는 사람들은 인간이 달에 착륙했다는 사실, 그리고 다른 획기적인 업적들을 NASA의 예산을 정당화시키기 위한 좋은 수단으로 활용한다. 결국 민간부분(private sector)은 아폴로 우주계획에 돈을 대지 않을 것이며, 그렇기 때문에 연방정부가 당연히 우주개발 비용을 대야 한다는 것이다. 이 같은 관점을 더욱 노골적으로 나타내는 사람들, 즉 정부의 지출을 지지하는 사람들은 입자가속기(particle accelerators), 대형 망원경, 대형 댐, 심지어 야구장 등 공동체의 이익을 위해 유용한 프로젝트들은 민간분야의 돈을 동원하기에는 너무나 큰 것들이라고 말한다.

이 같은 생각이 황당하다는 사실은 의회가 이처럼 수십억 달러에 이르는 사활적으로 중요한 프로그램에 대기 위한 돈을 어디로부터 거두어들이는 것이냐를 보면 곧바로 알 수 있다. 이 엄청난 돈을 거두어들이는 원천은 바로 민간부문이 아닌가! 케네디 대통령이 미국은 인간을 달에 착륙시켜야만 한다고 결심했을 당시, 그는 진공 속에서의 운동에 관한 물리학자들의 이해 증진에 기여한 것이 아니고, 미국의 철강, 휘발유, 그리고 이 같은 과감한 임무를 수행하기 위해 필요한 자원 부존량의 증가에 기여한 것도 아니다. 케네디의 결정으로 발생하게 된 일은 다른 곳에 사용될 수 있는 수십억 달러의 돈을 달 표면에 미국의 깃발을 꽂기 위한 (그리고 몇 개의 돌을 채취하기 위한) 노력에 전용한 것이다.

"보이는 것, 그리고 보이지 않은 것"이라는 제목의 유명한 에세이에서 프레데릭 바스티아(Federic Bastiat)은 정부가 돈을 쓰는 프로그램들이 눈에 보이는 이익을 넘어서는 것들인지를 알아볼 필요가 있다고 주장했다. 어떤 프로그램이 과연 돈을 쓸 만한 것인가를 이해하기 위해 우리는 그것이 주는 이익과 비용을 비교해 보아야만 한다. 정부는 우주계획을 위해(혹은 운동경기장을 건설하기 위해), 더 좋은데 사용되어야 했을 지도 모를, 희소한 자원을 사용함으로써 눈에 보이는 이익을 가져다준다. 그러나 정부가 이 같은 일을 하기 위해 다른 종류의 생산과 서비스를 포기해 버렸다는 사실도 알아야 한다.

자본주의를 비난하는 사람들은 이익과 손실에 관한 테스트는 자의적이며 투박한 것이라고 (잘못) 생각하고 있다. 이런 생각과는 반대로, 이익과 손실에 관한 테스트는 자원이 어떻게 활용되어야 하는가에 관한 소비자들의 선호를 알 수 있게 하는 필수적인 바로미터를 제공한다. 예컨대 사람들이 "사기업들이 하기에는 이익이 나지 않는 일이기 때문에" 정부는 운동장 건설 혹은 버스 서비스를 위해 돈을 지불해야 한다고 말했다고 하자. 이 말이 진정으로 의미하는 바는, 소비자들은 이익이 남는 재화와 서비스에만 돈을 쓴다는 말이다. 정부가 세금을 거두어서 운동장을 건설했다면 그것은 사람들의 기호를 정부가 갑자기 바꿀 수 있다거나, 혹은 난데없이 그럴 수 있는 재원을 창출했기 때문이 아니다. 정부가 그런 일을 한다면 그것은 시민들의 자발적인 선택을 억누르고 시민들의 돈을, 정치가들이 정치적 목적으로 선호하는 품목에 지출하는 것일 뿐이다.

자본가들: 돈만 아는 인간들인가?

감각이 있는 사람들은 앞에서 다룬 문제들을 심각하게 인식하고 있다. 그러나 그들은 '돈 보다 더 중요한 그 무엇이 있다'는 사실을 확실히 인식하고 있으며, 어떤 행동이 돈을 벌게 하지는 못한다 해도 꼭 해야만 할 가치가 있는 일이라는 사실을 안다. 과학실험 혹은 다른 종류의 고귀한 일들처럼, 돈벌이가 되지 않는 일이 있지만 그럼에도 불구하고 그런 일들은 대단히 소중하다. 이러한 견해를 가진 사람들은, 자유 시장에서 할 수 없는 이 같은 일들에 돈을 대주는 역할을 담당해야 하기 때문에 정부가 필요한 것이라고 결론을 내린다.

그러나 이 같은 주장은 그 논리적 근거가 아주 허약한 것이며, "이익이 발생한다는 것"이 무엇인지를 아주 좁은 의미로 정의하고 있는 것이다. 진정한 자유 시장일 경우에도, 시장에 내다 팔 수 없는 물건을 산출하는 일을 하는 사람들이 살아남을 수 있다. 예컨대 1천만 달러짜리 상금이 붙은 'X대상'(이 상은 2004년 우주선 1호를 비행한 버트 루탄[Burt Rutan]에게 수여되었다)은 이윤을 추구하는 투자자에 의해서가 아니라 우주에 대해 광적인 관심을 가지고 있던 사람들(이들 중에는 소설가인 톰 클랜시[Tom Clancy]와 아더 클라크[Arthur Clark]도 포함되어 있다)에 의해 만들어진 것이다. 민간인 우주선 개발을 지원하기 위해 이 같은 상이 만들어졌던 것이다.

개인적인 박애주의자들 또한 순수하게 추상적인 연구를 지원할 수 있다. 예컨대 클레이 수학연구소(Clay Mathematics Institute, CMI)는 고전적인 수학문제 7개를 제시하고 각각의 문제를 풀 수 있는 사람들에게 100만 달러의 상금을 제공할 수 있는 돈을 모금했다. 이 문제들은(소수[素數: prime number]에 관한 유명한 리만[Riemann] 가설을 증명하거나 혹은 역의 경우를 제시하라는 등) 대단히 추상적인 것들이었다. 이 문제들을 다 해결한다는 일이 CMI로 하여금 그들이 "투자한 것"을 다 건질 수 있게 하거나, 새로운 생산라인을 보유하고 있는 경쟁사들보다 더 우월

한 지위를 차지하도록 도와주는 것은 아니다. 다른 예를 들어보자. 천주
교회는 예술가 혹은 다른 장인들을 지원하지만, 바티칸은 신도들이 십
일조를 더 잘 내도록 하기 위해 노력해보라는 임무를 미켈란젤로에게
부여했던 것인가?

 "공적"인 기금 모금(public funding)에 관한 논란은 물질주의 대 이념주
의에 관한 것이 아니다. 오히려 그것은 시민들에게, 자신들의 돈을, 자신
들이 지지하는 어떤 일에 대해서든 마음대로 쓸 수 있도록 하는 것과 정
부가 시민의 돈을 빼앗은 후 시민들을 위해 쓴다고 하는 것 사이의 대립
이다. 정치를 활용해서 시장을 제압해야 한다고 주장하는 사람들은 개인
의 선택보다는 정부의 강요가 더 좋은 것이라고 주장하는 사람들이다.

납세자들에 대항한 LBJ(린든 B 존슨) 대통령의 전쟁

 자본주의에 반대하는 가장 큰 이유 중의 하나는 규제되지 않는 자본
주의는 대규모 빈부격차를 유발한다는 비판이다. 비록 지금 거의 모든
사람들은 — 지식인들조차 — 공산주의는 작동하지 못하는 체제라는
사실을 인정하고 있지만, 아직도 자본주의를 공산주의의 대안으로 받아
들이는 데 주저하고 있는 사람들이 있다. 이들은 오히려 공산주의의 비
참함은 피하는 동시에 자본주의적 극단도 피할 수 있는 중간적인 방식
을 취하려고 한다. 20세기 동안 미국 시민들은 점점 더 정부 그 자체를
가난한 사람들을 대변하는 챔피언처럼 인식하기 시작했다. 그들은 가난
의 문제를 결단력의 부족 혹은 정치적 리더십의 실패라고 인식했다. 다
음과 같은 궤변 같은 질문 속에 이 같은 생각이 잘 포함되어 있다. "우
리는 달에 인간을 보낼 수도 있는데 왜 가난 문제는 해결할 수 없단 말

인가?"

이 같은 질문은 미국 사람들에게는 대단히 익숙한 질문처럼 보이지만, 이 질문은 세상에 관한 단순한 진리에 반(反)하는 것이다. 일부 보수주의자들은 정당한 이유로 이러한 질문을 비하(卑下)할 수 있다. 왜냐하면, 이 질문은 문제와 관련된 본질

자본주의 옹호자가 한 말

"자유방임 경제를 주장하는 사람들이야말로 인간의 권리를 옹호하는 유일한 사람들이다."

Ayn Rand, *The Virtues of Selfishness* (이기주의의 도덕성)

적인 차이점을 인식하지 못하고 있기 때문이다.(문자 그대로 말하자면, 이 질문은 정부는 노숙자들을 우주로 추방해 버릴 수도 있다는 의미도 될 수 있는 것이다.) 이런 질문은 연방정부의 개입을 지지하는 사람들의 입장을 상당 부분 받아들이는 일이 될 수도 있다. — 미 항공우주국은 결코 정부가 성취한 것 중의 귀감으로 취급받지 못하기 때문이다.(셔틀과 더불어 그 이전에 발생한 사고들은 물론, 십억 달러짜리 허블 망원경도 문제가 있었고, 1999년에는 화성 오비터 때문에 1억 2,500만 달러를 손해 본 일도 있었다. 미터법과 영국식 측정 단위 사이의 혼동 때문에 초래된 사고였다.) 이상의 관점에서 보았을 때 다음의 비교는, 역설적인 일이기는 하지만, 정당한 것이다. 연방 정부가 수십억 달러를 낭비하고 우주계획으로 인해 많은 생명을 희생시켰다면, 그런 정부가 왜 가난한 사람들도 그렇게 희생시키지 못하겠는가?

정부는 오히려 가난한 사람들을 더욱 파멸시키고 있다. 1964년 존슨 대통령이 '빈곤과의 전쟁'을 선포한 이후, 정부 주도의 빈곤퇴치 계획을 위해 7조 달러의 돈이 투입되었다. 그러나 이 같은 조치들이 빈곤을 해

욕망의 10년?

연방정부의 빈곤퇴치 계획을 비판하는 사람들은 종종 가난한 사람들을 돌보는 일에는 전혀 관심이 없는, 따뜻한 심장이라곤 없는 냉혹한 이라고 비난당하고 있다. 그러나 불쌍한 사람들을 돌봐줘야 한다고 주장하는 사람들이 어떻게 그토록 비인간적인 복지국가(Welfare State)를 지지할 수 있겠는가? 개인적인 애타주의자들은 재산권을 존중할 뿐만 아니라 정부의 돈을 지원받는 사람들을 더욱 정중하게 대하고 간접비용이나 부정행위 등에 기금이 낭비되지 말아야 한다고 생각한다. 정부가 납세자들에 돈을 다시 돌려주는 일은 가난한 사람들에게 돈을 더 주는 것과 같다. 레이건 대통령은 1981년 한계세율(marginal tax rate)을 대폭 낮추었는데, 이 시기를 욕망의 시대라고 부르는 사람들이 있었다. 그러나 레이건의 정책 덕택에

🏠 전체적인 기부금이 56%나 늘었고

🏠 자선단체에 대한 기부금은 그 이전 25년보다 55% 빠른 속도로 늘어났으며

🏠 기여금의 증가는 전체적인 미지급된 월부 구매자의 외상 총액(total outstanding consumer credit)보다 빨리 증액되었다.

🏠 1955년부터 1980년에 이르는 기간 동안의 사례들을 관찰한 결과 얻어진 자선 기부금과 GDP, 세율 및 다른 요소들 간에 성립된 상관관계에 의할 때, 1980년대의 실질적인 기부금은 기대되었던 기부금의 액수를 매년 넘어서서 연평균 160억 달러에 이르렀다.[2]

소하는 데 얼마나 좋은 영향을 미쳤는지에 대해서는 논란이 많다. 예컨대 1959년부터 1964년 사이 빈곤율은 정부의 개입이 없었음에도 불구하고 22.4%로부터 19.0%로 낮아졌다.[3] (존슨 대통령의 지지자들은 그렇지 않다고 주장하겠지만) 정부가 발표한 공식적인 빈곤율의 저하는 그 후 몇 년 동안 속도가 더욱 빨라졌다. 그러나 존슨 행정부의 빈곤과의 전쟁에 대한 변호는 큰 그림을 간과한 것이다. 그토록 대규모의 연방예산이 투입되었음에도 불구하고 1960년대가 끝날 때까지 본격적인 변화는 나타나지 않았다. 찰스 머레이(Charles Murray)는 다음과 같이 설명한다:

가난을 퇴치하기 위해 돈을 사용할 수 있도록 한 의회의 대대
적인 입법 승리는 1967~1968년에 이르기까지는 사람들의 생활에
영향을 미치기 시작하지도 못했다. 1970년대까지도 전반적인 영향
은 나타나지 않았다. 내재하고 있는 원칙들은 일찍이 변화되었다.
궤변은 더 일찍 시작되었다. 정책을 집행하는 기구들도 더 일찍
일을 시작했다. 그러나 존슨 대통령이 의회의 헤게모니를 쥐고 있
었던 1964년~1966년 기간 동안, 국회의 승인을 받았던 미국 국민
들의 수입유지 및 사회적 행동을 위한 프로그램은 존슨 대통령 재
임 기간 전체를 고려할 때 상대적으로 그 범위도 좁았고 투입된
예산도 적었다.[4]

이 같은 관점에서 보면, 우리들은 '빈곤과의 전쟁'과 통계조사국
(Census Bureau)이 발표한 공식적인 빈곤 관련 통계에 대해 완전히 다른
해석을 할 수밖에 없을 것이다. 존슨 대통령의 '위대한 사회(Great
Society)'가 전면적으로 출범하기 이전 빈곤비율은 이미 서서히 감소되기
시작하고 있었다. 존슨 대통령의 계획이 본격적으로 출범할 무렵 빈곤
비율은 대체적으로 현상을 유지하고 있던 상황이었다. 그리고 그 이후
35년 동안 빈곤 비율은 대체로 비슷한 수준에서 유지 되었다.(경기침체
기간 동안 빈곤 비율이 증가된 적도 있었다.)

돈이 부족한 것은 문제가 아니었다. 정부가 지원한 결과, 가난한 사
람들의 의타적인 성향(culture of dependency)이 더욱 조장되었고, 그렇게
함으로써 오히려 그들을 영속적으로 가난에서 벗어나지 못하게 했다.
복지정책 전문가인 로버트 렉터(Robert Rector)는 다음과 같이 말한다:

지난 30년 동안 존재했던 미국의 복지 체계는, 각 주 마다 약간

씩 다르기는 하지만, 아이를 2명 기르는 미혼모에게, 여러 가지 복지혜택을 포함, 평균 8,500달러에서 15,000달러 정도에 해당하는 "급여"를 제공했던 체계라고 개념정리 할 수 있다. 미혼모는 마치 정부(政府)와 계약을 맺은 것과 같았다. 그 미혼모는 두 가지 조건을 충족시키는 한, 미국 정부로부터 지속적으로 "급여"를 지급받을 수 있었다: 1. 그녀는 일을 하면 안 된다.* 2. 그녀는 직업이 있는 남성과 결혼하면 안 된다.

연방의 복지 프로그램이 가난한 사람들을 돕는 데 기여했다고 주장하는 사람들에 대해 토마스 소웰(Thomas Sowell)은 다음과 같이 반박한다:

삶에 대한 긴급 구조를 위한 복지제도가 결혼하지도 않은 채 임신한 여인들에게 생활비를 지원하는 방식으로 바뀐 사회주의적 복지국가(liberal welfare state)에서 살게 된 — 수백 년 지속된 노예생활과 인종차별로부터도 살아남았던 — 흑인 가족들은 급속한 속도로 와해되기 시작했다.

'빈곤과의 전쟁'과 같은 정부의 사회적 프로그램은 도시의 폭동을 감소시키기 위한 방편으로 생각되었다. 이 같은 계획들은 1960년대 동안 대폭 증가되었다. 그러나 이 무렵 도시의 폭동도 함께 증가되었다. 그런데 사회적 프로그램들을 진전시키지 못했다고 비난받는 레이건 대통령 재임 당시, 도시의 폭동 발발 빈도는 오히려 대폭 감소되었다.

역자 주: 직업을 가지게 되어 어느 수준이상 수입이 있게되면 정부가 미혼모에게 주는 복지혜택은 없어지게 되어 있다.

흑인들의 경제생활을 향상시키겠다는 법률안과 정책들이 시행되기 약 10년 전부터 흑인들의 경제 형편은 좋아지고 있었다. 그러나 1960년대 동안 흑인들의 경제사정은 더 나아지지 못했다. — 반복한다. 더 나아지지 못했다.

> ✴ ✴ ✴ ✴ ✴ ✴ ✴ ✴
>
> ### 우주: 마지막 프런티어
>
> 우리는 인간을 달에 보낼 수도 있는데 왜 빈곤을 퇴치하지 못하겠는가? 좋은 질문이다. 그러나 결국, 연방정부가 우주계획으로 수십억 달러를 낭비했고 많은 목숨을 희생시킬 수 있었다면, 정부는 가난한 사람들에게도 그렇게 할 수 있지 않겠는가?

빈곤층에 속하던 흑인가구 비율은 1940년에는 87%였는데 1960년에는 47%로 낮아졌다. 이 기간은 민권을 위한, 혹은 가난을 퇴치하기 위한 어떤 법안이나 프로그램도 만들어지지 않았던 시기였다. 60년대 흑인 가구의 빈곤비율은 17% 더 낮아졌고 1970년대에는 1% 더 낮아졌다. 그러나 이 같은 흑인 가구 빈곤비율의 지속적인 감소는 그 전례가 없었던 것도 아니고, 특별히 '빈곤과의 싸움'이라는 정책의 덕택 때문도 아니었다.

사실 각 분야에서 재능을 발휘하기 시작한 흑인들의 수입은 1936년부터 1959년 기간 동안, 백인들의 수입과 비교할 때, 상대적으로 두 배나 늘어났다. 이 시기는 모든 종류의 복지계획이 가동되기 시작한 마술의 1960년대가 시작되기 이전이었다. '인권법(Civil Right Act)'이 통과된 1964년 이후 5년이 지난 시점보다 인권법이 제정되기 5년 전에, 각종 전문직과 사회적으로 고위층의 직업을 차지하고 있던 흑인의 숫자가 오히려 더 많았다.[5]

알기 쉬운 경제학

폰지 계략(Ponzi Scheme): 정상적인 기업 활동을 통해 벌 수 있는 것보다 훨씬 더 많은 이익을 투자자에게 가져다 줄 것이라고 하는, 즉 투자를 하면 비정상적일 정도로 엄청난 수익을 올릴 수 있다고 하는, 사기성이 농후한 투자 작전을 말한다. 1920년대, 돈을 투자하면 45일 이내에 50%의 이익을 남겨 주거나 90일 투자 시 100% 이익 — 우편으로 답장을 보낼 수 있는 쿠폰을 제공하며 — 을 약속했던 찰스 폰지(Charles Ponzi)의 이름을 딴 것이다. 수천 명 이상이, 도합 1,500만 달러를 투자했지만 연방정부가 이를 금지하기 이전, 투자자들이 돌려받은 돈은 투자 액수의 1/3에 불과한 돈이었다.

신성불가침의 사회보장제도(Sacrosanct Social Security)

뉴딜정책이 남긴 불행한 유산의 하나는 미국 정치에 둘러 쳐놓은 세 번째의 담장, 즉 사회보장제도이다. 많은 미국 사람들은 사회보장법이 존재하기 이전의 시대를, 몸이 아플 때 혹은 갑자기 사고가 났을 때 아무런 방안도 없이, 언제라도 위험에 처할 수밖에 없었으며, 늙은 사람들은 은퇴 이후의 안락한 삶을 살 수 없었던, 무시무시한 시대로 생각하고 있다. 미국 국민들은 이처럼 무지몽매했던 환경으로부터 국민을 구출하기 위해 연방정부가 나선 것이라고 생각한다. 그래서 사회보장에 관한 법률안들이 제정되었다고 생각하고 있다.

정치적으로 인기 있는 다른 프로그램들의 경우와 마찬가지로, 사회복지법안의 주창자들 역시 선한 의도를 가지고 있었다. 그러나 그들은 바람직한 일일 경우, 정부는 반드시 그 일을 해야만 한다는 잘못된 가정을 하고 있었다. 뇌혈전 혹은 교통사고로 인해 갑자기 남편을 잃게 된,

그러나 여러 명의 아이를 길러야만 하는 가난한 과부의 경우는 정말로 비극적인 일이 아닐 수 없다. 바로 이 같은 이유 때문에 자본주의 사회는 보험 제도를 발전시킨 것이다. 어떤 사람이 40년 동안 부지런히 일을 했는데도 불구하고 은퇴한 후 고양이 밥을 먹고 연명해야만 하는 처지가 되었다면, 그것은 정말로 부끄러운 일이 아닐 수 없다. 그래서 은행과 상호기금(mutual funds)들이 저축성 투자와 투자계획 상품을 제공하는 것이다.

부성애적인 주장도 현대의 사회보장제도를 정당화 시키지는 못한다. 제멋대로 행동한, 혹은 무지한 개인들이 재앙적인 상황에 처하게 되었을 때, 모든 고통을 그들 스스로 감당해야만 하는 사회를 미국 국민들이 결코 받아들이지 않을 것이라 하더라도, 그것이 사회복지제도의 존재를 정당화시켜 줄 수는 없다. 미국 사람들은 도움이 필요하거나 불행한 상황에 처한 사람들을 전문적으로 돕는 기관에 자발적으로 헌금을 하는 사람들이다. 정부는 사고를 당한 사람들에 대한 보험금 혹은 은퇴자에 대한 연금 지급을 "보장"해야 할 의무가 있다고 생각하는 사람일지라도, 왜 정부만이 그같이 "보장된" 보험 제도를 집행해야 하는지에 대한 타당한 이유를 제시 할 수 없을 것이다. 결국 정부는 모든 운전자들에게 사고가 날 경우에 대비, 반드시 보험에 가입할 것을 강제하고 있다. 그러나 운전자들은 정부에게 보험료를 내거나, 교통사고시 청구를 하지 않아도 된다. 자동차 보험 산업은 여전히 민간 부분에서 운영되고 있다.

슬픈 진실은, 사회보장제도를 통해 정부는 쉽게 돈을 빌릴 수 있게 되었다는 점이다. 매년 거두어들인 세금이 사회보장제도를 통해 지불되는 돈의 양보다 더 많을 경우, 연방 정부는 사회보장 "신탁기금"에 재무부 차용증서를 남겨 두는 방식으로 남은 돈을 다른 데 사용할 수 있을 것이다. 그러나 이처럼 쉽게 돈을 벌 수 있는 노다지판은 곧 인구통계학적인 현실에 부딪히게 될 것이다. 은퇴한 미국인들에 비해 일할 수 있는 미국인의 비율이 점차 낮아지게 될 것이며, 이에 따라 우리는 곧 사회보장제도를 위해 내야 할 세금액이 사회보장을 위한 지출을 감당하지 못할 시점을 맞이하게 될 것이다. 그런 순간이 올 경우 루스벨트 대통령이 행했던 폰지 계략은 붕괴되고 말 것이며, 좌파들도(우리들의 단순한 희망일지 모르지만) 연방정부로 전이된 계획들과 진정한 저축 및 투자 사이의 차이점을 이해할 수 있게 될 것이다.

✳✳✳✳✳✳✳✳✳✳

제 12 장
정부를 기업처럼 운영하라

매일매일 일과가 끝나면 통근자들은 콩나물시루같이 빼곡 찬 지하철로 몰려간다. 자연스러운 일이지만, 일부 승객들은 덜 복잡한 다음 열차를 기다리기도 한다. 그러나 출근시간일 경우 모든 열차는 물리적인 승차 인원의 한계를 넘길 정도로 많은 승객이 승차하기 마련이다. 이 같은 상황은 너무나 나빠서, 몸이 약한 사람 혹은 늙은 사람, 병에 걸린 사람들은 복잡한 지하철을 하루에 몇 시간 동안은 이용할 수가 없을 것이다. 그렇다면 대중교통 수단이 가지고 있는 이 같은 문제점은 누구를 탓해야 하는 것인가? 우리들이 열정이 없어서 그렇게 된 것인가? 우리 사회가 노동자를 마치 비인간적인 산업화 시대의 소떼처럼 취급하고 있다는 사실을 반영하는 것인가? 지하철에 사

생각해 봅시다.

🏠 낭비 혹은 열악한 서비스는 정부가 소유한 기업에서 충분히 예상될 수 있는 일이다

🏠 도시와 도시를 여행하는 사람 중에서 단지 0.5%만이 앰트랙(Amtrack)을 이용한다. 앰트랙은 2005년 한 해 동안 10억 달러의 적자를 냈다.

🏠 우체국의 문제점은 비, 진눈개비 혹은 눈이 아니다: 더 큰 문제는 수백만 개의 소포를 잃어버린다는 사실과 수십억 달러의 빚

을 지고 있다는 사실이다.

🏠 정부의 "규제 완화 조치"는, 캘리포니아 전기회사의 규제완화 조치처럼, 가짜일 경우가 있다.

람이 많다는 사실을 인종주의로 몰아가는 사람도 있을 것이다. 꽉 찬 지하철에서 고생하는 사람들은 대부분이 흑인이니까.

위에서 설명한 사실들에 내재된 문제는, 이 설명들이 정부의 서비스와 사기업의 서비스에서 야기되는 차이점을 간과하고 있다는 것이다. 꽉 찬 지하철로 달려가는 사려 깊지 못한 사람들이라도 좌석이 다 찬 후에는 표를 더 이상 팔지 않는 비행기를 탈 경우, 혹은 극장에 입장하는 경우에는 다르게 행동한다. 이처럼 행동에 차이가 나는 이유는 너무나 자명하기 때문에 이유를 설명한다는 것 자체가 우스꽝스런 일일 것이다. 사기업의 경우에는 그들의 승객이 즐거운 경험을 하기를 바란다. 그래서 고객들을 코와 코가 부딪힐 정도로 꽉 채워 태우는 일은 하지 않는다.

불행하게도 이 같은 고려들은 미국의 "공공" 지하철 체계를 관리하는 관료들의 사고 범위를 넘는 것이다. 결국 이 문제들을 해소한다는 일이 뉴욕시장을 위해, 혹은 뉴욕시장의 부하 공무원들을 위해 무슨 도움이 되는 것일까? 지하철 탑승 승객의 숫자를 강제로 제한하기 위해서는 직원을 더 고용해야 할 것이며(또는 지하철역의 플랫폼을 개조해야 하는데) 이를 위해서는 아마도 수백만 달러를 더 지출해야 할 것이다. 이처럼 더 필요한 돈은 지하철 운임을 올리든가 혹은 일반적인 세금을 더 많이 징수함으로써 마련할 수 있을 것이다. 그러나 이 두 가지 경우 모두 엄청난 정치적 반대에 직면하게 될 것이다. 그렇다면 무엇을 위해서 상황을 개선하겠는가? 다음 번 시장 선거에서 출퇴근 시의 지옥 같은 지하철 문제가 중요한 이슈로 대두될 가능성은 별로 높지 않을 것 아닌가?

이윤 대 관료주의

무시되고 있는 책이지만, 위대한 경제학자 루드비히 폰 미제스 (Ludwig von Mises)는 1994년에 간행된 명저인 『관료주의』(Bureaucracy)라는 책에서 사기업과 정부가 운영하는 기업의 본질적인 차이점에 대해 설명했다. 사기업들의 궁극적인 목적은 이윤을 추구하는 것이며, 그래서 대기업의 경우조차도, 정부 소유의 기업들에서는 전형적으로 나타나고 있는 현상인 낭비를 없앨 수 있는 것이다. 이것이 가능한 이유는, 사기업의 경우에는 작은 단위로 쪼개서 사업을 행할 수 있으며, 각 부서의 관리자들에게 다양한 접근 방법을 스스로 택할 수 있는 자유를 부여하기 때문이다. 이 같은 접근 방법이 가능한 이유는 언제라도 업무의 결과를 평가할 수 있는 객관적 기준이 있기 때문이다. 이러한 접근 방법은 이윤을 남길 수 있겠는가, 혹은 저러한 방법은 회사에 금전적 손실을 초래하겠는가? 하는 것이 객관적 기준에 의거하는 것이다.

미제스는 정부가 소유한 기업들은 사기업의 운영방식과는 완전히 다른 방법으로 운영되어야 한다고 주장한다. 정부 소유 기업들의 자금은 의회로부터 오는 것이고, 궁극적으로는 시민들이 강제적으로 낼 수밖에 없는 세금을 통해 제공되는 것이기 때문에, 공기업들은 "이득이 남는 한," 다양한 테크닉을 구사할 필요가 없는 것이다. 이처럼 제멋대로 된 정책은 학교들이 수백만 달러의 돈을 절약하기 위해 1년에 3개월만 강의를 하게 하거나 혹은 지방의 소방서가 보유하고 있는 모든 소방차를 다 팔아서 "기금을 마련"하는 일도 가능하게 하는 것이다. 그러나 사적인 영역에서는 이 같은 낭비가 야기될 걱정을 할 필요가 없다. 왜냐하면, 회사들은 그들이 필요한 자금을, 자발적인 고객들로부터 거두어들이는 방법 외에는 마련할 수가 없기 때문이다. 포크를 제공하지 않는 식당 주인은 곧 사업을 걷어치우지 않을 수 없게 될 것이다. 그러나 정부가 운영하는 기업들에게는, 즉 납세자들의 세금을 통해서, 혹은 독점적인 권리를 통해서 자금을 마련하는 공기업들에게는, 다른 규칙이 적용된다. 정부의 영역에서는, 소비자는 언제나 옳은 존재가 아니다. 관료들이 언제나 옳은 존재이다. 그리고 관료들은 고객들을 위한 서비스가 아닌(왜냐하면, 고객들은 정부 소유 기업을 파멸시킬 수 없으니까) 다른 것들을 생각하고, 효율적인 지출(cost effectiveness)을 고려하지 않는다.(그들이 효율적이 아니면 아닐수록 그들은 더 많은 돈이 필요하다고 주장할 수 있기 때문이다.)

앰트랙(Amtrak)

앰트랙(Amtrak: 미국이라는 의미의 "American"이라는 단어와 철도라는 의미의 "track"을 합쳐서 만든 말이다)의 이야기는 준정부 기관들이 나타내 보이는 전형적인 행태를 보여준다. 준정부 기관이란 일반적으로 사적인 영역의 기업이지만 정부의 통제를 받는 경우를 말한다.(여기서 기술적인 차이점이 있는 용어를 구분할 필요가 있을 것이다. 파시즘은 정부가 기업의 활동을 지시하는 경우를 말하며, 공산주의는 기업을 국가가 소유하는 것을 의미한다.) 앰트랙은 1971년 5월 1일, 참여하기를 원하는 몰락하는 개인철도 회사들을 파산시키거나 강화시키기 위한 목적으로 출범한(세금을 대폭 거두어들일 수 있고, 정부가 철저하게 규제하는) 철도 운송 회사이다. 비록 앰트랙에 참여한 사기업 철도회사들은 자신들이 기여한 자산에 해당하는 주식을 배당받았지만 우선주(preferred

stock)들은 모두 정부가 소
유하고 있다. 더 나아가 앰
트랙의 사장은 대통령이 임
명하게 되어 있고, 반드시
미국 상원의 인준을 받도록
되어 있다.

이 책 읽어 봤나요?
Bureaucracy (관료제) by
Ludwig von Mises; Grove
City, PA: Libertarian Press, 1994.

　출범 당시부터 앰트랙은 의회의 상충적인 목표 때문에 엉망이 되었
다. 상충적인 목표란, 앰트랙은 비행기 혹은 고속도로와 치열한 경쟁을
해야 함에도 불구하고 도시와 도시를 연결하는 철도체계를 유지해야 한
다는 점과, 재정적으로 자립할 수 있어야 한다는 것이었다. 앰트랙은
— 놀랍게도, 그리고 또 놀랍게도 — 두 가지 목표 중 어느 것도 달성하
지 못했다. 경제적인 현실 때문에 앰트랙 서비스는 해가 갈수록 나빠지
게 되었다. 예컨대 앰트랙은 피닉스(Phoenix), 라스베가스(Las Vegas), 내
쉬빌(Nashville), 데이턴(Dayton), 툴사(Tulsa) 혹은 콜로라도 스프링스
(Colorado Springs) 등 인구 50만 명이 넘는 도시들에도 운행하지 못하고
있을 정도이다. 이처럼 지리적으로 보았을 때 앰트랙은 운송회사로서
충분한 능력을 가지고 있지 못하며, 운임 역시 전혀 가난한 사람을 위한
것이 되지 못한다. 가격을 비교해 보자. 2007년 2월 기준으로 뉴욕의 펜
(Penn) 역에서부터 워싱턴의 유니언(Union) 역까지의 앰트랙 철도 왕복
운임은 등급에 따라 134달러에서 346달러였다.(같은 구간, 피턴 팬 버스
회사의 고속버스 운임은 비록 시간이 더 걸리기는 하지만 69달러였다.)
　자, 지금 민간인이 운영하는 철도회사가 같은 서비스를 제공한다고
하자. 그 경우 여행객들이 버스 대신 철도를 탄다면 그 이유는 여행자들
이 속도와 안락함을 선호하기 때문이라고 정당화 될 수 있을 것이다. 그
래서 고객들은 비싼 돈을 주고 기차를 타는 것이며, 이 같은 정당화는

회사가 이익을 창출하느냐의 여부에 따라 진위가 판단될 것이다. 마찬가지로 민간 기업이 철도를 운영할 경우, 이윤을 창출하지 못하는 노선을 폐쇄하는 것은 당연히 받아들일 수 있는 일이다.

그러나 바로 이 부분에 앰트랙과 민간 철도회사의 다른 점이 있다. 앰트랙은 운행하는 도시를 줄인 이유와 운임이 비싼 이유를 경제적인 효율성에 의해 결정된 사안이라고 변명할 수 없다. 왜냐하면, 앰트랙은 회사가 출범한 이후 단 한 해도 흑자를 기록한 적이 없기 때문이다.[1] 2005년 앰트랙은 미국 연방정부로부터 무려 12억 달러의 지원금을 받아야만 했다. 앰트랙은 모든 분야에서 적자를 보고 있었다.— 기차표 판매에서는 물론이고 식품과 음료 매점에서도 적자를 보고 있었던 것이다. 로스앤젤레스와 올란도를 연결하는 선셋 리미티드(Sunset Limited) 노선(路線)은 그 중에서도 최악이었는데, 앰트랙은 이 노선에서 승객 1명당 433달러의 적자를 냈다. 만약 이 노선이 폐쇄 되었다면 우리들은 세금을 그만큼 덜 낼 수 있었을 것이며, 앰트랙 고객들은 기차표 대신 비행기표를 받을 수 있었을 것이다.

처절한 사업기록을 가지고 있을 뿐만 아니라 누구나 탈 수 있어야 한다는 서비스조차 제공하지 못하고 있음에도 불구하고 앰트랙은 아마도 망하지 않고 비틀거리면서 버틸 것이다. 결국 〈리즌(Reason's)〉 잡지의 마이크 린치(Mike Lynch)가 지적하듯이, 앰트랙의 번잡한 노선인 노스 이스트 노선(Northeast Line)은 의회에서 일하는 수많은 스태프들과 워싱턴의 관료들의 통근열차 역할을 하고 있다. 미국의 정치권 인사들은 그들 자신이 이득을 즐기고 있기 때문에 의심의 여지없이 앰트랙을 '가치가 있는 것'으로 믿을 것이다. 반면에 납세자들은 (그들의 대부분은 앰트랙을 한 번도 타본 적이 없다) 앰트랙이 야기한 부담을 감당해야만 하는 것이다. 그렇다면 앰트랙의 "개혁" 전망은? 의회가 매년 10억 달러 정도

✳ ✳ ✳ ✳ ✳ ✳ ✳ ✳

뉴욕시내 지하철의 화장실에 대해 얘기해 보자!

앰트랙에 대해 말들이 많지만 — 최소한 앰트랙의 화장실은 청결하다. 그러나 반대로, 이것은 누구라도 개인적인 경험을 통해 증언할 수 있는 것이지만, 뉴욕시의 완전한 공영기업인 뉴욕지하철은, 때로는 문자 그대로 수많은 뉴욕의 노숙자들(혹은 늦은 밤 술집을 전전하는 주정뱅이)의 완벽한 휴게실이 되기도 한다. 이 사람들이 이 같은 자유를 누릴 수 있는 이유는, 첫째, 지하철 열차에는 물론 대부분의 지하철역에 화장실이 부족하다는 사실 때문이다. 몇 군데 간이화장실이 있는데, 그 모습은 말로 형용할 수 없을 정도로 더럽다. 둘째는 정부가 통제하는 조직에서 항상 나타나기 마련인 역(逆)의 인센티브(perverse incentive)인데, 즉 어떤 관료도 지하철을 청결하게 유지함으로써 이득을 볼 일이 별로 없다는 점이다. 만약 지하철이 사유재산이라면, 그리고 지하철이 민간회사의 이익을 위해 운영되는 것이라면, 그들은 분명히 고객들이 매력을 느낄 수 있도록 지하철 서비스를 제공하고 가치를 유지하기 위해 노력할 것이다.

에 이르는 돈을 앰트랙이 손해를 봐도 되도록 보전해주는 데 무슨 문제가 있겠는가?

형편없는 우편 서비스

앰트랙과는 정반대로 미국 우편국(United States Postal Service, USPS)은 회사가 아니라 미국 연방정부에 속하는 공식 정부기관 중의 하나이다. 약 70만 명의 공무원을 보유하고 있는 USPS는 미국 내의 조직 중에서 세 번째(미국 국방부와 월마트 Wal-Mart 다음으로)로 많은 직원을 고용하고 있다. 미국 교통국(Department of Motor Vehicle, DMV)과 더불어 USPS는 우체국 창구마다 늘어선 긴 줄, 관료들의 불친절한 태도 등 그 운영이 엉망이라는 점에서 수많은 조롱의 대상이 되고 있다.

　이런 사례들은 수없이 많다. 1990년대 메릴랜드 주 남부의 감독관들은 230만 건의 대량우편(요금 별납의 대량편지), 80만 건의 1종 우편물*이 트레일러 속에 방치되어 있던 사실을 적발했다. 우체국의 우편 처리 건물에 남아 있는 우편물만 "지연된 우편물"로 분류되고 트레일러 속에 방치된 우편물은 결코 "지연된 우편물"의 통계에 잡히지 않는다. 1994년 시카고의 경우 전송된 편지 중에서 월평균 590만 통이 늦게 배달되었고, 우체국 트럭 속에서 한 달 이상 지연된 우편물 꾸러미가 100개나 발견되었고, 구름다리 아래에서 불에 탄 우편물 90kg이 발견된 적도 있다![2]

　민간부분의 경우와는 달리, 당신이 우체국에 갈 경우, 당신은 낸 돈에 해당되는 서비스를 받을 수가 없다. 형편없는 운영실적에도 불구하고 미국 우편국은 우편요금을 지속적으로 인상했다. 1981년, 1종 우편물을 보내기 위해 봉투 하나에 18센트짜리(우리 돈으로 대략 200원) 우표를 붙이면 되었다. 2007년에는 39센트로 올랐는데 매년 3.1센트 씩 오른 꼴이다. 인플레이션을 고려하더라도 지난 25년 동안 우편 요금은 15%나 오른 것이다. 돈은 더 많이 받았지만 미국 우편국의 실질적인 서비스는 전혀 나아지지 않았다. 자유 시장에서 혁신(innovation)은 당연한 규칙이다. 예컨대 1981년 이래 지금까지 자동차와 컴퓨터는 얼마나 더 좋아졌는가? 품질의 향상이 가격의 상승을 완전히 상쇄하고도 남을 정도다. 컴퓨터의 품질 향상을 측정해 보았을 때, 즉 컴퓨터 메모리를 킬로바이트 단위로 측정할 경우, 우리는 컴퓨터의 가격이 대폭 하락했다는 사실을 알게 된다. 우리는 1981년 컴퓨터 메모리 1키로 바이트를 구

역자 주: 우리나라 일반 편지와 같은 우편물

입하는 데 약 47달러를 냈다. 지금은 1키로 바이트 가격은 1센트에도 훨씬 못 미친다.

그러나 적어도 우체국은 스스로의 힘으로
꾸려 나가고 있지 않은가!

미국의 우체국을 지지하는 사람들은, 비록 문제가 많기는 하지만 그래도 우체국은 우표 및 다른 상품을 팔아서 자기가 쓸 돈을 충당하고 있기 때문에, 납세자의 부담거리는 아니라고 주장한다. 그러나 실제 상황은 더 복잡하다. 예컨대 1985년부터 1994년 사이 미국 우편국의 총지출(예산과 예산 이외의 것을 합친)은 140억 달러가 넘었다.[3] 이 자금 중 일부는, 국회의원들이 향유하는 특권을 위해 소요된 비용을 변제하기 위한 목적으로 배당되었다. 140억 달러 중 적어도 일부는 우표 값이 아닌 것이라고 의심할 수 있는 것이다. 더 나아가 정부는 우체국의 연금 부채를 지원했으며, 우체국에서 자주 발생하는 적자(2000년의 경우 적자가 10억 달러가 넘었다)를 보전하기 위해 미국 재무성으로부터 낮은 이자율의 돈을 빌려주었다.[4] (우리는 보다 중립적이기 위해서, 미국 우체국이 2002년 당시 미국 정부에 지고 있던 110억 달러의 빚을 2005년까지 다 갚았다는 사실도 말해야 할 것이다. 그래도 문제는 남는다. 이 같은 체제를 유지하기 위해 미국 납세자들의 세금이 쓰이고 있다는 점이다)

그러나 미국의 우체국이 스스로의 힘으로 운영되고 있다는 주장의 가장 큰 문제점은 미국 우체국은 독점기업이라는 사실을 간과하고 있다는 점이다. 누구라도 미국에서 1종 우편물(일반 편지)을 배달하는 행위는 불법으로 간주되며(정말 시급한 우편물의 경우, 사적인 전달자가 그 편지를 무료로 전달해 주거나 혹은 3달러 이상을 받지 않고 해주는 경

이 책 읽어 봤나요?
Street Smart: Competition, Entrepreneurship, and the Future of Roads (세상물정에 밝기: 경쟁, 기업가 정신 그리고 미래의 길) ed. Gabriel Roth; New Brunswick, NJ: Transaction, 2006.

우는 예외다) 미국 우편(U.S. Mail)이라는 글자가 찍힌 상자를 미국 우체국과 경쟁하는 사기업이 사용하는 것도 엄격히 금지되어 있다. 우체국과의 경쟁이 허락되는 분야인 소포 배달업의 경우, 사기업인 UPS와 FedEx가 시장을 장악하고 있다. 이들 사기업들은 세금을 면제받는 우체국과는 달리, 그들의 사업에 대해 연방세를 물어야 한다. 이러한 관점에서 보았을 때, 미국 우체국들이 스스로를 지탱하고 있다는 주장은 무너지고 만다.

19세기에 자유주의적 평론가인 라이샌더 스푸너(Lysander Spooner)는 경쟁업체를 출범시킴으로써 우체국의 독점체제에 도전한 적이 있었다. 미국 정부가 그의 회사를 영업정지 시키고 그를 기소하기 이전, 미국 우체국들은 스푸너와 경쟁하기 위해서 우편요금을 내린 적도 있었다. 재판정에서 스푸너는 헌법에 나와 있는 "의회는 우체국을 설립하고 우편을 배달할 길을 만들 수 있는 권리를 갖는다"는 항목이 다른 사람들이 우편물을 배달하는 것을 막는 것은 아니라고 주장했고, 그의 주장은 일부 먹혀들었다. 차후 의회는 우편제도를 정부가 독점한다는 법안을 만듦으로써 이 논쟁에 종지부를 찍었다.

그러나 만약 정부가 이 분야에도 민간 기업들과의 경쟁을 허락한다면, 편지 배달 시장에는 우편가격 인하를 위한 혁신이 넘쳐흐르게 될 것이다.

공공시설

매년 여름, 큰 도시에서 아이스크림, 핫도그, 그리고 맥주를 파는 장사꾼들은 소비자들에게 자기 상품을 하나라도 더 팔기 위해 노력한다. 그들은 이익을 남기기 위해 장사를 하는 것이다. 그러나 정부가 관리하는 공기업들은 그렇지 않다. 그래서 매년 여름 수도국은 자신들의 고객이 자동차를 세차하지 못하게 하고, 잔디밭을 말라 죽이게 하고, 공영 전기회사는 전력 과다사용으로 인한 대규모 정전사태를 막는다는 명분으로 "순차적인 정전"을 단행한다.

문제는 소위 "공적인" 수도, 전기회사들이 시장가격보다 싼 값으로 전기와 수도를 제공하는 대신, 기초적인 서비스를 독점하고 있다는 사실이다. 이처럼 수돗물과 전기 값이 싸다는 사실은 — 전기와 수도를 아껴 쓰자는 도덕적인 호소에도 불구하고 — 낭비를 유발한다. 그리고 이 분야는 정부가 독점하고 있기 때문에 정부 외의 다른 공급자들이 부족분을 제공하기 위해 시장에 뛰어들 수 없게 되어 있다. 역설적이게도 가장 필수적인 서비스 임무가 조잡한 실력밖에 없는 정부에게 맡겨져 있는 것이다. 반면에 우리는 가장 필수적인 물건들이 아닌 스테이크 혹은 플라즈마 화면을 부착한 TV 등은 언제라도 구입할 수 있다.

그러나 저들은 캘리포니아에서 전기에 대한 규제를 풀기 위해 노력하지 않았나?

정부의 전기사업 독점을 비판하려는 사람들은 국가주의자들이 가지고 있는 비장의 카드와 대적해야 한다. 전형적인 사례는, 캘리포니아가

1990년대 전기사업에 시장경제의 힘을 도입했던 이야기다. 그 결과 전력 제공 서비스가 엉망이 되었고, 전기 값이 올랐으며, 적자 충당을 위해 수십억 달러의 세금이 낭비되고 말았다는 것이다.

그러나 이 같은 설명은 기본적인 사실을 틀리게 말한 것이다. 캘리포니아의 이야기는 규제 해소라기보다는 규제 강화의 이야기라고 보는 것이 상황에 대한 보다 정확한 설명이다. 왜냐하면, 전력 생산에 관해서는 가격통제와 진입장벽이 완화되었지만, 전력 공급시장에는 새로운 복잡한 과정(가격을 결정하고 네트워크 장치에 접근이 보장되도록 하는)들이 적용되었던 것이다. 경제학을 공부한 사람이라면 누구든지 그 결과를 예측할 수 있었던 일이다. 만약 소비자들에게 판매되는 전기요금에 가격 한도가 책정되어 있고, 전기를 생산하는 사람들은 시장이 요구하는 어떤 가격이라도 지불해야 한다면, 전력 수요가 높아지는 시점에서 일부 전기 판매업자들은 전력생산을 중단할 것이고, 전력공급이 바닥나게 될 것이다. 캘리포니아의 이야기와는 정반대로, 1970년대 항공업에 대한, 그리고 1990년대 통신업계에 대한 더욱 일관적인 규제 완화 정책은 항공 및 통신가격의 대폭적인 하락을 초래했고 소비자들은 더욱 다양한 선택을 할 수 있게 되었다.

궁지에 몰린 정부

여기에서 신속한 실험을 하나 해 보자: 정부가 통제하는 지역과 사기업이 통제하는 곳의 도로포장 상태를 비교해 보자. 어느 곳의 아스팔트에 구멍이 패인 곳이 더 많고, 어느 곳의 길이 더 자주 차단되고 불편을 야기하는가?

　정부가 도로를 관리하는 일은 당연한 것으로 치부되지만, 경제학자들은 도로를 사기업이 운영할 경우의 장점에 대해 논의해 왔다. 도로가 사기업에 의해 운영될 경우, 단 하룻밤만 지나도 나타날 수 있는 가장 뚜렷한 이익은, 기계화된 사회의 고통인 교통체증이 사라질 것이라는 점이다. 교통체증이란 무엇인가가 부족하다는 사례로서 시장가격보다 낮은 가격이 책정된 곳에서 항상 발생하는 것이다. 예컨대 뉴욕시가 보유하고 있는 주요 교량과 터널들을 민간회사들에게 팔아버린다면, 그 경우 다리와 터널에 대한 통행료가 상승할 것이라는 사실을 부인할 수 없을 것이다. 아마도 급격히 상승할지도 모른다. 그러나 우리가 인식하지 못하는 채로 "시장이 감당할 수 있는 가격을 부과하는 일"이 즉각 초래할 바람직한 현상의 하나는 그 숫자가 수만 명이 넘을 생산성 높은 의사들, 부동산 중개인들, 엔지니어들 그리고 다른 종류의 직장인들이 맨하탄으로 진입하기 위해 더 이상 매일 몇 시간씩 길에서 시간을 허비할 일은 없어지게 될 것이라는 점이다. 사기업에로의 개혁이 충분히 진전된 후, 사기업들은 더 많은 터널과 교량을 건설하거나 혹은 누구도 교통체증 해소의 방안으로 꿈꿀 수 없었던 방안을 고안해 내게 될 것이며, 동시에 도로는 더욱 안전해지고 이용하기 편해질 것이다.

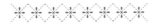

제 13 장
반독점을 약속한 연준(Feds)에 대한 믿음
(Trusting the Feds on Antitrust)

생각해 봅시다.

🏠 "악덕 자본가"들은 생산비용과 가격을 낮추었다.

🏠 자유 시장에서 합병은 효율성을 높인다. 그러나 정부의 독점은 그렇지 않다.

🏠 반독점 관련 소송은 주로 자유경쟁에서 패배한 회사들에 의해 제기된다.

일부 사람들은 순수한 자본주의의 미래에 대해 경악한다. 현명한 정부 당국이 없었다면 다른 회사들을 마구 병합해 버리고 결국 시장을 독점해 버릴 대기업의 출현을 막을 수 있었겠는가? 자유 시장경제를 신봉하는 경제학자들은 경쟁이 가져다 줄 환상적인 이익에 대해 말하기를 좋아하지만, 자본주의를 스스로 작동하라고 방치해 둘 경우 독과점체제가 만들어지지 않겠는가? 상품의 가격을 내리고 소비자들의 선택의 폭을 넓히기보다 빌 게이츠(Bill Gates)나 샘 월튼(Sam Walton) 같은 기업가들은 세상을 장악한 후, 자기들이 원하는 무엇이라도 할 수 있게 되지 않겠는가?

이 책에서 격파당한 수많은 다른 신화들

과 마찬가지로, 독과점에 관한 두려움도 사실은 별로 근거가 없는 것이다. 자유 시장 자본주의가 더 좋은 상품과 서비스를 생산해 내고 이들을 더 낮은 가격에 소비자들에게 공급한다는 것은 이론적, 역사적으로 증명된 사실이다. 이와는 반대로 정부의 개입은 "거래를 제약" 하는 결과를 초래한다.

악덕 자본가(Robber Baron)에 관한 신화

읽으면 정말 희열을 느끼게 만드는 『악덕 자본가의 신화(The Myth of the Robber Barons)』라는 책에서 역사학자 버트 폴솜(Burt Folsom)은 "악덕 자본가"에 대한 표준적이고 교과서적인 해석을 여지없이 무너뜨려 버린다. '도둑 남작(男爵)'이라는 의미의 "로버 배론(Robber Baron)"은 반(反)독점법 혹은 다른 조치들에 의해 제압당하기 이전, 불쌍한 시민들의 위에 군림하면서 마음대로 기업을 운영할 수 있었던 사업가들을 의미한다. 그러나 폴솜은 찰스 슈왑(Charles Schwab)과 존 록펠러(John Rockefeller) 같은 기업가가 시장을 장악한 것은, 다른 성공적인 자본가들과 마찬가지로, 비용을 절감하고 소비자들을 즐겁게 한 결과였다는 사실을 밝혀냈다. 예를 들어, 코넬리우스 벤더빌트(Cornelius Vanderbilt)는 정부가 로버트 풀턴(Robert Fulton)에게 제공했던 뉴욕 주의 증기여객선 사업에 (불법적으로) 도전했다는 오명을 처음 뒤집어쓴 사람이다. 폴솜은 다음과 같이 설명한다:

> 벤더빌트는 고전적인 시장 기업인이었고, 풀턴의 독점기업을 깨기 위한 도전에 흥미를 가졌다. 벤더빌트는 자신이 고용한 기번

스 (Gibbons)씨 배의 마스트에 "뉴저지는 해방되어야 한다(New Jersey must be Free)"는 글이 쓰여진 깃발을 게양했다. 1817년 벤더빌트는 뉴저지의 엘리자베스와 뉴욕 사이를 운항하는 선박 운임을 내리기 위해 경쟁했고, 그러는 60일 동안 체포되지 않기 위해 도망을 다녀야 했다. 선박운임을 내리고 법을 어겼다는 사실은 대서양 지역에서 벤더빌트의 이름을 유명하게 만들었다. 1824년 기번스와 오그덴 간의 유명한 재판에서 대법원은 풀턴의 독점권을 중지시켰다. 기쁨에 넘친 벤더빌트는 뉴저지주 뉴 브런스윅에서 열렬한 환영을 받았다. 시민들은 "선의로서, 그리고 공적인 태도로서 시민들이 원하는 바를 증거한" 벤더빌트를 환영하기 위해 축포까지 발사해 주었다. 열광한 뉴욕 시민들은 즉각 [대법관 이름]을 딴 증기선 존 마셜(John Marshall)호를 2척 건조했다. 기번스 대 오그덴 재판이 종료된 후 1년 만에 오하이오 강의 수상 교통량은 2배로 늘어났으며, 2년 후에는 4배로 늘어났다.[1]

벤더빌트의 이야기가 알려주는 것처럼, 진정한 독점기업은 예외 없이 정부의 특혜에 의존한다. 진정한 자유 시장에서는 생산자가 소비자들에게 자신의 상품을 사라고 강요하거나, 혹은 다른 생산자가 경쟁에 뛰어드는 일을 막을 수 없다. 역설적이게도, 해악이 크지만 효과적인 "거래를 자제하도록 만드는 음모"(반독점법이 그렇게 부르듯)를 위해 필요한 바로 그 요인은 음모를 합법화시키는 요인도 된다. 유나이티드 광업 노조(United Mine Worker)를 고발한 제임스 페닝턴(James Pennington)에게 물어보라. 유나이티드 광업 노조는 미국 최대의 광업회사 및 백악관과 공모해서 페닝턴과 같은 소규모 광산업자를 업계에서 몰아내려고 했다. 대법원은, "정부가 당신의 편에 서 있다면, 당신의 음모는 좋은 것이다"라는 판결을 내렸다. 독점금지법 변호사들은 이것을 뇌르-페닝턴 독트린(Noerr-Pennington Doctrine)이라고 부른다.

순수한 자본주의에서 생산자는 그가 좋은 상품을 낮은 가격에 제공할 수 있을 때에만 시장을 "지배할(control)" 수 있는데, 이런 상황은 물론 소비자들에게 좋은 상황이다. 그러기 위해서 생산자는 끊임없이 상품의 품질을 향상시켜야 하며, 다른 기업가들이 시장에 진입해서 자신의 고객들을 빼앗아갈지도 모른다는 사실에 유의해야 한다. 이와는 반대로, 특별한 이익(독점적 권한을 부여받거나 혹은 라이벌들을 제압할 수 있는 규제와 세금 혜택)을 받기 위해 정부에 의존하는 생산자들은 효율성 혹은 고객에 대한 서비스를 생각할 필요가 없을 것이다.

폴솜은 오늘날 유명한 이름의 회사를 건설한 사람들의 경쟁력 우위에 관한 여러 가지 사례를 제공했다. 예를 들면, 그는 찰스 슈왑이 자신이 지배하고 있던, 생산성이 떨어지는 제철소를 방문했던 사례를 묘사하고 있다. 제철소 관리인이 생산량 증대를 위해 다양한 테크닉을 구사했지만 실패로 돌아간 사실을 슈왑은 다음과 같이 설명했다:

하루가 거의 끝나갈 무렵이었다. 몇 분 후면 야간 작업반이 도착할 시점이었다. 나는 시뻘건 용광로 옆에 서서 작업하는 인부에게 분필 하나를 부탁했다.

그리고는 물었다: "당신의 작업반은 오늘 용광로에 몇 번 열을 가했습니까?"

그가 대답했다: "여섯 번입니다."

나는 바닥에 분필로 6자를 크게 쓴 후 아무 말 없이 그를 떠났다. 야간 작업반이 도착했을 때 그들은 바닥에 쓰여진 6자를 보았고, 그게 무엇이냐고 물었다.

주간 작업반 일꾼이 대답했다: "오늘 여기 최고 책임자가 다녀 갔습니다."

"그는 우리가 오늘 용광로에 몇 번 열을 가했는지 물었고, 우리는 6번이라고 말했죠. 그래서 그가 바닥에 6이라고 분필로 쓴 것이지요."

다음날 아침 나는 같은 용광로 앞을 지나갔다. 나는 6이라는 숫자가 지워지고 대신에 7이란 숫자가 크게 쓰여 있는 것을 보았다. 야간 작업반원들이 스스로 자기들의 업무실적을 적어 놓은 것이다. 그날 밤 다시 가보았다. 7자는 지워지고 대신에 10이 으스대듯 쓰여 있었다. 주간 작업반원들은 자신들보다 더 일을 잘하는 사람들을 인정하지 않으려고 한 것이다. 그 결과 선의의 경쟁이 시작되었다. 경쟁은 한때 가장 형편없었던 이 작업장이 제철공장 전체에서 가장 실적이 좋은 작업장이 될 때까지 계속되었다.[2]

스탠다드오일의 악명 높은 사례

독과점법에 의해 와해되고 말아야 했을 교과서적인 사례가 존 D. 록펠러가 설립한 거대 사기업인 스탠다드오일 회사이다. 오늘 록펠러에 대해 부정적인 사람들마저도 록펠러가 자신의 재산을 가지고 행한 일에 대해 비판적인 말을 하지 않는다. 록펠러는 죽을 때까지 5억 5천만 달러를 기부했다.(당시 5억 달러는 정말로 엄청난 금액이었다.) 록펠러의 기부금은 "황열, 수막염, 십이지장충의 치료법을 발견한 과학자들의 연구기금으로 쓰였다."[3] 교육기관을 위한 록펠러의 기부도 널리 알려져 있다.

이처럼 애타적인 인물이었지만 무엇보다도 록펠러는 성품이 원만한 사람으로 유명했다. 그의 석유를 구매했던 사업가는 "나는 최고의 인물들을 모아 팀을 만들고 각 개인들이 기업을 위해 최선을 다할 수 있도록 격려했다는 점에서 록펠러를 능가할 사람을 본 적이 없다"고 말했다. 후에 스탠다드오일 회사의 부회장이 된 존 아치볼드(John Archbold)는 "당신이 나에게 록펠러가 어떻게 의심의 여지없는 훌륭한 지도자가 되었느냐고 묻는다면 나의 답은 아주 단순합니다. 록펠러는 언제라도 우리들보다는 조금 먼 미래를 내다봅니다. 그리고는 구석을 살펴보지요." 록펠러가 분노했을 때 어떻게 행동했는지를 알아낸 전기 작가들은 — 심지어 록펠러의 라이벌들 중에도 — 없다. 독실한 기독교 신자인 록펠러는 새 회계사가 운동기구를 든 채 방으로 들어왔을 때 자신의 겸손함을 나타내보였던 적이 있다. 자신의 새로운 상사가 어떻게 생겼는지 모르는 회계사는 록펠러를 보고 운동기구를 좀 옮겨달라고 했다. 록펠러는 그의 말대로 했고, 그 후 회계사에 대해 아무런 처벌도 내리지 않았다.[4] 이는 거대한 석유회사 스탠다드오일을 꾸려나가는 최고책임자의 모습이라고 하기 어렵다.

역설적인 일이지만, 록펠러는 사생활과 성품이 고매했음은 물론, 기업도 고매하게 운영했다. 그는 자신의 동업자에게 "석유를 정유하는 일은 가난한 사람들을 위해서이며, 품질 좋은 석유를 싼 값에 만들어야만 한다."고 말한 적이 있다. 록펠러는 진정 이러한 목적을 위해 살았다. 석유업계에서 사업을 벌인 지 20년 후, 스탠다드오일사는 미국 시장의 90%를 점유했다.

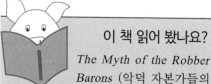

이 책 읽어 봤나요?
The Myth of the Robber Barons (악덕 자본가들의 신화) by Burton Folsom; Washington, DC: Young America's Foundation, 2003.

— 그러나 이 같은 점유율은 갤런(약 3.8리터) 당 58센트였던 석유를 갤런 당 8센트로 내림으로써 성취할 수 있었던 것이다.[5]

스탠다드오일 사는 석유의 가격을 내렸기에 당연히 다른 회사들을 압도할 수 있었다. 록펠러는 여러 가지 방법을 통해 이 같은 상황을 달성했다. 록펠러는 스스로 석유통을 만들었고, 정유 과정에서 생산되는 수백 종류의 부산물(페인트와 니스 등)을 개발하기 위해 화학자들을 고용했다. 철도 수송비용을 절감함으로써도 석유가격을 낮출 수 있었다. 폴솜은 다음과 같이 설명한다:

미국 최대의 석유회사 사장이었던 록펠러는 자신을 위해 돈을 절감할 수 있었고 철도운송비도 절약할 수 있었다. 그는 철도회사에 매일 60차량분의 석유 운송을 보장하고, 석유를 싣고 내리는 모든 과정에서 서비스를 제공하겠다고 약속했다. 모든 철도회사들은 석유를 동쪽으로 운반만 하면 되었다. 뉴욕 센트럴철도회사의 코모도어 벤더빌트(Commodore Vanderbilt)는 너무도 기쁜 마음으로 록펠러에게 최대의 할인율을 적용, 정규적이고, 신속하며, 효과적인 운송서비스를 제공했다. 소규모 석유업자들이 벤더빌트에게 할인율을 차별적으로 적용 한 것에 대해 비난했을 때, 벤더빌트 철도회사의 대변인은 벤더빌트 철도회사에 록펠러만큼 많은 양의 화물 배송을 부탁하는 그 누구에게도 같은 비율의 할인을 적용해 주겠다고 약속했다. 록펠러만큼 효율적인 석유업자들은 없었고 그래서 스탠다드오일이 받던 수준의 디스카운트를 적용받을 수 있는 석유회사도 없었다.[6]

많은 사람들은(특히 경쟁사들은) 스탠다드오일사에 대한 리베이트

(할인율)는 정당하지 못한 것이라고 주장한다. 그러나 벤더빌트 자신이 설명하듯이, 그것은 누구를 봐주고 안 봐주고의 문제가 아니다. 벤더빌트 역시 탐욕스런 악덕자본가 취급을 받던 사람이었다. 그가 운임을 할인해 준 것은 그가 선량한 사람이었기 때문이 아니다. 누구라도 기업을 경영해 본 사람은 다 알 수 있는 일이지만, 대규모로 구입하는 것은 더욱 효과적이며 더 "실질적인" 이익을 남기는 일이다. 그래서 기업가들은 대규모로 구입할 때 값을 할인해 주는 것이다. 물론 록펠러는 막대한 생산량 때문에 운송비를 절감할 수 있는 지렛대를 갖고 있었음은 사실이다. 그러나 이 같은 요인은 그의 성공에서 그다지 중요한 일이 아니었다. 그는 멀리 내다볼 수 있었기에 화학자들을 채용했고, 더 좋은 정유시설에 투자할 수 있었기에 성공할 수 있었다. 석유는 최종 소비자들에게 배달될 때까지는 무용지물이다. 그래서 록펠러의 효율성(대규모 수송)은 다른 분야에서 록펠러의 혁신과 더불어 가난한 미국 시민들에게 도움이 되었던 것이다.

반독점법에 반대한다

많은 독자들은 점점 더 많은 수의 경제학자들이 정부의 반독점 금지법 시행에 결함이 많다고 주장하고, 심지어 독점금지 조치 그 자체를 중단해야 한다고 주장하는 것에 놀라고 있다. 예컨대 머레이 로스바드(Murray Rothbard)는 "독점"을 형성하는 것은 회사를 설립하는 것과 대단히 유사하다는 사실을 지적한다. 전자(독점)의 경우는 많은 회사들이 자신들의 자원을 한 군데 모아놓고 그것을 한 명의 이사(single board of directors)가 통제하도록 하는 것이다. 후자의 경우는 수많은 투자자들이

✳ ✳ ✳ ✳ ✳ ✳ ✳ ✳

자유 시장: 가장 훌륭한 독점 타파 장치

마이크로소프트사를 향한 독점금지 재판의 가장 중요한 사안은 마이크로소프트사가 컴퓨터 운용체계에서 자사의 압도적인 지위를 불공정하게 악용, 소비자들로 하여금 웹브라우저와 인터넷 익스플로러를 한 묶음으로 엮어서, 자사의 제품을 구입하도록 강요했다는 점이다.(정부의 도움이 없다면 컴퓨터를 사용하는 재수 없는 사람들은 다른 회사의 제품이나 브라우저를 다운로드 한다거나 장착할 수 없다는 사실이 분명해질 것이라는 말이다.) 인터넷 익스플로러가 전 세계적으로 사용되고 있다는 사실을 고려할 때 이 주장은 그럴듯해 보인다.

그러나 모질라 파이어 폭스 브라우저(Mozilla Firefox browser)가 출현한 이후에는 상황이 변했다. 2004년 10월 인터넷 익스플로러는 시장의 92%를 점유하고 있었다. 그러나 2005년 9월 시장 점유율은 86%로 떨어졌고, 2006년 9월 인터넷 익스플로러의 점유율은 82%로 떨어졌다. 반대로 파이어 폭스의 시장 점유율은 12.5%로 올랐다.[7]

자신들의 자원을 어느 한 특정 이사의 통제 하에 맡겨두는 것이다. 독점은 소비자들에게 해가 되는 것이기 때문에 반드시 금지되어야 하는 것이라면, 왜 회사를 만드는 일은 금지하지 않는가?

독점을 반대하는 전통적인 논리는 경제상황에 대한 비현실적이고 정적(靜的)인 논리에 기초하고 있다. 모든 소비자가 완벽한 정보를 가지고 있다면, 그리고 모든 생산자들이 같은 기술을 가지고 있고 생산비용이 똑같다면, 표준적인 교과서들이 기술하는, 시장의 힘(market power)은 없다 는 사실을 보여주는 다이어그램은 맞는 것일 수도 있다. 그러나 이는 현실세계를 정확하게 묘사한 것이 아니다. 현실 세계에서 기업가들은 다른 비전을 가지고 있고, 어떤 기업가는 다른 기업가들보다 새로운 상품과 서비스를 창출하는 데 더 탁월한 재능을 가지고 있다. 어떤 회사가 자신의 개혁 능력 때문에 시장 점유율이 더 높다면 그것을 비난하는 것은 바보 같은 일이다. 회사들이 시장을 지배하는 것은 우연 혹은 재수가 좋아서가 아니다. 어떤 회사가 더 큰 영향력을 갖는 이유는 그 회사의 상품이 경쟁사들의 상품보다 경쟁우위를 가지고 있기 때문이다.

전통적인 모델(시장의 힘이란 없다는)의 약점은 광고에 관해 이야기할 때 더 분명해진다. 경제학 개론시간에 가르쳐 주는 "완전 경쟁"이라는 가공의 세계가 현실이라면 광고(선전)는 오히려 역효과를 내는 일이 되고 만다. 텔레비전 광고를 통해 라이벌사의 제품을 비난하는 일에 왜 귀중한 자원을 낭비하는가? 그리고 우리들이 수십 가지 다양한 시리얼 혹은 운동화 브랜드를 가지고 있지 않다면 그것이 오히려 더 효율적인 일이 아닐까?

이와 같은 불만은 — 단순한 모델의 경우에는 정당화의 근거가 되겠지만 — 실제 생활의 복잡성을 간과한 것이다. 광고는 고객들에게 새로운 상품에 대한 정보 혹은 가격을 알려주는 역할을 한다. 그리고 그 이상의 요인도 있다. 소비자들은 열 개 이상의 브랜드 중에서 하나를 고르는 일을 즐긴다. 비판적인 사람들은 나이키(Nike)와 리복(Reebok)의 차이를 간과하겠지만, 많은 소비자들은 브랜드를 정확히 구별한다. 마이클 조던(Michael Jordan)이 특정 신발을 광고하는 경우, 젊은 운동선수들의 눈에는 그 상품이 더욱 매력적으로 보이며, 편안한 신발을 신었을 때 오는 만족감을 넘어, 현실적으로 그 신발을 신고 있다는 행복감까지 느끼고 있는 것이다.

이와 같은 관찰은 — 사소한 것 같아 보일지라도 — 정부의 반독점조치를 정당화하는 경제모델들의 결함을 잘 지적하고 있다. 자유

> **이 책 읽어 봤나요?**
> *Antitrust Policy: The Case for Repeal* (반독점 정책: 폐기를 요구함) by Dominick Armentano; Washington, DC: Cato Institute, 1986.

시장에서 합병은 그것이 규모의 경제 혹은 다른 장치를 통해 효율성을 향상시킬 수 있는 경우에나 이득이 될 수 있는 일일 것이다. 특정 규모를 초과했다는 이유로 큰 회사를 인위적으로 쪼개는 짓은 불확실성을 증대시키거나 혹은 성공했다고 처벌하는 일이 될 뿐이며, 미래에 기대되는 혁신의 가능성을 낮추는 일이 될 것이다.

마이크로 소프트를 위한 변호

마이크로소프트사에 대해 강요된 유명한 반독점 조치들은 많은 문제점들을 내포하고 있었다. 첫째, 우리는 역사적인 역설을 지적해야만 하겠다. 우리 대부분은 개인 컴퓨터혁명이 이루어지고 있던 무렵부터 이미 자본주의에 반대하는 사람들이 언제 정부를 향해 컴퓨터 기업들에 대한 일괄적인 기준의 강요를 요청할 것인지 알고 있었다. 자본주의에 반대하는 사람들의 눈에는 컴퓨터 회사들이 자신들이 원하는 운용체계를 마음대로 만드는 것이 황당하게 보일는지 모른다. 그들은 이 같은 상황은 수많은 옵션들 앞에서 컴퓨터를 잘 모르는 소비자들을 당황하게 할 것이며, 소프트웨어들은 대부분 컴퓨터에서 작동되지 않을 것이라고 생각했다. 빌 게이츠가 거의 모든 컴퓨터에 사용될 수 있는 운용체계와 표준을 만듦으로서 이 문제를 해결하자 그들의 목소리가 달라졌다. 정부가 개입해서 이 거대한 회사를 파괴해야 한다고 주장했다. 마이크로소프트사는 자신의 인기 때문에 부당한 이득을 취하고 있다는 게 그 이유였다!

마이크로소프트사의 사례는 라이벌 기업들(IBM, Sun, AOL 타임워너 사 등)이 반독점 소송에 참여했다는 점에서 전형적이다. 선량한 시민들은 불편부당한 정부가 대기업에 대해 반독점 조치를 취하는 것을 옳은 일이라고 믿겠지만, 실제 기업을 경영하는 사람들은 진실이 무엇인지 알고 있다. 『반독점 정책: 폐기를 요구함(*Antitrust Policy: The Case for Repeal*)』이란 책의 저자 도미니크 아르멘타노(Dominick Armentano)는 다음과 같이 설명한다:

> 진실을 말하자면, 반독점법은 특수 이익을 위한 법이다, 실제로 그것이 법이 원하는 바이다. 반독점 법은 바로 소규모 경쟁사가 더욱 효율적인 경쟁자를 때려눕히려는 목적으로 만들어졌다. 오늘날에도 반독점 소송의 90%는 한 회사가 다른 회사를 고발함으로써 성립되고 있다. 마이크로소프트의 사례가 필자를 기쁘게 하는 이유는 이 재판 과정에서 누가 보기에도 이익집단의 관점이 분명히 나타나 보였다는 점이다. 신문마저도 이 사실을 공개적으로 말하고 있으며, 나는 이것을 사회를 위해 건강한 일이라고 생각한다.[8]

가장 중요한 관점은 천천히 움직이는 관료가, **빠른** 속도로 움직이는 컴퓨터와 텔레커뮤니케이션 기업들을 규제하겠다는 그 자체가 웃기는 일이라는 점이다. 예를 들어, 미국 법무부는 1969년, 당시 누구도 부정할 수 없는 거대 회사였던 IBM사를 향해 반독점 소송을 제기했다. 이 재판은 몇 년 동안 질질 끌었고, 소송은 1982년 "결정 없이" 끝났다. 돌이켜 보니, 한때 IBM사가 컴퓨터 업계에서는 누구도 맞먹을 수 없는 막강한 회사였다는 사실을 기억해 본다는 것이 우스운 일이다.

마이크로소프트 사례의 특이한 주장은 — 즉, 마이크로소프트사가 자신의 브라우저와 운용체계를 불법적으로 연계시켰다는 — 반독점 규제조치가 즉흥적인 것이라는 사실을 알려준다. 판사는 회사가 두 가지 상품을 묶어서 팔 수 있는 것인지 혹은 따로 팔아야만 하는지를 판단 해 주어야만 했다. 이것은 순수한 법리 문제도 아니고 심지어 엔지니어링 의 문제도 아니다. 이는 실제적인 기업경영의 경험적 사례 중 하나다. 비유를 하자면, 포드 자동차 회사가 고객들에게 자사의 자동차를 판매 할 경우, 자기 회사의 엔진과 자기 회사의 타이어를 뭉쳐 팔 수 있는 것 은 당연한 일이다. 만약 어떤 타이어 회사가 포드 회사가 자기 회사에서 제조한 자동차에 자기 회사의 타이어를 끼워 팖으로써 다른 타이어 제 조업체들이 자유로운 경쟁을 못하게 하고 있다고 주장한다면 웃기는 일 이 아닐 수 없을 것이다. 만약 누가 그 같은 불만으로 시비를 걸었다면 우리는 황당한 상황에 처한 포드사의 사장이 다음과 같이 반응할 것이 라고 상상할 수 있을 것이다. "우리는 통합적인 상품을 제공하는 것이 소비자들에게 도움이 되는 일이라고 생각합니다. 만약 누군가가 공장에 서 장착된 타이어를 다른 타이어로 바꿔 달고 싶다면 그는 언제라도 그 렇게 할 완벽한 자유가 있습니다." 마찬가지 논리가 마이크로소프트의 경우에도 적용된다. 다만 다른 회사가 만든 브라우저를 컴퓨터에 장착 하는 것은 타이어를 바꿔 다는 것보다 훨씬 더 쉬운 일이라는 점이 다를 것이다.

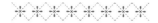

제 14 장
무역전쟁

경제학자들은 한 입으로 여러 가지 다른 말을 하는 사람들이라고 비판을 받고 있는데, 사실이 그렇다. 투르만 대통령은 팔(hand)이 하나밖에 없는 경제학자를 채용하고 싶다는 유명한 말을 했다. 왜냐하면, 그는 "다른 한편으로는(on the other hand)…" 식으로 조언하지 않을 보좌관을 원했기 때문이다. 또 다른 재미있는 조크가 있다. 노벨 경제학상은 정반대의 이야기를 하는 두 명의 경제학자가 동시에 받을 수 있는 유일한 상이라는 것이다.[1]

경제학자들에 대한 이 같은 부정적인 말들이 많지만, 대부분의 경제학자들이 의견 일치를 보는 주제가 하나 있다. 어느 나라 정부가 국제무역에 대해 인공적인 장벽을 설치하는 경우, 그것은 예외 없이 그 나라 국민들을

생각해 봅시다.

🏠 무역은 모든 상대방들을 부유하게 만든다.

🏠 무역적자는 별 문제가 없는 일이다

🏠 값싼 수입품 때문에 일자리가 없어지지는 않는다.

🏠 관세와 다른 제한조치들은 일부 특별한 노동자들을 "보호"한다. 그러나 대부분의 미국 시민들을 더욱 가난하게 만든다.

더욱 가난하게 만들었다는 것이다. 18세기~19세기 당시, 자유무역 이론은 데이비드 리카도(David Ricardo)에 의해 결정적인 지지를 받았고, 프레데릭 바스티아(Frederic Bastiat) 같은 사람들에 의해 무조건적으로 당연한 것으로 받아들여지기도 했다. 그럼에도 불구하고 일반 시민들은 아직도 경제발전을 방해하는 "보호무역" 장치들을 강력하게 지지하고 있다. 보통사람들은 스티븐 호킹(Stephen Hawking)이 주장하는, 전자(電子)는 동시에 두 곳에 있을 수 있다는 말은 믿지만, 밀튼 프리드만(Milton Friedman)이 말하는 '자유무역은 미국을 더 부유하게 만든다'는 말에는 코웃음을 친다. 이 장에서 우리는 이 같은 태도를 변화시키기 위한 일을 할 것이다.

관세는 미국인들에게 부과된 세금이다

미국 연방정부가 일본제 자동차에 관세를 매김으로써 디트로이트 시의 일자리를 보호하겠다고 결정하는 것은 미국 시민들이 미제 자동차 포드 대신 일제 자동차 닛산을 살 경우에 세금을 부과하겠다는 것과 마찬가지 일이다. 관세를 지지하는 사람들은(노동조합처럼) 미국을 부유하게 만드는 길은 미국인으로부터 세금을 더 많이 걷는 일이라고 선언한 것과 같다!

물론 수입상품에 대한 관세는 수입 자동차의 매력을 떨어뜨리게 하며, 그 결과 디트로이트에서 만든 자동차가 더 많이 팔리게 할 수 있다. 또한 그 결과 디트로이트 자동차 노동자들은 더 많은 월급을 받을 수 있고 직업을 유지할 수 있다. 그러나 이 같은 관세는 오로지 디트로이트의 노동자들에게만 이득이 된다는 사실이 증명되었다. 이 같은 관세는 일

반 미국인들을 더 가난하게
만들었다. 디트로이트 노동
자들의 이익은 일반 미국인
들의 손해와 상쇄될 수 있을
만큼 크지 않았다. 이 같은
사례를 이해하기 위해 다음
과 같은 상황을 가정해 보자.

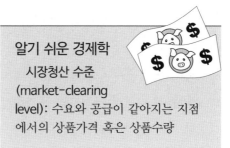

알기 쉬운 경제학
시장청산 수준
(market-clearing
level): 수요와 공급이 같아지는 지점
에서의 상품가격 혹은 상품수량

　미국 정부가 집에서 저녁을 먹는 미국 시민들에게 10달러의 벌금을 물기로 했다고 치자. 이 같은 조치는 요식업의 매출액을 상승시킬 것이고, 요식업에 종사하는 사람들의 임금을 높이게 될 것이 분명하다. 그러나 그 어떤 미국 시민이 이러한 조치를 좋은 생각이라고 믿을 수 있겠는가? 집에서 요리하는 경우 세금을 부과하는 일이 우리 모두를 부자로 만드는 일일 수 있는가?

일자리를 보호한다고?

　보호무역장치들의 추상적인 매력은 그 조치가 어떤 특정 분야에 종사하는 사람들의 임금을 높이는 것은 분명하다는 점이다. 일본제 자동차에 대한 관세는 정말로 디트로이트 자동차 노동자들에게 도움이 될 것이며, 외국 농산품에 대한 관세는 미국의 농민들에게 도움이 될 것이다.(관세가 어떤 특정한 이익집단의 이익을 보장하지 못한다면 정치가들은 관세를 없애버릴 것이다.) 그렇다면 관세는 결국 (높은 임금을 향유하고 있는) 노동자와 (비싼 가격 때문에 고통당하는) 소비자 사이에서 누구를 택해야 하느냐에 관한 뜨거운 논쟁거리를 야기한다. 이 문제를 우선 다음과 같은 관점에서 보자. 생산하는 일이란 더 책임 있고 어려운 일처럼 보이는 반면에 소비란 일시적인 것이며 쉬운 일로 보이기 때문에 사람들은 당연히 노동자의 편을 들게 될 것이다.

사람들이 이러한 방식으로 생각한다는 것은 이해할 수 있는 일이다. 그러나 이는 완전히 잘못된 생각이다. 일을 하는 궁극적인 목적은 무언가 소비되는 물건을 만들기 위해서이다. 경제학 용어를 쓰자면, 일은 소비를 위해 하는 것이다. 이처럼 목적이 설정되지 않을 경우 "좋은 직업(good job)"이라는 말의 의미가 무엇인지 알 수 없게 된다. 만약 미국 사람들 모두가 갑자기 자동차에 대한 관심을 잃게 된다면, 디트로이트 자동차공장 노동자들이 자신들이 깨어있는 동안 더 많은 자동차를 만들기 위해 열심히 일 하는 것은 완전히 바보 같은 짓이 되고 말 것이다. 마찬가지로 이 세상 모든 사람들이 경고문을 보고 담배를 끊는다면, 정부가

쿠바인을 위한 직업창출?

국제무역에 대해 논할 경우 좌파 지식인들은 원천적인 자가당착 때문에 고생하게 된다. 그들은 국제무역은 국내 노동자들의 직업을 빼앗는 일이라고 비난한다. 다른 한편, 그들은 쿠바에 대한 제재는 쿠바 인민들의 삶의 수준을 낮추는 일이라고 비난한다. 외교정책에 관해 어떤 견해를 가졌는지와는 상관없이, 단순한 논리로 생각해 보아도 위의 두 가지 논리가 다 맞을 수는 없는 일이다.

만약 수입되는 외국 물품에 관세를 부과하는 일과 다양한 규제 조치들이 미국을 부유하게 만드는 것이라면, 쿠바 상품에 대한 수입금지 조치는 쿠바를 부유하게 만드는 일이 되어야만 한다. 그들의 논리대로라면, 미국이 쿠바를 전면 봉쇄해 주면 쿠바는 더욱 번영하게 될 것이다. 헨리 조지(Henry George)는 "보호주의가 평시 우리를 어떻게 만들 것인가에 대해 알고자 한다면, 적국이 전시에 우리에게 하려는 바가 바로 그것이라고 생각하면 된다."는 유명한 말을 남겼다.

담배회사 노동자들의 직업을 보호하기 위해 취하는 모든 조치들은 완벽한 헛일이 될 것이다. 만약 미국 소비자들이 일제 자동차들을 선호한다면, 그것은 디트로이트 자동차 노동자들이 그들의 노동력을 효과적으로 사용하지 않았음을 의미하는 것이며, 그 경우 디트로이트 자동차 노동자들은 다른 직종으로 직업을 바꾸어야만 할 것이다. 정부가 시민들에게 명령할 수 없는 자유 시장에서, 디트로이트의 자동차회사 노동자들이 직업을 바꾸는 유일한 방법은 그들이 직장에서 해고당하거나 (혹은 그들이 회사를 그만둘 정도로 임금이 삭감되거나) 스스로 다른 직업을 찾아 나서는 경우뿐이다. 그렇게 되지 않으려면 미국의 자동차회사들은 미국의 고객들이 실제로 사고 싶어 하는 더 좋은 자동차를 생산하면 될 것이다.

고통당하는 육체노동자 — 변덕스런 소비자와는 반대되는 개념으로서 — 에 대한 대중적 편집증은 또 다른 이유 때문에 틀린 것이다. 관세는 '소비자'들에게 손해를 입힐 뿐만 아니라 이익을 보는 산업이 아닌 다른 산업에서 일하는 '노동자'들에게도 손해를 입힌다. 예를 들면, 미국 정부가 일제 자동차에 대해 관세를 부과했을 당시 나타난 효과중 하나는 미국 소비자들이 지불해야 할 자동차 값을 올린 것이었다.(미국 소비자들이 외제차를 사려고 할 경우 그들은 관세를 지불해야 했고, 미국차를 사려고 할 경우에도 돈을 더 내야 했다. 디트로이트의 자동차 회사들은 관세 때문에 일제 자동차의 가격이 오른 것을 빌미로 자신들이 만든 자동차 값도 올릴 여유가 생겼기 때문이다.) 결국 미국 자동차 노동자들을 경쟁으로부터 보

이 책 읽어 봤나요?

Economic Sophisms (경제학적 궤변들) by Frédéric Bastiat, *The Wealth of Nations* (국부론) by Adam Smith.

호해 주기 위해 부과된 일제 자동차에 대한 관세는 건설업에 종사하는 노동자들로 하여금 신뢰할 수 없는 품질, 연료 효율도 떨어지는 미제 자동차를 사기 위해서 그가 열심히 일해서 번 돈의 더 많은 부분을 지출하지 않을 수 없게 만들어 버린 것이다.

정부가 특정 제조업에 종사하는 노동자들의 일자리를 지켜주기 위해 어떤 특정한 수입품에 대해 관세를 부과할 경우, 이는 다른 업종에 종사하는 노동자들에게 피해를 입히기 마련이다. 예컨대 미국의 자동차 제조업자들은 부시대통령이 강철에 대해 관세를 부과했을 당시 고통을 당했다. 연방정부의 설탕 수입할당제는 미국의 설탕 가격을 세계평균의 두 배로 올렸다. 그 결과 라이프 세이버(Life Saver) 사는 전 세계 어떤 나라로부터도 설탕을 무제한 수입해 올 수 있는 캐나다로 제조공장을 옮겨야만 했다.

이상의 사례들이 알려주는 것처럼, 관세는 소비자들만 힘들게 하는 것이 아니라 미국의 노동자들도 힘들게 만든다. 이는 미국의 수출산업을 살펴보면 더욱 분명한 사실이다.

개략적으로 말하자면, 한 나라는 수출을 해서 번 돈으로 수입을 한다. 만약 일본이 지속적으로 미국에 자동차와 또 다른 상품들을 수출하려고 한다면, 일본은 자국 국민들이 위스콘신 치즈 등과 같은 미국제 상품을 구매하도록 해주어야 한다. 결론적으로, 미국 정부가 인위적으로 미국에서 팔릴 일본 자동차의 숫자를 제한하고자 한다면, 그것은 자연스레 일본인들로 하여금 위스콘신의 농부들이 만든 치즈 수입량을 제한하도록 하는 결과를 초래할 것이다.

수요와 공급이 일치하는 점에서 임금이 자유롭게 결정될 수 있는 한, 노동자들은 언제든 일자리를 찾을 수 있을 것이다. 자유무역을 지지하는 것은 일자리를 유지한다는 사실 그 자체에 관한 일만이 아니다. 오히려 노동자들이 어떤 직업을 가져야 하느냐는 문제에 관한 것이다. 관세는 이득을 볼 수 있는 특정 분야의 고용을 확대시킬 수 있다. 그러나 이는 외국 시장에 수출하는 산업분야에 대한 고용을 인위적으로 축소시키는 일이 될 수도 있다. 노동자들을 재배치하는 것은 결코 쉬운 일이 아니다. 정부의 인위적인 제한 때문에 노동력은 가장 효율적인 곳으로부터 다른 곳으로 빠져나가게 되며, 전체적인 생산량도 줄어들게 될 것이다. 관세 때문에 이득을 보는 특정 분야의 사람들이 있겠지만, 전체적으로 볼 때 관세는 사람들을 가난하게 만든다.

고전파의 지혜

중상주의 교리에 의하면, 한 나라의 부(富)의 원천은 그 나라가 보유한 귀금속의 양에 의해 측정된다. 중상주의자들은 프랑스가 스페인의 상품을 수입해 주었음에도(물건을 구입하는 대가로 프랑스는 금화를 지급했다), 스페인은 프랑스의 상품을 수입하지 않을 때, 스페인은 부자가 될 수 있다고 주장한다. 이런 과정을 통해 스페인은 금화를 더 많이 축적할 수 있게 되었고, 축적된 금화는 스페인의 번영을 상징했다는 것이다.

고전파 경제학자들은 중상주의 체제를 사멸(死滅)시켜 버렸다. 데이비드 흄(David Hume)은 중상주의의 프로그램은 자기 파멸적인 것이었다는 사실을 지적한다. 예를 들어, 스페인이 금화를 축적하게 됨에 따라 스페인의 (금화로 계산한) 물품 가격은 상승하게 된다. 반면에 프랑스의 물가는 내려간다. 궁극적으로 스페인의 소비자들이 값이 훨씬 저렴한 프랑스의 상품을 구입하려는 것을 막을 수 없을 것이며, 금화는 스페인으로부터 빠져나갈 수밖에 없게 된다. 아담 스미스(Adam Smith)는 "국가의 부(富)를 측정하는 진정한 방법은 그 나라가 금화를 얼마나 많이 보유하고 있는가가 아니다. 그 나라의 국민들이 즐길 수 있는 상품이 얼마나 많으냐가 국부의 기준이다"라고 관찰했다. 스미스의 글에서 특별히 유명한 구절들은 다음과 같다:

> 조심성 있는 가장들이 반드시 지켜야만 할 금언(金言)이 있다. 결코 감당할 수 없는 비싼 집을 구입하지는 말라는 것이다. 가정에서 신중한 행동이 되는 것이 큰 왕국이 돈을 아껴 쓰는 일과 다를 게 무엇인가. 만약 다른 나라들이 우리나라에서 생산되는 것보다 싼 가격에 상품을 제공할 수 있다면 그들 나라로부터 물건을 구입해 오는 것이 더 나은 일일 것이며, 우리나라의 산업은 우리가 더 높은 비교우위를 가지고 있는 분야에 집중하면 될 일이다.[2]

자유무역을 지지하는 고전적인 사례는 데이비드 리카도에 의해 강력히 주장되었다. 초기의 사상가들, 예컨대 아담 스미스 같은 사람들은 프랑스 노동자가 1년간 노동으로 더 많은 포도주를 생산할 수 있는데도 영국의 노동자가 포도주를 스스로 생산하는 일은 바보 같은 짓이라고 주장했다.(경제학의 용어를 쓰면, 스미스의 주장은 국가들은 자신의 노

알기 쉬운 경제학

비교우위(comparative advantage): 같은 양의 자원을 사용해서 생산할 수 있는 상품의 양으로 가격을 측정할 경우, 가장 싼 가격으로 상품을 생산하는 나라가 비교우위를 갖는다. 모든 분야에서 뒤쳐지지만 그럼에도 불구하고 가장 효율적인 생산자가 될 수 있다. 그 경우 그 나라는 비교(혹은 상대적) 우위를 갖는다고 한다.

동자들이 절대적 우위를 가지고 있는 산업분야를 특화하라는 것이다.)
그러나 리카도는 자유무역에 대한 논의를 더욱 발전시켰다. 어느 나라
의 노동자들이 다른 나라의 노동자들보다 모든 분야에서 앞서는 경우에
도, 즉 그 나라의 노동자들이 모든 상품에서 다른 나라 노동자들 보다
시간당 더 많은 상품을 생산할 수 있는 경우에도, 물건을 잘 만드는 나
라가 그렇지 못한 나라들과 교역하는 것은 이득이 된다는 사실을 밝혔
다.(경제학자들은 이와 같은 상황을 비교우위(comparative advantage)라
고 말하고 그런 분야에 특화하는 것이 좋다고 말한다.)

　일상생활에서도 이 같은 원칙은 너무나도 자명하기 때문에 노동조합
조차 이를 부인할 수 없을 정도다. 경험 많은 재봉사가 자기가 먹을 식
량도 스스로 재배하겠다고 주장하는 것은 바보 같은 일이다. 농부가 "고
용기회를 늘이기 위해" 자신의 양복을 직접 만들어 입겠다고 하는 것도
똑같이 바보 같은 일이다. 현실 세계에서 사람들은 자신의 생산성이 가
장 높은 직업에 종사하며, 자신이 더 잘 만들 수 있는 물건을, 다른 사람
들이 더 싼 가격으로 생산한 모든 종류의 물건과 교환하는 일이 훨씬 더
효과적인 일임을 잘 알고 있다. 이는 모든 분야에서 탁월한 능력을 보
유, 모든 물건을 남보다 잘 만드는 대단한 사람의 경우에도 마찬가지다.
예를 들어, 어떤 변호사는 자신이 타자를 훨씬 더 잘 친다고 하더라도 비
서를 고용하는 것이 유리하다. 비서를 채용함으로써 변호사는 자신이
더욱 잘 할 수 있는 일, 즉 자신이 비교우위를 가지고 있는 분야에 더욱
집중할 수 있을 것이기 때문이다. 또 다른 예를 들어보면, 뇌수술 전문의
는 자신이 타코 벨(Taco Bell)에서 일하는 10대보다 요리를 더 빠르게, 더
잘 한다고 하더라도 식당에 가서 점심을 사먹는 편이 더 유리하다.

　고전파 경제학자들은 국제무역은 각국의 노동자들을 가장 생산적인
분야에 집중할 수 있게 함으로써 무역에 참여한 모든 나라 국민들의 생

알기 쉬운 경제학

절대 우위(Absolute Advantage): 상품을 만드는 데 소요된 자원의 양으로 측정되었을 경우, 가장 낮은 가격으로 상품을 생산 할 수 있는 나라가 절대 우위를 가진 나라다.

활수준을 향상시켰다는 사실을 밝혀냈다. 어떤 특정 직업의 노동자를 살리기 위해 정부의 규제가 필요하다면, 그것은 사실은 그 직종에 종사하는 노동자들이 다른 분야에서 일하는 것이 더 유용한 일이라는 사실을 말해주는 것이다. 직업을 창출한다는 것만이 문제가 아니다. '올바른' 직업을 창출하는 것이 진정으로 의미 있는 일이다.

무역적자의 정체를 폭로한다

고전파 경제학자들은 중상주의의 지적(知的) 기반을 붕괴시켰지만, 아직도 중상주의는 대중적 인기를 얻고 있는 영향력 있는 원리(doctrine)로 남아 있다. 오늘날 언론기관들이 "무역적자"라는 개념에 편집증적 관심을 가지고 있다는 것이 그 예이다. 어떤 나라가 자신이 수출한 상품의 시장가치 총액이 (그리고 계산방법에 따라 다르지만 서비스도 포함된) 수입한 상품 전체의 시장가치보다 적을 경우, 그 나라는 무역적자의 상황에 처해 있는 것이다. 수세기 전 중상주의자들이 그러했던 것처럼, 오늘날 무역적자에 대한 언론의 팔 비틀기는 미국이 바보처럼 지속적으로 외국의 물건을 수입해 오고 외국은 미국의 상품을 덜 수입할 경우 미국의 "돈은 고갈되어" 버릴 것이라고 주장한다. 자본주의의 적(敵)들에

게 이처럼 참을 수 없는 상황을 타파하는 방법은 분명하다: 미국의 무역
적자를 감소시키기 위한 방편으로, 미국 소비자들의 자발적인 소비 결
정에 미국 연방정부가 간섭해야만 한다는 것이다.

자유 시장을 지지하는 경제학자들은 이미 수많은 글과 사례들을 통
해 정부의 간섭 정책이 얼마나 바보 같은 짓인지를 이야기해 왔다. 또
다른 방법은, 논점을 국내교역으로 바꾸어 보는 것이다. 만약 통계학자
들이, 뉴욕 주가 플로리다 주로부터 더 많은 식품을 구입하는 반면에 플
로리다는 뉴욕의 식품을 덜 구입하고 있다는 사실을 발견했다면, 뉴욕
주정부는 뉴욕 주를 황폐화시키는 이 같은 조치를 즉각 중단시켜야만

✳✳✳✳✳✳✳✳✳

바스티아의 매력: 값싼 (태양에너지)수입품이
우리의 일자리를 없애지는 않는다.

프랑스의 사상가 프레데릭 바스티아(Frederic Bastiat, 1801-1850)는 자유
무역을 지지한 대표적인 인물이다. 그의 유명한 글 "양초를 만드는 사람
들의 탄원"은 이제껏 쓰여진 최고의 경제학 에세이라고 말할 수 있다. 바
스티아는 탁월한 해학(諧謔)을 통해 프랑스 정부는 "창문, 지붕에 난 창문,
천장의 채광창, 덧문의 안팎, 커튼, 여닫이창, 둥근 채광창, 현창 안 뚜껑,
블라인드 등 — 즉, 열려있는 모든 곳들, 구멍, 틈새 등에 햇볕이 집으로
들어올 수 없도록 모든 차단장치들을 설치해야 한다는 법률안을 통과시켜
야 한다고 주장했다. 이런 법률안을 통과시키는 일이 공정한 산업에 피해
를 주는 일이라 할지라도, 우리가 자랑스럽게 얘기할 수 있는 조국, 불리
한 싸움에서도 결코 우리를 버리지 않을 프랑스를 위해" 이 같은 법안은
통과되어야 할 것이라고 주장했다. 만약 프랑스 국회의원들이 햇빛의 무
자비한 침투를 불법화시킨다면 양초를 만드는 사람들은 그들의 산업을 확
장시킬 수 있을 것이며, 더 많은 노동자들을 고용하게 될 것이고, 이는 프
랑스의 경제에 수많은 보이지 않는 축복을 가져오게 할 것이다. 바스티아
주장의 핵심 포인트는 관세를 지지하는 사람들이 바로 이처럼 바보 같은
짓을 하고 있다는 점을 알리려는 것이었다.

할 것인가? 이러한 설명이 회의주의자들을 설득하는 데 충분치 못하다면 우리는 더 극적인 사례를 제시할 수 있다. 어떤 의사 한 분은 매년 자기가 근무하는 병원에 있는 식당에서 상당한 적자를 내고 있다. 즉, 그 의사는 식당에서 돈을 많이 소비하고 있는 데 반해 식당 주인들은 그 의사가 제공하는 서비스를 구매하기 위해 그 의사의 병원에 자주 들리지 않았던 것이다. 이 경우 의사의 재산은 서서히 식당으로 빨려 들어가게 되고, 그 의사는 자신의 인생이 파탄 나게 되는 것을 막기 위해 즉시 자신의 행동 방식을 바꿔야 하는 것일까?

물론 이 질문에 대한 대답은 "아니다"이다. 식당에 대한 의사의 적자는 그를 고용한 병원이 낸 흑자를 통해 해소되는 것이다. 즉, 병원내의 서비스에 대해 그가 사용한 돈보다 병원이 그에게 준 돈이 더 많은 것이다. 마찬가지로, 중국이나 일본에 대한 미국의 무역적자는 미국이 홍콩, 오스트레일리아와의 무역에서 낸 흑자로 인해 상쇄되는 것이다. 국제무역은 각국의 노동자들이 자신들이 훨씬 더 잘할 수 있는 분야로 특화(特化)할 경우 더욱 용이하게 이루어질 수 있다. 이런 이유 때문에 미국이 어떤 특정 국가로부터 물건을 많이 (종합적으로 보아) 구입했다는 사실은 놀랄 일이 아닌 것이다. 두 나라 사이의 무역을 측정하고 그 무역이 균형을 이루지 않고 있다고 말하는 것은 개인들이 상호간 거래의 균형을 이뤄야만 한다고 말하는 것처럼 치명적으로 위험한 일이다.

물론 현실세계는 위에서 이야기한 사례들보다 훨씬 복잡하다. 잘 정리된 비판자가 지적하겠지만, 미국은 어떤 나라와는 무역적자, 그리고 또 다른 나라들과는 무역흑자의 관계에 있으며, 전체적으로 보아 미국은 무역적자의 상태에 있다. 즉, 미국 사람들은 다른 나라 사람들이 미국 상품을 구입하는 것보다 다른 나라의 상품을 더 많이 구입 하고 있는 것이다. 그렇지만 이것이 경종을 울려야 할 상황은 아니다. 개인들의 사례를 다시 적용할 경우, 그 이유는 아주 분명해진다. 어떤 사람이 세상의 다른 모든 사람들과의 거래에서 적자를 낸다고 할지라도 우리는 그 사람의 행동을 비난할 수는 없다. 예를 들어, 아마도 그 사람은 현재 의과대학 혹은 법과대학원에 재학 중일지도 모르는데, 그는 지금 등록금과 주거비를 마련하기 위해 돈을 빌려 쓰는 중에 있다. 이 같은 행동은 근시안적인 것도, 바보 같은 것도 결코 아니다. 혹은 그 사람은 은퇴하여 그가 보유하고 있던 주식의 일부를 팔아버렸고 그 돈으로 카리브해에 가서 휴가를 즐기고 있을지도 모른다. 다른 사람들이 이들의 선택에 대해 불평불만을 늘어놓을 수는 없는 일이다. 마지막으로, 그 사람은 새로운 회사를 시작했고, 회사가 필요로 하는 새로운 빌딩과 기계를 구입하기 위해 주식을 발행하고 있을지도 모른다. 이 경우에도 그 사람은 "거래상 적자"를 보고 있을 것이지만, 그것은 문제가 될 일이 아닌 것이다.

한 나라의 무역적자는 간단히 말하자면 그 나라 국민 개개인들의 무역적자를 다 합친 것이나 마찬가지다. 개인들의 적자가 완벽하게 정당화될 수 있고 또한 별 문제가 없는 것일 수 있는 것처럼, 국가의 적자도 경종을 울려야 할 일은 아니다. 경종을 울려야 한다는 사람들의 말이 맞는다고 하더라도, 그리고 현재와 같은 무역적자가 지속될 수는 없는 일이라 하더라도, 이 문제에 대한 올바른 대답은 "그래서 어쨌다는 것인가?"이다. 만약 어떤 외국인이 자신이 만든 상품을 매년 미국에 팔기만 하고 미국의 상품은 전혀 구입하지 않는 바보 같은 짓을 한다고 할지라도, 그것이 왜 미국 사람들에게 문제가 된다는 말인가? 이 같은 문제는 외국 사람들이 비판자들이 말하는 경고의 준엄한 "현실"을 깨닫게 될 때 저절로 해소될 일이다. 온 세상의 문제를 다 걱정하는 사람이 어떤 소년이 아이스크림을 핥아 먹는 모습을 보고, "그렇게 먹지 마라! 아이스크림은 저절로 다 녹아버린다는 것도 모르니?"라고 소리치는 것과 다를 바

없는 일이다.

무역적자: 돈을 따라가다

현대의 중상주의자들은 무역적자에 초점을 맞추는데, 그 이유는 돈이야말로 번영의 원천이라고 (잘못)믿기 때문이다. 무역 "적자"는 돈이 한 나라로 유입되는 것이 아니라 유출되는 것을 의미하는데, 이는 경제가 망가지고 있음을 상징하는 분명한 징표로 인식된다. 자유 시장 경제주의자들 대부분은 논의의 초점을 돈으로부터 실질적인 상품과 서비스의 생산으로 옮김으로써 이 같은 오해에 대처한다. 만약 이들이 독자들에게 미국의 소비자들은 자유무역을 통해 더 많은 물자들을 소비할 수 있게 되었다는 사실을 설득시킬 수 있다면, 그들이 주장하는 자유무역은 정당화될 수 있다.

중상주의 그 자체가 내포하고 있는 잘못을 보여주는 것도 중상주의의 문제를 비판하는 좋은 방법이 된다. 중상주의자들이 간과하는 것은, 무역의 불균형은 궁극적으로 균형을 이루는 방향으로 조정된다는 사실이다. 이것은 경제학의 이론이 아니라 회계학적인 진리이다. 만약 미국사람들이 일본으로부터 1조 달러어치의 물품을 구입하고 일본사람들은 미국 물품을 8,500억 달러어치 수입했다면, 그렇다면 없어진 1,500억 달러는 어디로 갔단 말인가? 결국 닛산 자동차와 플레이스테이션 게임기를 만든 일본 노동자들은 일본 돈인 엔화로 월급을 지급받을 것이다. 그들은 대개 미국의 달러화로 월급을 받지 않는다. 일본의 소비자들이, 미국의 소비자들이 일본 상품의 소비를 원하는 것만큼 미국의 상품을 소비하기를 원하지 않을 경우, 그 공백은 다른 곳에서 메워져야만 한다.

예컨대 일본인 투자자들은 미국의 주식, 채권 혹은 달러로 표시된 다른 도구들을 구입하게 될 것이다. 일본인들은 미국인들이 일본에 투자하는 것보다 1,500억 달러만큼 더 많은 돈을 미국에 투자하고자 할 것이다. 또 다른(덜 전형적인 것이지만) 가능성은 일본인들이 금이나 은을 보유하고 있는 것처럼 미국의 달러화를 부의 축적 수단으로 직접 보유하는 것이다.

미국의 달러화를 문자 그대로 쌓아두고 있는 외국인의 경우를 예외로 하다면 (무역 적자로 인해) 미국으로부터 빠져나간 달러화는, 어떤 경로를 통해서든, 미국으로 다시 돌아올 길을 찾지 않으면 안 된다. 달러화와 엔화의 교환비율은 전체 양이 동등해질 때까지 지속적으로 적응하는 방향으로 변동할 것이다. 다른 사람들은 (미국의 상품을 구입하거나 미국의 자산을 구입하기 위해) 엔화보다 달러화를 더 원하는 데 반해, 어떤 사람들은 (일본의 상품을 구입하기 위해 혹은 일본의 자산에 투자하기 위해) 엔화를 달러화보다 더 원한다면, 그 경우 외환 딜러들은 엔화는 부족하고 달러화가 넘치는 상황에 직면하게 되며, 그 경우 달러화에 대한 엔화의 가격이 상승하게 될 것이다. 이처럼 달러 가격이 내려가게 될 경우 일본이 생산한 제품들은 상대적으로 더 비싸지게 될 것이며, 반면에 미국의 상품과 자산은 상대적으로 더 싸지게 될 것이다. 결국 엔화와 달러화의 교환비율은 달러를 원하는 사람들과 엔화를 원하는 사람들이 완전히 균형을 이룰 때까지 지속적으로 변하게 될 것이다. 어떤 특정 상품의 가격이 균형을 이룬다는 보장은 없지만, 전체 무역을 보았을 경우 그것은 항상 균형을 이루게 되어 있다.

이 같은 진리는 국제무역에 관한 또 하나의 유명한 모순을 드러내 보여준다. 대부분의 시민들은 무역적자는 나쁜 일인 반면에 무역흑자를 통한 자본의 유입은 좋은 일이라고 말한다. 그러나 무역적자와 무역흑자는 같은 동전의 앞뒷면이나 마찬가지다. 외국인들이 달러화를 실제로 축적시키는 경우를 무시하고 말한다면, 미국 사람들이 향유할 수 있는 자본유입의 유일한 방법은 미국이 무역적자를 내는 일이다. 외국 사람들에게 (a) 미국인들이 외국 상품을 구입하는 것보다 외국인들이 더 많은 미국 상품을 수입해야 한다고 강요하는 일, (b) 미국인들이 외국의 자산에 투자하는 것보다 더 많은 돈을 외국인들이 미국의 자산에 투자해야 한다고 요구하는 것은 '불가능한 것을 요구'하는 것과 같다.

제 15 장
지구촌에서 돈 벌기

자유무역의 이론적, 경험적 우수성에도 불구하고 상업에 대해 의구심을 가지는 사람들은 항상 상황을 왜곡시킴으로써 논쟁거리를 만들어 내기 마련이다. 오늘날 세계에서는 경제적으로 무지한 사람들만이 국제적 상품거래에서 "보호" 관세 혹은 다른 종류의 규제를 지지한다. 그러나 상품 대신 국제적인 노동과 서비스의 움직임에 대한 공격이 유행하고 있으며, 특히 두려운 다국적 기업에 의해 이 같은 일이 행해지고 있다는 사실이 비난당한다. 무역에 관한 새로운 비판자들을 단결하게 만드는 요인은 소위 "세계화(globalization)"라고 불리는 현상에 대한 그들의 두려움과 반감이다.

생각해 봅시다.

🏠 해외로부터의 인력 수급은 미국인을 부유하게 만든다.

🏠 미국 제조업은 소멸되지 않았다

🏠 인터넷은 일자리를 없애지 않았다

🏠 IMF와 세계은행은 가난한 나라들을 돕지 않는다.

위기를 제조하다

노동조합과 무역을 비판하는 사람들이 가장 끈질기게 믿고 있는 신화는 미국의 제조업은 이제 멸망 직전에 놓여 있다는 것이다. AFL-CIO의 웹사이트에 의하면, "부시 행정부 출범 이후 260만 개의 일자리가 소멸되었는데, 그 중 대부분은 기업들이 일자리를 중국으로 옮겨버린 탓이다. 중국은 값싼 임금을 받는 노동자들의 등뼈 휘는 고생 덕택에 제조업이 붐을 일으키고 있다."[1]

미국 제조업의 위기에 관한 주장이 맞는 것이라 하더라도, 이 같은 주장에 대한 궁극적인 반응은 "그래서 어쨌다는 건가?"일 것이다. 제조업 일자리에 신성불가침이란 없다. 우리는 사실 2050년 미국의 자동차 조립 라인에서 수십만 명의 미국인 노동자들이 일하고 있을 것이라고 기대하지 않는다. 마찬가지로 오늘날 돈을 잘 벌어다 주는 몇 가지 농산물에 의존하고 있는 나라들도, 비록 그들이 이 분야에서 건강하게 성장 발전하더라도, 장차 농민의 숫자가 대폭 줄어들 것으로 예상하고 있다. 이 같은 것들은 진보의 상징이지 퇴보를 의미하는 것은 아니다. 일을 하기 위해 필요한 노동자의 숫자는 점점 줄어들게 되어 있으며 수십 년이 지나면 상상도 할수 없는 새로운 것들이 나타나서 노동자들을 자유롭게 만들어줄 것이다.

그러나 토론을 위하여, 막강한 제조업을 보유하고 있는 것이 나라를 위해 좋은 일이라고 가정하자. 그럴 경우라도 중요한 이슈는 산업체에 고용된 일자리 수보다는 제조업의 산출액 총액일 것이다. 우리가 일인당 탱크 생산량을 2배로 올릴 수 있다면, 그 경우 우리는 탱크를 생산하는 노동자의 절반을 해고한다고 해도, 우리나라가 갑자기 적의 침략의 위험 앞에 놓이게 될 일은 없을 것이다. 다음의 사실을 한 번 보라! 미국

제조업의 생산성(노동자 일
인당 생산량)은 2000년부터
2003년 사이 매년 4.8%씩
늘어났다.[2] 2001년부터 제조
업 전체 생산량이 감소한 것
은 사실이다. 그렇지만 이 같

이 책 읽어 봤나요?

Free Trade Under Fire
(공격당하는 자유무역) by
Douglas A. Irwin; Princeton, NJ: Princeton
University Press, 2002.

은 경기불황은 10년 이상 지속된 붐 이후에 찾아온 것이다. 1992년부터
2000년 사이 미국 제조업의 총생산량은 55% 이상 증대되었고, 어떤 특
정 분야(공업 및 전자 기계 분야)의 경우 2배 이상 성장했다.[3] 그래서 사
람들이 미국 제조업의 일자리가 1950년대 이후 줄어들었다는 사실을 말
한다고 해서 미국의 제조업 생산량이 50년 전보다 줄어들었음을 의미하
는 것은 전혀 아니다.

해외로부터의 인력수급(Outsourcing)은 국내 일자리를
파괴하는가?

위에서 인용한 AFL-CIO 자료처럼, 국제무역을 비판하는 사람들은
값싼 외국 제품과 노동력의 유입 때문에 미국인들의 일자리가 줄어든다
고 주장한다. 그러나 미국 제조업의 슬럼프를 이상 두 가지 불쌍한 희생
양 때문이라고 말할 수 있는 근거는 없다. 역설적이지만 무역으로 인해
일자리가 줄어들었다면, 그것은 미국의 제조업 수출이 부진 한 탓이지
값싼 수입상품들이 미국의 국내시장을 파괴했기 때문은 아니다. 계간지
인 〈맥킨지 쿼털리(McKinsey Quarterly)〉에 의하면:

2000년 이후 미국의 경기가 불황으로 접어들었고 미국의 수출

액은 줄어들었다. 우리의 추정에 의하면, 2000년 당시 340만 명의 제조업 근무 노동자들이 상품을 생산하고 있었다. 그러나 2003년 제조업 종사 노동자의 숫자는 270만 명으로 줄어들었다. 수출 부진으로 인해 742,000개의 제조업 일자리가 줄어든 것이다.

그러나 수입 측면의 상황은 아주 다르다. 2000년 이후 외국의 상품이 미국으로 물밀듯 밀려들어왔다는 것은 틀린 이야기다. 실제로 외국상품의 수입은 2000년부터 2003년 사이 별로 많이 늘어나지 않았다. 다음에 설명할 것이지만, 이처럼 수입이 부진했던 결과 2003년 미국의 제조업 일자리가 428,000개 늘어났다.

종합적으로 말한다면, 무역 때문에 줄어든 미국의 제조업 일자리는 314,000개를 넘지 않는다(수출 부진으로 인한 일자리 감소 742,000, 수입 부진으로 인한 일자리 증가 428,000). 이는 제조업 전체의 일자리 감소 2,850,000개의 11%에 불과하다. 없어진 나머지 일자리 2,540,000개는 온갖 상품의 국내 수요를 낮게 만든 경제의 주기적인 하락으로 인한 것이었다.[4]

다른 말로 하자면, 제조업이 노동자를 해고한 이유는 1차적으로 경제 불황이 미국 소비자들의 소비 욕구를 약화시켰기 때문이지 미국의

알기 쉬운 경제학

세계화: 경제학자 이스마일 샤리프(Ismail Shariff) 박사는 세계적인 차원에서 가격, 생산, 임금, 이자율, 그리고 이윤이 단일화(homogenize)되는 과정을 세계화라고 말한다. 세계화의 진전은 노동의 자유(국경을 넘나들 수 있는), 국제무역, 그리고 자본의 신속한 이동 및 금융시장의 통합 등 3가지 요인으로 인한 것이었다.

소비자들이 외국제 수입상품에 눈길을 돌렸기 때문은 아닌 것이다. 해외로부터 값싼 노동력을 유입했기 때문에 미국의 일자리가 줄어들었다는 비난 역시 틀린 것이다. 유입된 노동력의 숫자와 없어진 일자리의 숫자가 서로 다르다. 예를 들어, 가장 비관적인 수치를 인용한다면 2004년 대략 406,000개의 일자리가 해외에서 유입되었다.[5] 이 수치는 지금 대단히 과장된 것으로 보이는데, 이 숫자는 2004년 국내에서 새로 고용된 (in-sourced) 일자리의 숫자 수천 개와 계산이 맞아 떨어지지 않기 때문이다.(국제투자기구(Organization for International Investment)에 의하면, 2004년 캘리포니아 주에서만도 561,000개의 일자리가 미국에 있는 외국 회사들의 자회사들에 의해 제공되었고, 이처럼 국내에서 채용된 일자리 중 24%가 제조업 분야였다. 이들 새로운 일자리들이 모두 한 해에 생겨난 것은 아니지만 이들은 아웃소싱은 양방향의 길이라는 점을 보여준다.[6]) 이 수치를 믿지 못할 사람들도 있겠지만 제조업에서 일자리가 줄어든 것을 아웃소싱의 결과라고 설명할 수는 없을 것이다.

아웃소싱된 일자리의 숫자는 중요하겠지만 — 특히 우리들은 잘 선택한 숫자를 가지고 우리가 원하는 그림을 그릴 수 있겠지만 — 그런 평계들은 자유주의 시장경제를 비난하는 사람들에게 너무 많은 것을 양보하는 것일 수도 있다는 위험성을 내포하고 있다. 시장경제는 역동적인 질서이다. "직업의 소멸"이 어떤 특정 요인 때문에 발생한 것이라고 보고 마찬가지 과정을 통해 생겨난 일자리를 무시하는 것은 잘못된 일이다. 예를 들어 보자. 20세기 동안 기계의 발달로 인해 1억 개 이상의 미국인 일자리가 소멸되었다. 노동력을 감소시키는 데 기여한 어떤 특정한 기계의 도입으로 인해 없어지게 된 일자리를 모두 합치면 그렇게 된다는 말이다. 그러나 이것은 지금 대다수의 미국 시민들이 일자리를 찾을 수 없음을 의미하거나 노동력을 제공해야 할 사람들이 시간당 불과 1페니라도 받고 일을 해야만 하는 상황이 되었음을 의미하는 것은 아니다. 그렇지만 세계화에 반대하는 신경질적 비난의 배후에는 이와 유사한 주장들이 깔려 있다.

해외로부터의 인력수급(outsourcing)은 미국을 더 부유하게 만든다

그렇다면 아웃소싱은 해(害)가 없는 것이란 말인가? 해가 있기는커녕 아웃소싱은 실제로는 더 좋은 일이다. 아웃소싱은 미국 경제를 더욱 효율적으로 만들어 주고 미국인들을 부유하게 해준다.

세계화에 반대하는 군중들을 그토록 분노케 하는 전형적인 사례에 대해 생각해 보자. 제조 상품, 예컨대 TV를 미국의 소비자들에게 판매하는 미국의 기업을 생각해 보자. 원래 TV는 연봉 5만 달러를 받는 미국의 노동자들에 의해 미국 내에서 만들어졌었다. 그러나 운반비용의 감소, 유리한 무역조건 등으로 인해 미국의 TV제조회사들은 경비를 절감하기 위한 방편으로 미국 내의 공장을 폐쇄하고 중국에 공장을 지은 후 중국 노동자들을 훨씬 싼 임금을 주고 고용했다. 그리고 그들이 해외에서 만든 TV를 미국 시장에 내다 파는 것이다.

이 같은 가상의 시나리오에서 해고당한 미국의 노동자는 분명히 피해를 입은 사람들이다. 적어도 단기적으로는 그렇다. 그들은 과거 그

이 책 읽어 봤나요?
Equality, the Third World, and Economic Delusion (평등, 제3세계 그리고 경제적인 망상) by P.T. Bauer; Cambridge, MA: Harvard University Press, 1983.

들이 TV공장에서 일할 때보다 임금을 적게 주는 곳(혹은 다른 측면에서
더 열악한 곳)에서 일해야 할지도 모른다. 그러나 이들의 손실은 회사의
주주들에게 돌아가는 이익이 많아지게 함으로써 상쇄된다. 주주들 역시
미국 사람들이다. 우리들은 승자가 얻은 이득이 피해를 본 사람들의 손
실보다 더 많다는 사실을 어떻게 알 수 있을까?

이 논란은 약간 모호할 수 있다. 그러나 힘들게 생각해 보아야 할 가
치가 있다. 왜냐하면, 이 논의는 아웃소싱의 효율성을 이해하는 데 필수
적이기 때문이다. 우리는 회사가 노동자를 해고함으로써 얻은 손실보다
아웃소싱을 통해 더 큰 이익을 거두지 않으면 안 된다는 점을 다음과 같
은 고려를 통해 알고 있다. 전제가 틀리다면 — 다른 말로 해서, 직장을
잃은 노동자들이 다른 직장에서 일하게 됨으로써 입게 된 임금 손실 피
해가 회사가 아웃소싱을 함으로써 얻은 이익보다 더 큰 것이라면 — 회
사는 아웃소싱을 하면 안 된다. 미국 노동자들의 임금을 삭감하는 대신
공장을 미국에 그냥 놔두는 것이 분명히 더 이익이 되는 일일 것이다.
그러나 이 같은 일은 (우리가 가정한 최악의 시나리오에서) 발생하지 않
았다. 그래서 아웃소싱은 해고당한 노동자들이 박탈당한 것보다 더 많
은 돈을 회사에 벌어다 주었다.

이 같은 주장은 정치적으로 보았을 때는 타당치 못한 주장일 것이다.
CNBC에 나와서 말하는 논객 중에서 '아웃소싱은 노동계층의 가족이 손
해를 보게 된 금액보다 더 많은 돈을 벌어다 회사의 주주들에게 이익배
당금으로 나눠줄 수 있게 되었다'라며 아웃소싱을 변호할 용기를 가진
사람은 없을 것이다. 이것이 이야기의 전부라고 할지라도(사실은 그렇
지 않지만) 우리는 우리가 보여주고자 했던 바를 더 분명하게 증명해 보
여야 할 것이다: 즉, 아웃소싱에 관한 가장 최악의 시나리오라고 할 경
우라도 그것은 미국인들을 결과적으로 더 부유하게 만든다는 것을 보여

주어야 한다는 것이다. 아웃소싱을 비판하는 사람들이 정직한 사람들이라면, 그들이 주장하는 대로 아웃소싱을 중지할 경우 그것은 미국의 일부 노동자를 부유하게 만들지는 몰라도 동시에 다른 미국 사람들에게 더 많은 손해를 입힐 것이라는 사실을 인정해야만 할 것이다. 그러나 이처럼 솔직하게 인정한다면, 그 사람은 토크쇼에서 잘 나가는 사람이 결코 될 수 없을 것이다. 아웃소싱에 대해 반대하는 사람들은 자신들이 언제나 노동자들 편이며 "미국" 편이라는 듯이 말한다. 이들에게 부자 미국사람들은 미국의 일부가 아닌 것처럼 보일지도 모른다.

어떤 경우라도 우리는 부유한 주주와 열심히 일하는 노동자 중 하나만을 택하면 안 되는 것이다. 생산 단가를 낮추는 일이 도널드 트럼프(Donald Trump)에게만 이득이 되는 것은 아니다. 거의 대부분의 미국 국민들이 은퇴 후를 위해 주식과 채권을 매입하고 있다.(이들은 아마도 상호기금 혹은 보험회사 등 중간 회사들에 의해 운용될 것이다.) 다른 나라의 노동자들을 활용함으로써 회사가 이득을 보게 될 때 함께 이득을 볼 사람들 중에는 은퇴 후의 연금기금을 더 벌게 된 학교 선생님도 포함될 수 있는 것이다.

그러나 아웃소싱을 함으로써 가장 눈에 띄는 이득을 취하는 사람들은 미국의 소비자들이다. 우리가 상정한 가상의 TV회사가 얻게 될 이익은 경쟁사가 존재하는 한 단기적인 이익에 불과할 것이다. 어떤 회사가 아웃소싱을 통해 생산비를 절감시킬 수 있다면, 그의 경쟁사들도 그렇게 할 수 있을 것이기 때문이다. 생산단가를 낮추게 될 경우 궁극적으로 미국 소비자들이

이 책 읽어 봤나요?
In Defense of Global Capitalism
(전 지구적 자본주의를 변호함) by Johan Norberg; Washington, DC: Cato Institute, 2003.

구매할 TV의 가격이 내려가게 될 것이다. 그래서 회사의 이익은, 우리가 이미 알고 있듯이, 해고된 노동자의 손실보다 더 크고, 그것은 곧 소비자들에게 나눠지게 되는 것이다. 회사의 이익은 곧 정상적인 수준으로 다시 조정될 것이지만, 가격이 내려간 TV는 소비자들이 구입하기에 더욱 용이해질 것이다.

감정에 좌우되지 않는 객관적 분석에 의하면, 아웃소싱은 그것이 특정 집단에 가하는 손해보다 훨씬 더 큰 이익을 사회 전체에 흩뿌려 준다. 이런 관점에서 볼 때, 아웃소싱은 공장 노동자들의 "직업을 빼앗는" 새로운 기계의 출현과 별로 다를 바 없는 일이다. 노동력을 절감시켜 주는 기계의 출현으로 인한 혁신의 결과 비록 특정 직종의 노동자는 고통을 당하게 되겠지만, 다른 모든 노동자들은 (그들은 동시에 소비자이기도 하다) 현저한 이득을 보게 되는 것이다. 아웃소싱의 경우도 마찬가지다: 중국에게 자신의 일자리를 빼앗긴 노동자는 임금이 내려간 자신의 새 일자리에 대해 분노하게 될 것이다. 그러나 그는 낮아진 임금을 가지고도 상점에 가서 더 많은 물건을 살 수 있게 될 것이다. 왜냐하면 다른 직종의 노동자들도 유사한 이유로 값싼 해외의 노동자들에게 직장을 잃었을 것이고, 결국 그들이 만들던 상품의 가격도 내려갔기 때문이다. 역동적인 경제체제하에서는 어떤 특정 일자리도 영구히 보장되지 않는다. 그러나 자유 시장에서 사람들은 가장 효율적으로 노동력의 배치를 보장받게 되며, 그것은 모두의 생활수준을 향상시킨다.

하이테크 분야(The high-tech sector): 또 다른 가짜 위기

세계화를 비판하는 사람들도 임금이 싼 외국의 노동자들은 자동차

혹은 다른 제조품을 만들고, 기술력이 있는 미국의 노동자들은 소프트 웨어 혹은 바이오테크놀로지(제 3세계 국가들이 자신의 경제를 농업으 로부터 제조업으로 변화시키기 원하는 것처럼)에 집중하면 된다는 "소 박한" 낙관주의에 대해 대체적으로 긍정적 반응을 보인다.

그들은 새로운 세계경제 속에서 임금이 싸지만 고도로 훈련된 외국 의 노동자들은 하이테크 분야의 직업까지도 파괴할 것이라고 주장한다. 폴 크레이그 로버츠(Paul Craig Roberts)는 — 로널드 레이건 대통령 당시 재무부 차관을 역임했고, 지금 부시 행정부에 대한 가장 목소리 큰 비평 가가 되어 있는데 — 미국의 수출산업 중에 단 하나도 고용노동자의 숫 자가 증가하고 있는 경우는 없으며, 이것은 바로 자유무역과 아웃소싱 때문이라고 비난한다. 로버츠는 "외국으로 옮겨다 놓은" 육체노동자들 의 일자리뿐만 아니라 하이테크 분야 일자리들도 마찬가지로 문제가 된 다고 주장하는 것이다.

그러나 데이터를 살펴보면 그의 주장에 문제점이 많다는 사실을 알 수 있다. 노동통계국(Bureau of Labor Statistics, BLS)에 의하면 "소프트웨 어" 관련 일자리 종사자의 숫자는 1999년 287,600명으로부터 2004년에 는 425,890명으로 늘어났고, 평균임금도 상승했다. 로버츠의 비관론과 는 정반대로 하이테크 수출 기업들의 경우, 세계화를 지지하는 경제학 자들이 묘사한 패턴이 그대로 나타났던 것이다.

소프트웨어 산업에 관한 보고서들 대부분이 절망적인 것들이라는 사 실과 비교할 때, 이상의 숫자들은 당신을 놀라게 할지도 모르겠다. 그 한 예로 경제정책연구소(Economic Policy Institute, EPI)의 유명한 보고서는 2000년부터 2004년 사이에 "소프트웨어 일자리"가 10만 개 이상 줄어들 었다고 발표했다. 지금 여기 두 가지 재미있는 일이 나타나고 있다: 첫 째, 인용된 자료 중의 하나는 노동통계국이 만든 것이다. — 그래서 정부가 집계한 자료에 의문을 가지는 사람들일지라도 그것이 EPI 연구가 제시한 숫자보다 상황을 더 잘 설명한다고 보지는 않을 것이다. 둘째, 우리가 2000년과 2004년의 BLS 자료를 본다면, EPI가 그 수치를 얻기 위해 포함시킨 일자리들과 제외시킨 일자리들이 불분명하다는 점이다. 예컨대 "컴퓨터 소프트웨어 기술자: 응용부분"과 "컴퓨터 소프트웨어 기술자: 시스템 소프트웨어 부문"(이 두 분야만 일자리 이름에 '소프트웨어'라는 단어가 붙어 있다) 등 두 분야의 일자리는 같은 기간 동안 104,660개가 늘어난 것으로 되어 있다. 아마도 EPI 연구소의 저자들은 다른 카테고리들을 자신들의 계산에 포함시킨 것은 아닐까? 그랬다고 생각해도 될 것 같다. 일자리 이름에 "컴퓨터"라는 단어가 포함된 것을 모두 포함시킨다면 2000년부터 2004년 사이에 일자리 숫자는 132,440개가 늘었다.

물론 컴퓨터 산업의 특정 분야 중에 최근에 불황을 겪은 분야가 있다는 것은 사실이다. 그러나 중요한 포인트는 컴퓨터 산업 전체(혹은 더 폭을 좁혀 소프트웨어 산업 전체)의 일자리가 줄어들고 있다고 말하기 위해서는 일자리가 줄어든 분야가 신중하게 선정되어야 하며, 일자리를 많이 늘인 범주는 배제되어야 한다.(적어도 BLS 자료에 의존하려는 경우 그렇다.)

이처럼 비관적인 수치에는 두 번째 문제가 있다. 왜 그들은 2000년 이후의 일자리 감소만을 보여주고 있는가? 아웃 소싱과 "자유무역"(따옴표를 부친 이유는, 미국은 진정한 자유무역을 시행한 적이 없다는 사실을 나타내기 위해서다)은 2000년 이전에도 존재했던 것인데도 말이다. 왜 경고음을 내는 사람들이 2000년이라는 시점을 택했는지(BLS가 1999년 자료도 제시하고 있는데)에 대한 시니컬한 설명은 2000이라는 숫자가 하이테크 분야가 닷컴 붐으로 인해 정상에 올랐던 해를 의미하기 때문이라고 보인다. 컴퓨터 산업이 정점에 올랐던 시점을 기준으로 삼을 경우 그 이후 몇 년 동안 쇠퇴가 진행되는 모습을 더욱 극적으로 묘사할 수 있을 것이다. 그러나 우리가 "세계화"의 효과를 측정하려고 할 경우 이 같은 측정 방식은 결코 정확한 것이 될 수 없다.

　마지막으로, 경고음을 내는 사람들에게 재미있는 질문을 제기할 수 있을 것이다: 그들은 진정 우리에게, 정색한 얼굴로, (세계화를 초래한 중요한 힘 중의 하나인) '인터넷의 발명은 미국인들이 컴퓨터 산업에서 일자리를 얻는 것을 더욱 어렵게 했다'고 말하고 싶은 것인가?

수입과 해외 에로의 공장 이전은 실업을 설명하는가?[7]

년도	일자리를 잃은사람들 총 숫자:	수입상품과의 경쟁 때문에 없어진 일자리	공장의 해외이전으로 없어진 일자리	수입상품과의 경쟁 및 공장 해외이전으로 없어진일자리 비율%
1996	948,122	13,476	4,326	1.9
1997	947,843	12,019	10,439	2.4
1998	991,245	18,473	8,797	2.8
1999	901,451	26,234	5,683	3.5
2000	915,962	13,416	9,054	2.5
2001	1,524,832	27,946	15,693	2.9
2002	1,272,331	15,350	17,075	2.5
2003	1,216,434	23,734	13,205	3.0

자본의 수출은 멋있는 생각

폴 크레이그 로버츠(Paul Craig Roberts)는 실제로 새로운 전 지구적 상업 트렌드에 대한 가장 정교한 비평자 중의 하나다. 로버츠는 너무나 똑똑하기 때문에 자유무역에 대한 전통적 사례에 대해 공개적인 비난은 자제한다. 그는 국경을 넘는 상품의 자유로운 이동은 모든 나라들을 부유하게 만든다는 사실을 인정한다. 그러나 로버츠는 세계화의 트렌드가 게임의 규칙을 바꿔 놓았다고 주장한다: 데이비드 리카도가 비교우위의 법칙에 관한 유명한 사례를 제시했을 당시, 노동과 자본재는 일반적으로 그들의 모국에 남아 있을 수 있었다. 그러나 오늘날 전자통신, 더욱 똑똑해진 노동자, 그리고 과거 후진국이었던 나라들에서 나타나고 있는 더 훌륭한 법률적 보호 장치 등으로 말미암아 과거의 낡은 법칙은 더 이상 적용되지 않게 되었다는 것이다. 노동자는 물론 장비마저도 국경을 넘어 외국으로 이전될 수 있는 시대에서 리카도식 자유무역 주장은 붕괴될 수밖에 없으며 우리는 더 이상 무역이 모든 나라에게 윈-윈 결과를 가져다줄지 확신할 수 없다는 것이다.

이러한 입장은 추상적으로는 그럴듯한 것처럼 보인다. 그러나 결국 모든 미국의 노동자들은 과거보다 훨씬 똑똑해졌다. 그러나 그렇게 된 것은 그들이 더 훌륭한 노동윤리를 가지게 되었다거나 혹은 더 좋은 학교를 다닌 결과 때문은 아니다. 그와는 반대로, 미국의 노동자들이 시간당 생산할 수 있는 양이 다른 나라의 노동자들보다 더 많아지게 된(그래서 더 높은 임금을 받을 수 있게 된) 가장 중요한 이유 중의 하나는 미국의 노동자들이, 예컨대 방글라데시의 노동자들에 비해, 더 훌륭한 도구와

이 책 읽어 봤나요?

Creative Destruction: How Globalization is Changing the World's Cultures (창조적 파괴: 세계화는 어떻게 세계의 문화를 변화시키는가) by Tyler Cowen; Princeton, NJ: Princeton University Press, 2002.

장비를 가지고 있기 때문이다. 그러나 만약 이 같은 도구와 장비들이 방글라데시로 이전된다면, 그 경우 그것은 미국 노동자들의 생산성을 낮추고 미국인들을 가난하게 만드는 것일까? 그렇기 때문에 미국 정부는 자본이 미국의 국경을 넘어 해외로 유출되는 것을 막기 위한 정책을 만들고 시행해야만 할 것인가?

경제학의 다른 모든 오류와 마찬가지로 이 경우도 오로지 한 가지 측면만 고려했다는 문제가 있다. 로버츠와 다른 비평자들이 간과한 것은 자본의 이동은 자본의 생산성을 향상시킨다는 사실이다. 드릴 프레스(drill press: 穿孔盤) 기계를 미국으로부터 방글라데시에 반출할 수 없다는 법안을 통과시킨다면 미국 정부는(적어도 단기간 동안은) 그 기계를 사용하는 미국 노동자들의 임금을 오르게 할 수 있을 것이다. 그러나 동시에 이 같은 인위적인 조치는 드릴 프레스를 소유하고 있는 미국인의 수입을 줄어들게 할 것이며, 그들이 입는 손해는 노동자들이 일시적으로 얻을 이익보다 더 클 것이다. 종합적으로 보았을 때, 미국 정부의 규제 조치는 미국 전체를 더 가난하게 만드는 일이 되는 것이다.

우리는 단순한 우화를 통해 이 같은 관점을 묘사할 수 있다. 임종을 앞둔 한 부유한 사업가가 그가 돈이 너무 많다는 사실에 대해 심각한 죄책감에 빠졌다고 하자. 그래서 그는 자신의 변호사에게 자신의 컴퓨터 회사가 보유하고 있는 최신 기계들을 카리브해 변방 지역에 있는 가난한 어촌 사람들을 무작위로 선택해서 기증하기로 했다고 하자.

그 변호사는 — 폴 크레이그 로버츠의 주장을 잘 알고 있으며 EconomyInCrisis.org 웹사이트에 자주 접속하는 사람인데 — 자신의 상사가 좋은 의미로 의도하는 바에 나타날 수 있는 문제점들을 지적했다: "사장님, 이 기계들이 열대 섬에 그대로 남아 있지 않을 것이 분명하다는 사실을 아셔야만 합니다. 사장님께서 그 섬사람들의 전화번호부를 뒤져

선발한 사람들에게 이 기계를 넘겨주고 그 기계들을 관리할 권한을 준다면, 그들은 계산을 해본 후 그 기계들을 시장에 내다 팔아 버리는 것이 그 섬에 공장을 차리고 그 동네 사람들을 일꾼으로 모집하는 것보다 더 큰 이익이 될 것이라고 생각할 것입니다. 사장님께서 정말로 그 섬 사람들을 돕고 싶다면 그 기계에 자동 폭발장치를 부착하셔서, 그들이 기계를 가지고 바다로 1마일 정도 나갔을 때 그 장치가 기계를 폭발시켜버릴 수 있게 해야 할 것입니다. 그렇게 해야만 기계를 받게 될 섬 사람들이 그들의 지역 경제에 이 기계들을 통합시키는 것 외에 다른 생각을 할 수 없을 것이며, 선물로 주신 기계들이 좋은 일을 하게 될테니까요. 사장님은 가난한 섬사람을 도우려는 것이지 그 기계를 구매할 다국적 기업을 도우려는 것은 아니지 않습니까? 그러니 그 기계가 외부로 유출될 경우 폭파시켜 버릴 수 있는 장치를 부착하셔야 합니다!"

물론 변호사의 제안에는 미심쩍은 부분들이 있다; 가난한 사람들에게 주는 선물에 폭탄을 장착함으로써 그 사람들을 부자로 만들 수는 없다. 이 같은 생각의 잘못된 부분은 로버츠의 실수와 같다. 로버츠는 자본을 소유한 사람들의 부(富)를 간과한 것이다. — 기계를 선물로 받도록 무작위로 선택된 섬사람들이 바로 자본을 소유한 사람들일 수 있다. 만약 사장이 기계에 폭탄을 장착하라는 익살스런 제안을 받아들인다면, 기계를 선물로 받게 될 사람들에게 그 기계의 가치는 대폭 줄어들게 될 것이다. 그 같은 기계를 가장 잘 활용할 수 있는 노동자와 인프라를 갖춘 미국, 독일, 혹은 다른 발전된 국가들에 있는 생산공장을 여러모로 문제가 많은 섬으로 옮긴다는 것은 문제가 있는 일이다. 기계를

이 책 읽어 봤나요?
In Defense of Globalization
(세계화를 옹호함) by Jagdish
Bhagwati; New York: Oxford, 2005.

소유한 사람이 입게 될 재정적인 손실이 섬의 노동자들이 얻을 이익보다 더 클 것이기 때문이다.

비록 과장이 심한 이야기이긴 하지만 이 우화는 실제 세계에서 일어날 수 있는 중요한 진리를 말해 주고 있다: 자본의 수출을 제한하는 정부의 규제는, 전 세계에서 가장 효율적인 생산조직의 활동을 방해함으로써 결국은 부를 파괴하는 결과를 초래한다는 점이다. 세계 대부분의 자본재를 미국인들이 소유하고 있기 때문에 미국 시민들은 자본의 이동이 더욱 용이하게 될 경우 특히 더 많은 이득을 얻을 수 있고, 자본의 이동이 인위적으로 통제될 경우 미국 사람들이 특히 더 큰 피해를 입게 된다. 즉각적으로 입을 손해는 물론, 투자자가 자신의 재산을 가장 효과적이고 이익을 많이 내는 방식으로 자유롭게 사용할 수 있는 권리를 박탈당했기 때문에, 장기적인 저축 및 투자의 감소도 초래될 것이다.

우리는 세계정부로부터 여러분을 돕기 위해 파견 와 있소

자유무역에 반대하는 비판자들과 이들 비판자들을 지지하는 잘 훈련된 경제학자들은 때때로 재미있는 주장을 한다: 만약 자유무역이 그렇게 대단한 것이라면, 왜 "시장 친화적" 개혁을 약속한 대가로 국제통화기금(IMF) 혹은 세계은행(World Bank)으로부터 돈을 빌려 쓴 나라들이 똑 같은 조언과 돈 받기를 거부한 다른 나라보다 오히려 더 열악한 상태에 빠지게 되는

이 책 읽어 봤나요?
Why Globalization Works
(왜 세계화는 성공하는가) by
Martin Wolf; New Haven: Yale University
Press, 2005.

것인지를 묻는다. 이 같은 사실들은 자본주의를 지지하는 사람들이 크게 틀렸음을 증명하는 것 아닌가? 그리고 경제적인 현실은 산업조직들에 대한 중앙집권적이며 합리적인 접근과 보호주의를 요구하는 것이 아닌가?

이 같은 주장 속에 진실이 하나도 없는 것은 아니다. 실제로 하버드 대학 경제학교수 다니 로드릭(Dani Rodrik)은 서방 제국의 원조가 빈곤국들에게 이익이 되는 것인지를 살펴보기 위해 다수의 빈곤국가 들을 분석한 후, 자유무역을 지지하는 표준적인 사례들에 대해 도전했다.(예컨대 로드릭은 세계화에 더욱 적극적으로 참여한 멕시코보다 그렇지 않은 베트남이 오히려 더 빠른 경제성장세를 보이고 있다고 주장했다.) 그러나 로드릭의 결론은 잘못된 것이다. 이 두 나라의 문제는 자유무역에 관한 교과서적인 사례들이 아니다. 오히려 이는 IMF의 복지 프로그램에 관한 문제다.

전형적인 경우 나타나는 문제들은 다음과 같다: "개발도상국"의 정부는 때로 부패한 군부독재의 통치를 받으며, 엄청난 빚더미위에 경제를 곤두박질치게 만든다. 파산에 직면하게 되자 그 독재자는 자기가 판 구덩이 속에 빠지는 것을 막아 줄 IMF 혹은 세계은행에 눈을 돌리게 된다. 돈을 빌리거나 원조를 제공받는 대가로 독재자는 관세 인하, 제대로 된 예산 집행, 국영기업의 사유화 등 "신자유주의적 긴축정책"을 약속한다. 이런 나라들에서 "자유방임" 정책의 이득이 결코 현실화되지 않으리라는 것은 놀랄 일도 아니다. 이런 국가들은 빌린 돈을 갚지 못하는 채무불이행 사태 혹은 더욱 심각한 경제불황 상태에 빠져들 가능성이 오히려 더 높은 것이다.

이 같은 사례들은 자유무역에 대한 타당한 실험 사례가 될 수 없는 것들이다.(더 일반적으로 말하자면, 작은 정부에 대한 고전적인 자유주

의적 접근 방법의 실험 사례가 아닌 것이다.) IMF 같은 국제적인 관료
기구의 직원들은 과격한 제퍼슨 주의자들이 아니며, 현금이 쪼들리는
정부에 대해 그들이 강요하는 패키지는 바스티아로부터 추론된 것도 아
니다. (예컨대 아르헨티나는 긴급구제를 받기 이전에 세금을 올리겠다
고 약속해야만 했는데, 그래야만 재정적자를 줄일 수 있었기 때문이다.)
또한 돈을 빌리는 과정에서도 부패한 정부의 만연된 부정이 개입되었을
모든 가능성을 상상할 수 있을 것이다. 결국 IMF나 세계은행은 돈을 빌
려줄 경우 이익을 내거나 혹은 수십억 달러를 손해 볼 수 있음을 우려해
야만 하는 사유기업이 아닌 것이다.

우리는 이 같은 "실험" 자료들에 나타나는 편파적인 샘플을 인식해
야 한다. 자유무역의 경험적인 성공을 평가하기 위해 로드릭과 다른 회
의론자들은 모든 국가들의 자료를 회귀분석한 후 관세장벽의 높고 낮음
이 어떤 중요성을 가지고 있는지를 알아보아야 했다. 그러나 그렇게 하
는 대신, 그들은 권력을 유지하기 위해 마지막 수단을 강구하고, 좌파적
인 대학에서 공부한 경제학자들의 자문을 구하고 있는, 부패한 독재자
들이 지배하는 나라들의 경제를 살펴보았다. 이런 나라들에 대한 그들
의 분석을 시장 자유주의의 효용성에 대한 분석이라고 말할 수는 없는
것이다.

더 좋은 실험 사례는 프레이저 연구소(Fraser Institute)가 행한 유명한
연구(www.freetheworld.com에서 자료를 접할 수 있다)인데, 자유, 특히
경제적 자유는 한 나라의 경제력과 밀접한 정의 상관관계에 있다는 사
실을 보여준다. 자유는 이론상으로만이 아니라 실제에 있어서도 성공적
으로 작동하고 있는 것이다.

제 16 장
투자자 계급: 당신도 나도

자본주의의 깡패들이 득실거리는 동굴 속에서 투자자와 마약 환자보다 더 바닥 계층은 없을 것이다. 당신은 빌 게이츠(Bill Gates), 앤드류 카네기(Andrew Carnegie)와 같은 포식 동물적 속성을 가진 사람들을 어떻게 생각할 것인가? 적어도 그들 대부호들이 실질적인 서비스를 (비록 그것이 독점가격에 의한 것일지라도) 제공하고 있는 상황에서 말이다. 이와 반대로, 일반적인 상식에 의하면, 자신의 부를 단순히 돈놀이를 통해서 축적한 사람들은 공공의 이익을 위해서는 아무런 기여도 하지 않을 뿐만 아니라, 오히려 무식한 사람을 착취하거나 혹은 절박한 상황에 처한 대중들을 악용하는 인간들 일 뿐이라고 말해진다.

이 장에서 우리가 살펴보겠지만, 이상과

생각해 봅시다.

🏠 이윤으로 얻을 소득이 있어야 투자를 할 것이다.

🏠 중개자, 투자자, 기업 매수자(corporate raiders)들은 사회에 보탬이 되는 사람들이다

🏠 적대적(敵對的) 매수에 적대적인 요인은 없다.

🏠 콜옵션(call option: 주식 매입 선택권)과 파생상품(derivative securities)은 일반 미국 시민 투자자들을 더 안전하게 만든다.

같은 전형적인 견해는 아무런 근거가 없는 주장일 뿐이다. 투자를 통해서 시장에서 돈을 번 사람들 혹은 "중개인(middleman)"들도 뇌수술을 하는 외과의사 혹은 길에서 청소를 해서 돈을 버는 사람들과 똑같은 대우를 받아야 한다. 투자자 혹은 중개인들이 하는 방식의 돈벌이를 제약하는 경우, 그런 사회는 더욱 가난해질 것이기 때문이다.

이자: 지금 취하는 것이 나중에 취하는 것보다 낫다

마르크스주의자들 및 자본주의를 비판하는 다른 사람들은 돈을 통해 벌어들이는 이자수입을 특히 미워한다. 세상을 대충 쳐다보면, 자본가들은 마치 노동자들의 땀을 악용해서 즐기며 사는 사람들처럼 보인다. 예를 들어, 새로 기업을 시작하는 사업가가 새 공장을 짓기 원한다고 가정하자. 그는 투자자들로부터 1,000만 달러를 빌린 후(채권발행을 통해 돈을 모았다고 가정하자) 그 돈으로 공장을 건설하기 위한 절차를 진행했다. 노동자를 고용했고 원자재를 사들였다. 몇 달이 지난 후 공장 건설이 완료되었고 공장은 가동되기 시작했다. 완성된 라디오가 대량으로 쏟아져 나왔고 소매상들을 통해 팔려나갔다. 이 기업가는 라디오를 팔아서 번 돈으로 자신이 고용한 노동자들에게 급여를 지급하고, 지속적으로 원자재를 사들일 것이며, 채권을 구입한 사람들에게 이자를 지급할 것이다. 즉, 기업가가 라디오를 팔아서 번 돈의 상당 부분이, 라디오를 만들기 위해 손가락 하나 까딱하지 않았거나 아무런 중요한 원자재도 공급하지 않은 사람들에게 흘러 들어간다는 말이다. 더욱 기분 나쁜 일은, 이자율이 높으면 높을수록 자본가들은 부당하게도 더욱 많은 이득을 취하게 된다는 점이다.(이것이 바로 19세기 수많은 이상주의적 글쟁이들로 하여금 '이자율 제로'의 세계를 꿈꾸게 했던 이유다.)

물론 이상의 분석에는 무언가가 빠져 있다. 기업가는 우둔한 사람이 아니다. 그 기업가는 자신이 이득을 취하지 못할 조건으로 채권을 발행하지 않을 것이다. 본질적으로, 채권을 보유하고 있는 사람들은 시간을 제공하는 것이다. 노동자와 원자재를 공급하는 사람들은 공장이 설립되고 라디오가 소매상에게 팔려나갈 때까지 기다리지 않는다. 그들은 완성품을 만들기 위한 그들의 기여에 대한 대가를 즉시 받으려고 한다. 자신들의 기여가 완전한 상태가 아닐 경우에도 그러하다. 자본가들은 그들이 축적해 놓은 기금을 먼저 제공한 후, 기다리는 일을 감내(堪耐)하는 사람들이다. 여기서 한번 생각해 보자: 공장을 건설하기 시작한 첫 날, 노동자가 땅에 큰 구멍을 뚫었다. 그날 건설노동자가 한 일은 아직 사회에 아무런 이익도 가져다주지 못한 상태이다. 땅속에 뚫은 큰 구멍 그 자체는 아무런 효용도 없는 것이니 말이다. 공장의 기초가 놓인 후에야 건설노동자들의 초기 노력(땅에 구멍을 판 일)은 결실을 거둘 수 있는 것이다. 그러나 공장 건설을 위해 돈을 댄 자본가들은 공장이 완성되기도 전에, 그래서 아직 아무런 실질적인 이득을 얻기도 전에, 노동자들이 자신이 한 일에 대한 급여를 즉각 받아가는 것을 뭐라고 하지 않는다.

대략적으로 말하자면, 이자율(interest)은 인내심을 측정하는 시장의 척도인 것이다. 자본가들은 자신들의 돈을 남에게 빌려주는 대신에 그 돈을 오늘 멋있는 자동차를 구입하거나 좋은 식당에 가서 스테이크 디너를 먹는 데 쓸 수도 있다. 이자율이란 바로 그 자본가로 하여금 돈의 소비를 뒤로 미루게 하는 기준이 된다. 반대편을 보자. 돈을 빌리려는 사람은 돈이 얼마나 절박한지 여부에 따라 얼마나 높은 비율의 이자를 지급할지를 결정하게 될 것이다. 라디오 공장과 관련해서 우리가 든 사례에서, 노동자들과 원자재 공급자들은 실제로 자본가를 필요로 하지 않았다. 노동자와 원자재 공급자들은 자신들의 기여에 대한 몫을, 라디오가 생산되어 시장에서 팔려나간 이후에 지급하겠다는 약속을 받고, 공짜로 제공할 수도 있을 것이다. 그러나 실제 세계에서는 그런 일은 일어나지 않는다. 그토록 시간을 기다릴 수 있을 정도로 인내심 많은 노동자는 존재하지 않기 때문이다. 그들은 완성품이 나올 때까지 수개월 혹은 수년이 더 걸린다고 할지라도, 자신들의 노동에 대한 대가를 현장에서 당장 받기를 원한다. 노동자들에게 노동의 대가를 즉시 받을 수 있게 해주는 사람들이 바로 자본가들이다. ― 모아놓은 돈이 있는 사람들 혹은 저축 예금통장을 가지고 있는 모든 사람들이 바로 자본가 계층에 속하는 사람들이다.

중간상인(middlemen)들의 중요성

주어진 가격에 대해 불만이 있는 사람이라도 그들 중 대부분은 상품을 생산한 사람들은 그 돈을 받을 자격이 있다고 인정한다. 그렇다. 오렌지를 생산하는 농부들은 그것을 통해 삶을 영위할 수 있어야 한다. 오렌지는 먹기 좋은 과일이고 농부들은 그것을 생산했기 때문이다. 그러나 이와는 정반대로 중간상인들은 가치가 있는 그 무엇도 생산하지 않는 사람들처럼 보인다. 그들은 단지 "싸게 사서 비싸게 파는" 사람들일 뿐이며, 중간상인 덕택에 오렌지(혹은 다른 어떤 생산품)의 생산이 늘어나는 것도 아니다. 중간상인은 기생충과 마찬가지인 사람들처럼 보인다.

이 같은 전형적인 견해에 대처하는 한 가지 방법은 이 같은 논리가 내포하고 있는 애매모호한 형이상학을 지적하는 것이다: 사실 "진정한"

생산자와 "단순한" 중개자 사이의 구분은 그다지 명쾌하지 못하다. 실제로 농부들은 아무것도 없는 상황에서 오렌지를 생산하지는 못 한다. 오렌지를 생산하기 위해 몇 가지 요소(씨앗, 비료, 햇볕 등)가 반드시 필요하며, 원하는 것을 생산하기 위해서는 따라야 할 절차가 있다. 그렇다면 중간상인이 이 같은 생산과정에서 농부와 본질적으로 다른 점이 무엇인가? 중간상인들도 오렌지 생산과정에서 반드시 필요한 요소(농부들이 생산한 오렌지를 담을 수 있는 카드보드 상자, 오렌지를 운반할 대형 트럭 등)들을 제공하고 있으며, 그들 역시 바람직한 생산품을 위해 특정한 절차를 따르고 있는 사람들이다. (이들이 없었다면 어떻게 플로리다에서 생산된 오렌지가 알래스카의 상점에 진열되어 있을 수 있겠는가?)

모든 사람들이 뛰고 있다! 그들은 바로 현금 투자자들이다!

평균적인 좌파들의 눈에는 국내의 투자자들보다 더 나쁜 인간들은 외국의 투자자들이다. 특히 최악의 녀석들은 병든 남아메리카 국가들을 공격하는 현금 투자자들인데, 그럼으로써 그들은 남미 국가들을 희생시키는 인플레와 디플레를 야기한다. 그러나 실제로 야기된 일은 다음과 같다: 무책임한 (남미 국가들의) 정부가 국민들의 호감을 사겠다고 돈을 미친 듯이 찍어냈다. 그러나 자국의 화폐가 다른 나라의 화폐보다 가치가 떨어지게 되는 것은 짜증나는 일이니까, 돈을 찍어낸 정부는 자국 화폐의 교환비율을 황당할 정도로 높은 기준으로 고정시키는 조치를 취한다. 투자자들은 그런 나라 정부들조차도 경제의 법칙을 거역할 수는 없다는 사실을 알고 있다. 그래서 그들은 인위적으로 높게 평가된 현금을 무책임한 정부에 되팔아버리는 것이다. 그럼으로써 그 정부가 궁극적으로 현실을 인식하도록 하고, 그 나라 돈의 진정한 가치가 반영될 수 있게 하는 것이다. 마찬가지로 현금 투자자들은 다른 영역에서도 가능한 한 정확한 신호들이 나타나도록 하기 위해서 시장에서 가격 조정이 이루어질 수 있도록 빠르게 가격 조절을 위한 반응을 보이는 것이다.

중간상인들에 대한 반감(反感)은 현대의 경제가 단순한 마음으로 통제되기에는 너무나 복잡한 것이라는 현실을 모르는 데서 나온 소치이다. "경제적 문제"는 단순히 어떤 특정 기간 동안, 얼마만큼의 오렌지, 사과, 그리고 사이즈 15짜리 운동화가 생산되어야 할 것인가를 결정하는 일이 아니다. 이 상품들이 어디에서 생산되어야 할지, 그리고 이 상품들이 마지막 소비자들에게 어떻게 배달되어야 할지 등에 관한 복잡한 문제들이 함께 존재하는 것이다. 후자의 문제들은 전자보다 결코 덜 중요한 것들이 아니다. 알래스카 사람들이 플로리다에서 맛있는 오렌지가 수백만 개 생산되었다는 사실을 알고 있더라도, 그 오렌지들이 그들에게 배달되기 전에는, 그것은 아무런 쓸모가 없는 것일 뿐이다. 중간상인들은 "싸게 사서 비싸게 파는 일"을 통해 생산된 상품을 생산 현장에서 소비자들이 있는 곳으로 이동시킨다는 결정적으로 중요한 역할을 담당하고 있는 것이다. 우리들이 미워하는, 농부들의 생산가격과 우리가 가게에서 그것을 소매가격으로 구입하는 가격 간의 '차이'는 중간상인들의 역할이 얼마나 중요한지에 따라 달라질 것이다. 중간상인들은 그 상품을, 상대적으로 양이 넘쳐나는 곳(값이 싼 곳)에서 그 상품이 희소한 지역(값이 비싼 곳)으로 이동시켰을 때 더 큰 이득을 취할 수 있을 것이다.

중간상인들은 상품을 운반하는 역할 외에 더욱 중요한 보이지 않는 기여를 하고 있다. 그들은 규모의 경제에 관해 더 우수한 경제이론을 알고 있는 것이다. 예를 들어, 은행이 돈을 버는 방법 중의 하나는 빌려주는 돈에 대한 이자율을 은행에 돈을 맡긴 사람들에게 은행이 지급해야 할 이자율보다 더 높게 책정하는 것이다. 비판자들은 이를 순수한 형태의 착취라고 본다. 은행은 상대적으로 힘이 있는 위치에 있기 때문에 자신이 빌려준 돈에서 높은 이익을 취하고, 은행에 돈을 맡긴 사람들에게는 정당한 이자를 지급하지 않는다는 것이다. 그러나 현실적으로 보았

을 때 은행이 담당하는 일은 중간상인의 역할과 같다. 은행은 금융거래
의 중간상인인 것이다. 은행은 그 규모와 고용된 사람들의 숫자가 많다
는 이점 때문에 개인 투자자들에 비해 훨씬 더 우월한 입장에서 금융거
래를 할 수 있는 것이다.

　은행이 없는 세상을 가정해 보면 쉽게 이해할 수 있다. 자신들의 생
애 첫 번째 집을 사고 싶어 하는 젊은 부부 한 쌍이, 그들에게 돈을 빌려
줄 의도가 있는 100명과 협상을 하고자 한다. 물론 이 같은 일은 정말
시간이 많이 소비되는 어려운 과정이 아닐 수 없을 것이다. 집을 사려는
젊은 부부는 돈을 빌려주겠다는 사람들을 잘 알지 못하며, 빌려줄 돈이
있는 사람들은 돈을 빌리려는 부부에게 장차 일어날 일들(직장을 잃는
다거나 혹은 그들이 심장마비가 걸릴지 어떻게 알겠나)이 자기가 빌려
준 돈을 다 말아먹게 할지도 모른다는 사실 여부를 알 수가 없다. 이같
이 복잡한 문제들은 돈을 빌리려는 사람, 돈을 빌려 줄 사람들이 은행을
통할 경우 간단히 해결되는 일이다: 집을 사려는 사람들은 은행이라는
한 기관을 이용하면 되고, 돈을 빌려주려는 사람들도 은행을 통해 훨씬
안전하게 투자를 할 수 있는 것이다. (은행은 수많은 투자자들의 돈을
함께 모아서 다른 사람들에게 빌려주기 때문에, 만약 문제가 발생하더라
도 개인 투자자에게 돌아갈 피해는 그렇게 치명적인 일은 아닐 것이다.)
이 같은 거래가 가져다주는 이익은, 농부의 밭에서 생산된 과일의 경우
처럼 눈에 보이는 것은 아닐지라도, 마찬가지로 현실적인 일이며, 바로
그렇기 때문에 은행업은, 비록 빌려준 돈에 대해 일정한 이윤을 부과하
지만, 지속적으로 운영될 수 있는 것이다.

멀리 내다보는 투자자

지리적인 차이를 활용하는 투자가들의 행동, 즉 값이 싼 곳(플로리다의 오렌지)에서 물건을 사서 값이 비싼 곳(알래스카의 오렌지)에서 파는 행동은 정당화하는 것이 어렵지 않다. 그러나 시간적인 차이를 활용하는 투자자, 즉 값이 싼 물건을 오늘 구입해서 값이 비싸질 미래에 팔려고 하는 투자자의 행동은 어떻게 정당화할 수 있을까?

분석 방법의 기본은 마찬가지이다. 어떤 투자자가 특정 상품, 예컨대 석유의 가격이 미래에는 훨씬 더 비싸질 것이라고 생각한다면, 지금 석유를 (상대적으로 싼 값에) 산 후, 석유 가격이 오를 때까지 기다리고 있다가, 이익이 남게 되는 시점에 다시 되팔면 되는 것이다. 역설적인 일이지만, 이처럼 심사숙고한 행동은 환경주의자들이 원하는 바와도 완전히 일치하는 일이다. 환경주의자들은 미래 세대를 위해서 자원을 아껴두자고 주장하고 있지 않은가! 농업 투자자들이 플로리다 사람들은 자신들이 생산한 오렌지를 다 먹어치우지는 않을 것이라는 사실을 확신하는 것처럼, 석유에 투자하는 사람도 사람들이 있는 석유를 오늘 다 써버리지는 않을 것이라는 사실을 확신하고 있다.

시간적인 투자자들을 나쁘게 생각하는 것은 원인과 결과에 대한 잘못된 인식에서 유래한다. 먼 미래를 내다볼 줄 아는 투자자가 내년에는 기근이 닥쳐올 것이라고 예상하고 밀을 많이 사서 쌓아두었다고 가정하자. 기근이 점점 가까워짐에 따라 많은 사람들이 위기를 느끼기 시작할 것이고 밀가루 가격은 천정부지로 치솟을 것이다. 이때 투자자는 자신의 곡물창고를 개방하여 밀을 팔아 큰 수익을 올리게 될 것이다. 비평가들은 투자자가 밀가루를 사서 자신의 창고에 재워 두었기 때문에 밀가루 가격이 올랐다고 비난할지 모른다. 그래서 많은 사람들은 투자자는 결코 좋은 목적에 기여한 바 없으며, 단순히 이윤을 남기기 위해 시장을 "조작"했을 뿐이라는 비난에 동의할 것이다. 그러나 이것은 잘못된 나쁜 설명이다. 만약 투자자가 정말로 상품을 쌀 때 사서 재워둠으로써 (가격을 오르게 하여) 이득을 볼 수 있게 되었을 때 그 상품을 다시 내다팔 수 있다면, 그 투자자는 영원한 부자로 살 수 있을 것이며, 그들은 이 같은 행동을 끊임없이 하고 또 하게 될 것이다.

그러나 현실 세계에서 투자자들은 (그들이 성공적일 경우) 정반대의 임무를 수행한다. 즉, 그의 행동은 장기적으로 가격을 정상화시키는 것이다. 투자자는 가격이 쌀 때 상품을 구입한다. — 그럼으로써 가격을 올린다. — 그리고 투자자는 상품의 가격이 올랐을 때 자신의 상품을 시장에 내다판다. — 그럼으로써 그 상품 가격을 낮추는 것이다. 이처럼 투자자는 바로 사회가 원하는 일을 하고 있다는 사실을 유념해야 한다. 누구보다도 앞서서 미래를 내다 본 투자자는 기근을 정확히 예측하고 밀가루를 사들였기 때문에, 그의 행동은 결국 사람들로 하여금 풍족할 때 밀가루를 아껴 먹도록 했고, 필요할 때 밀가루를 풀어 궁핍 문제를 해소할 수 있도록 한 것이다.

선물(futures 先物)과 기타 파생상품(derivatives):
각자는 그의 능력에 따라…

우리는 밀가루, 석유 등 구체적인 상품의 사례를 인용, 성공적인 투자자가 사회에 이득이 되는 일을 할 수 있다는 사실을 살펴보았다. 그러나 종이와 추상적인 숫자들만이 사용되는 순수한 금융거래의 경우는 어떤

알기 쉬운 경제학

선도시장(forward market): 시장에 참여하는 사람들이, 미래 어느 특정한 날 상품 혹은 다른 자산을 돈으로 교환할 때, 얼마를 지불할 것인가를 오늘 미리 합의하는 것을 의미한다. 만기일이 될 때까지 돈의 직접적인 거래는 없다.

가? 그것은 투자자가 다른 사람들을 무조건 손해를 보게 해야만 이익을 취할 수 있는 제로섬(zero-sum)게임이 아닌가?

그러나 실제로는, 순수한 금융투자자들은 시장경제에서 사활적으로 중요한 역할을 담당하고 있다. 밀의 사례로 다시 돌아가 보자. 현실 세계에서 우리가 가정한 투자자는 가격의 차이라는 이유 하나만으로 밀가루를 사서 쌓아 두지는 않는다. 기근을 예측한 현명한 투자자가 곡물 창고를 빌려 쓰는 방법, 농부들을 상대하는 방법, 밀가루를 시장에 내다 파는 방법 등까지 모두 잘 알지는 못할 것이다. 그렇기 때문에 이 대단한 개인은 앞으로 12개월 동안 밀 값이 3배나 뛰어오를 것이라고 예측한다고 하더라도, 자신이 취할 수 있는 방법이 밀을 구입해서 저장하는 방법 단 하나뿐이라면, 가격이 오를 것이라는 예상은 그 자체로서는 별로 쓸모 있는 정보가 아닐 수도 있다.

다행스럽게도 현대 경제학은 상품과 다른 자산들에 관한 수준 높은 선도 시장(forward market) 및 선물 시장(future market)을 구축하였다. 이같은 가능성을 알고 있는 우리의 가상의 투자자는 밀을 획득하고 저장하기 위해 필요한 실질적인 세부 내용을 모르더라도 크게 걱정하지 않아도 되는 것이다.

투자자는 실물인 밀 대신에 대량의 밀 선물(wheat futures)을 사면 된다. 매수자는 미리 지정한 수량을, 미리 지정한 가격에, 지정한 미래 날짜에 매수할 수 있는 자격을 획득하면 된다. 즉, 이 투자자는 밀 실물을 보관할 필요가 없다. ― 그저 밀 선물만 가지고 있으면 된다. 시간이 지나면서 많은 사람들이 가뭄이 임박했다고 인지하게 되면 밀의 현물가격은 그에 반응하여 오를 것이다. 이 현물가격의 상승에 따라 투자자의 선물계약의 가치도 올라간다. 이로 인해 이익이 나게 되면 투자자는 밀 선물 만기일 이전에라도 선물 계약을 되팔 수 있다. 투자자는 밀 실물을 전혀 보지 않고서 손을 털고 나올 수 있는 것이다. 그렇더라도 투자자의 이익은 그의 노력이 사회에 이바지한 결과임을 반영한다. 그 이유는, 이 투자자가 초기에 밀 선물을 매수함으로써 다른 이들이 밀을 더 많이 비축하도록 하였기 때문이다.(우선 한 가지 이유는, 해당 선물 계약의 반대 입장을 취한 자가 ― 즉, 선물 매도를 한 투자자가 ― 밀의 현물 가격 상승으로 인한 리스크를 헤지(hedge) 하기 위해, 밀을 비축해야할 동기를 부여한 것이다.)

　다른 종류의 파생상품들도 비슷한 원칙을 따른다. 예를 들어, 주식에 대한 풋옵션(put option)은 그 옵션 매수자에게 그 주식을 특정 가격(이를 행사 가격이라 부른다)에 팔 수 있는 권리(의무가 아닌)를 준다. 개인 투자자는 자신의 포트폴리오에 보유하고 있는 주식의 가격이 하락할 경우의 리스크를 제한하기 위하여 풋옵션을 매수할 수 있다. 풋옵션의 존재는 보수적 투자자가 투자 리스크를 다른 더 전문적인 지식을 가지거나 더 분산된 포트폴리오를 보유하고 있는 투자자에게 넘길 수 있게 함으로써 리스크에 더욱 효과적으로 대처할 수 있게 한다. 앞에서 살펴본 예에

알기 쉬운 경제학
　선물(先物)시장
(future markets):
선도 시장과 굉장히 유사한 것이지만, 선물 가격의 변화는 매일 정산이 이루어진다. 이익을 본 계좌에는 돈이 입금이 되고, 손실을 본 계좌는 차감이 된다.

서, 밀의 선물환 계약은 우리의 투자자가 자신의 우위, 즉 밀 가격의 예
측에 집중할 수 있도록 해주었고, 그의 약점 — 실물매수, 보관, 및 매도
— 을 피할 수 있도록 해주었다. 다른 파생상품들도 마찬가지다: 파생
상품들은 분업을 조장하고 사람들이 자신이 잘 할 수 있는 분야에 집중
할 수 있도록 해준다. 그저 의미 없는 종잇장 넘기기나 의미 없는 부기
(簿記)가 아닌 이 획기적인 서양 경제 특유의 금융상품들은 총생산량을
늘이고, 모든 사람들의 삶의 질 또한 높여준다. 콜옵션(call option)이나
풋옵션에 대해 아무것도 알지 못하는 사람들도 대형 회사들이 파생상품
을 통해 리스크를 더 잘 관리할 수 있게 됨으로써 그들의 계획 범위를
넓혀 줄 때 혜택을 보게 되는 것이다.

망가진 회사를 공격하는 사람들

악명 높은 회사 사냥꾼들마저도 사회를 위해 중요한 서비스를 하고
있다. "남의 돈(Other People's Money)"이라는 제목의 영화에서 대니 드비
토(Danny DeVito)가 맡은 "부동산 청산인 래리(Larry the Liquidator)"라는
역할을 생각해 보자. 래리는 뉴욕에 근거를 둔 금융업자인데, 그는 자신
의 컴퓨터를 사용, 공격할 표적을 선정하는 사람이다. 이 영화에서 래리
는 어떤 가족이 운영하는 전선회사를 적대적으로 공격해서 접수(hostile
takeover)하는데, 그 회사의 직원들을 모두 해고하고 회사의 자산들을 쪼
개서 가장 높은 가격을 제시하는 사람에게 팔아치운다. 이러한 과정에
서 래리는 물론 엄청난 이익을 취하지만 작은 마을은 파산 지경이 되고
만다. 드비토는 무자비한 인간인 래리 역할을 담당하고, 그레고리 팩
(Gregory Peck)은 아버지 같은 인물로 회사를 구하기 위해 노력하는 사람

의 역할을 담당했다. 영화 제작자는 이 영화에서 악마 같은 인간과 영웅 같은 인간을 창조하려고 했다.

　이 영화 역시 회사를 공격하는 사람들에 대한 전형적인 비난과 마찬가지로 몇 가지 불편한 진실을 외면하고 있다. 첫째, 뉴욕으로부터 온 이방인 래리는 어떻게 작은 마을에 침투해 들어갈 수 있었으며 회사의 직원들을 모두 해고할 수 있었을까? 그는 이 같은 과정을 위해 자신이 지휘할 수 있는 일단의 폭력배들이라도 데리고 있었다는 말인가? 실제로는 그렇지 않았다. 래리가 그 같은 힘을 가지고 있을 수 있었던 이유가 있다. 그는 그 회사의 주식 보유자들 다수에게 그 회사는 다른 회사에게 접수되는 것이 더 좋을 것이라는 사실을 확신시켰다. 이 과정에서 래리는 주식 보유자들을 협박하지도 않았다. 래리는 주식보유자들에게 자신의 계획을 따를 경우, 지금보다 더 많은 돈을 벌 수 있을 것이라고 설득했을 뿐이다. 사실 당시 회사는 자산을 낭비하고 있었으며, 회사가 해체되는 편이 경제적으로 오히려 더 나을 것이라고 생각되었다.

　회사를 공격하는 사람들은 자신이 접수하게 될 회사의 총 자산이 회사의 주가총액보다 많을 경우에만 이익을 얻을 수 있다. 예컨대 어떤 회사의 주가총액이 1억 달러라면, 그 회사의 (시장에서의) 가치는 1억 달러라고 평가할 수 있을 것이다. 이 1억 달러는, 어떤 사람이 그 회사를 사들여 차후에 남을 이익을 자신의 것이라고 주장하기 위해서, 당장 지불해야 할 돈이다. 회사를 새로 소유한 사람이, 회사 소유의 모든 직원을 해고하고, 모든 물품, 모든 시설과 장비, 건물들을 다 매각함으로써 회사가 지고 있던 빚을 다 갚았다고 가정해 보자. 이 과정을 다 마친 후, 그 사람의 손에 1억 달러 이상이 남아 있다면, 회사를 처리해서 현금화 한 작업은 돈이 남는 일이며, 사회를 위해서도 가장 이익이 되는 일인 것이다.

　— 적자가 나는데도 회사를 그대로 가지고 있다는 것은 비효율적일 뿐

만 아니라, 희소한 자원을 묶어둠으로써 이를 낭비하는 일이기 때문이다. 이 회사 소유의 도구, 장비, 그리고 공장은 다른 회사들로 팔려 나감으로써 더욱 효율적으로 활용될 수 있을 것이다.

현실세계는 물론 이처럼 단순하지는 않다. 큰 회사는 한 사람의 소유가 아니라 눈에 보이지 않는 수많은 주식보유자들의 공동소유일 경우가 많다. 그러나 회사를 통제하는 사람들은 주식보유자들이 아니라 그 회사를 운영하는 경영자들이며, 경영자들은 주식보유자들의 이익 보다는 자신의 이익을 위해 일할 수도 있다. 이 같은 경우라면, 회사를 공격하는 사람들의 행동은 대규모의 자본을 동원할 수 있는 자신의 능력을 통해, 혹은 "정크본드(junk bond)"(투자자들이 위험하다고 생각하기에 더 높은 배당금을 지급하는 채권)를 발행함으로써 오히려 힘없는 주식 보유자들을 견고하고 오만한 경영자들로부터 구출해 주는 일이 될 것이다.

회사를 공격하는 사람들이 돈을 버는 방식은 다른 모든 기업가들이 돈을 버는 방식, 즉 자원을 더 높은 가치를 창출할 수 있는 곳으로 전환시키는 방식과 똑 같다. 물론 회사가 고용된 직원을 해고하고 문을 닫을 경우, 직접적인 피해를 입는 사람들은 어려운 고통을 당하게 된다. 그러나 마찬가지 논리로, 공격을 당해서 망가진 회사의 자산을 사들인 수십, 수백 개의 회사들은 고용을 확대함으로써 그 마을의 노동자들에게 이익이 가져다 줄 수 있을 것이다. 한 가족이 여러 세대 동안 이어온 가업을 그만두는 일은 슬픈 일일 것이다. 그러나 이런 일을 피하기 위해서는 (a) 지속적으로 이윤을 내든가, 또는 (b) 외부 투자자들의 돈을 빌려 쓰지 않고 오로지 자기 가족의 돈만 가지고 회사를 운영하든가 하면 된다. "남의 돈"이란 영화에서 그레고리 펙이 담당한 극중 인물은 회사를 구입하고자 할 때 다른 투자자들의 돈을 빌리려고 한 사람이었다. 그러나 그는 회사를 팔아버리자는 투자자들의 견해에 반대했다. 그는 회사가 다른 기업으로 넘어갈 경우 더 많은 이윤을 남긴다고 하더라도, 지금 그대로의 모습을 유지하기를 원했다. 그런데 무슨 이유인지 몰라도 이 영화는 그레고리 펙을 사리사욕이 없는 고상한 인물로 묘사하고 있는 것이다!

※ ※ ※ ※ ※ ※ ※ ※ ※

자유 시장을 이해하기 위한 12단계 계획

앞의 16개 장(章)에서 우리는 다양한 토픽을 다루었다. 자본주의에 대한 전형적인 비판들이 얼마나 잘못된 것인지를 알게 되었다. 결론으로서 나는 자유 시장을 더 잘 이해하기 위한 다음과 같은 12단계의 계획을 제시하고자 한다:

1. 정부가 말하는 "해결(solution)"은 오히려 문제(problem)라는 사실을 인정하자.

2. 인간들은 서로 평화롭게 거래할 수 있고, 모두가 경제적인 축복을 누릴 수 있다는 신념을 갖자.

3. 어떤 특정한 사회적 질병은 강제력 혹은 정치적인 "의지(will)"로 제거될 수 없다는 사실을 인정하자.

4. "자족(self-sufficiency)과 자발적인 수단을 말하고 있는가? 혹은 무엇인가 하기 싫을 때마다 정치가들이 그 일을 대신해 주기를 기대하고

있는가?" 스스로에게 물어보자.

5. 정부가 경제 "계획(planning)" 혹은 다른 개선 방안들을 들고 나왔을 때마다 결과가 어떠했는지 과거의 기록들을 살펴보자.

6. 정부가 개입할 경우, 피상적인 이익이 아니라 숨겨진 비용을 찾는 방법을 배우자.

7. 시장가격의 역할을 이해하자. 그리고 시장가격을 조작하는 것이 왜 시장이 담당해야 할 기능에 개입하는 것인지를 이해하자.

8. 역사를 공부하자. 사유재산권을 지켜주지 않은 정부들이 시민들의 다른 생활에는 개입하지 않은 적이 있었는지 살펴보자.

9. 시장의 결과를 정의롭지 않은 일이라고 비판하기 전에, 왜 시장이 생겨났는지부터 이해하자.

10. 언어, 과학 등 저절로 생겨난 다른 사회제도에 대해서도 공부하자. 이들을 책임지는 사람들은 아무도 없는데도 그 결과는 정말로 질서 정연하다.

11. 정치가들이 새로운 계획을 말할 때, 그들이 새로운 계획을 위해 필요한 돈이 얼마라고 처음에 말했던 액수를 기억하자. 최초의 액수와 실제 사용된 액수를 비교해 보자.

12. 신문을 읽어 보자. 그리고 신문에 나온 거의 모든 이야기들이 어떻게 야기(惹起)되었고 정부의 개입으로 인해 어떻게 더 악화되었는지를 알아보자.

감사의 말

나는 이 책을 쓰도록 나에게 권유하고 레그너리(Regnery) 출판사의 스태프를 소개해 준 탐 우즈(Tom Woods) 씨에게 가장 큰 빚을 지고 있다.

그리고 내가 그들의 출판물을 위해 처음 만들었던 자료들을 다시 사용할 수 있도록 허락한 미제스 닷 오그(Mises.org)사의 재프 터커(Jaff Tucker), 류록웰 닷 컴(LewRockwell.com)의 류 록웰(Lew Rockwell), 프리맨(The Freeman)지의 편집인인 셸던 리치맨(Sheldon Richman) 등에게 감사드린다.

미제스와 행한 여러 차례의 이메일 토론 리스트들은 수많은 참고 자료를 제공해 주었으며, 이 책을 더 좋게 만드는 데 기여했다.

내가 창고에 놓아두어 참조할 수 없게 된 자신의 저서 The Myth of the Robber Baron(도둑놈 부자에 관한 신화)을 직접 보내주신 버트 폴솜(Burt Foldom)에게 특별한 감사를 드린다.

내 동생인 알(Al)은 클레이 수학연구소(Clay Mathematics Institute) 관련 나의 주장이 사실무근이 아니라는 점을 확인해 주었다.

마크 스텍벡(Mark Stecbeck)은 어윈의 책 Free Trade Under Fire(비난당하는 자유무역)에 관심을 가지게 해 주었고, 본서 15장의 표는 어윈의 책에서 인용한 것이다.

마크 야노칙(Mark Yanochick)은 남북전쟁 이전 미국의 노예 가격과 임금에 대해 그가 연구한 자료를 제공해 주었다.

랍 브래들리(Rob Bradley)는 에너지, 석유비축량에 관한 논의에서 엄청 큰 도움을 주었다.

레그너리 출판사의 해리 크록커(Harry Crocker)는 나와 출판사를 이어준 사람으로 이 책을 저술하는 전 과정에서 저자를 지도편달해 주었으며, 내 책의 편집자 역할을 맡아 준 팀 카니(Tim Carney) 역시 큰 도움이 되었다.

마지막으로 아내인 래이첼(Rachael)에게 감사드린다. 래이첼은 필자의 초고를 읽고 교정을 봐주었을 뿐만 아니라, 메리 마이어(Mary Meyer)의 놀라운 에어백 관련 논문 등, 유용한 자료들을 발굴해 주었다.

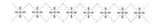

각 주

제1장

Capitalism, Profits, and Entrepreneurs

1. Paul Samuelson and William Nordaus, *Economics* (New York: McGraw−Hill, 13th edition, 1989), 837.

2. Ludwig von Mises, *Economic Policy: Thoughts for Today and Tomorrow* (Washington, DC: Regnery, 1989), 10.

제4장

The Case against Anti-discrimination Laws

1. Walter Block and Walter Williams, "Male−Female Earnings Differentials: A Critical Reappraisal," *Journal of Labor Research*, Vol. II, No. 2, 1981.

2. Thomas Sowell, *Is Reality Optional?* (Stanford: Hoover Institution Press, 1993), 158.

3. Excerpts from Walter Williams's "Repeal the Davis−Bacon Act of 1931," *Capitalism*, December 7, 2003, http://www.capmag.com/article.asp?ID=3357.

제5장

Slavery: Product of Capitalism or of Government?

1. "Slavery, Profitability, and the Market Process," *Review of Austrian Economics*, Vol. 7, No. 2, 1994, 21–47.

2. Ludwig von Mises, *Human Action*, 3rd edition (Auburn, AL: Ludwig von Mises Institute, 1998), 630–31.

3. Hans—Hermann Hoppe, *Democracy: The God That Failed* (New Brunswick, NJ: Transaction Publishers, 2001), 24–25, footnote 25.

4. Thomas Sowell, *Conquests and Cultures: An International History* (New York: Basic Books, 1998), 167–68.

5. Data from Robert A. Margo and Georgia C. Villaflor, *Journal of Economic History*, Vol. 47, No. 4, 873–95.

제 6 장

How Capitalism Will Save the Environment

1. Robert Bradley, Jr., *Energy, the Master Resource* (Dubuque, IA: Kendall/Hunt Publishing Company, 2004), 88.

2. William M. Brown, "The Outlook for Future Petroleum Supplies," in Julian Simon and Herman Kahn, eds., *The Resourceful Earth* (Malden, MA: Blackwell, 1984), 362.

제 7 장

Ensuring Safety: The Market or Big Brother?

1. http://www.ilr.cornell.edu/trianglefire/narrative1.html.

2. J. H. Huebert, "Free—Market Justice Is in the Cards," *The Freeman*, April 2005, 29–30.

3. http://www.wsws.org/public_html/prioriss/iwb7−1/valuje.htm.

4. Milton Friedman, *Free to Choose* (New York: Harcourt Brace Jovanovich, 1980), 206.

5. Milton Friedman, *Capitalism and Freedom* (Chicago: University of Chicago Press, 1962), 159–60.

6. Howard Husock, "Jane Jacobs, 1916–2006: New York's indispensable urban iconoclast," *City Journal*, April 27, 2006, http://www.cityjournal.org/html/

eon2006−04−27hh.html.

7. http://www.stat.uga.edu/~mmeyer/airbags.htm.

제8장

Settling Debts

1. U.S. Census Bureau (Statistical Abstract).

2. Ibid.

제9장

Money and Banking

1. Milton Friedman, *Money Mischief: Episodes in Monetary History* (New York: Harcourt Brace Jovanovich, 1992), 197–98.

2. http://www.usagold.com/GermanNightmare.html.

3. George Selgin and Larry White, "How Would the Invisible Hand Handle Money?" *Journal of Economic Literature*, Vol. 32, No. 4, 1994, 1718–49.

4. Ibid.

제10장

Growing Pains

1. 역사적 기록: 거시경제학의 도사들에 의해 맥을 출 수 없게 되기 이전, 주요한 경기 하향들은 항상 "불황"(depression)이라는 말로 지칭 되었다. 오늘날 불황은 "경기후퇴"(recession)라고 불린다, 결국 연방정부는 우리들이 또 다른 자유 시장 불황에 당면하는 것을 막아주겠다고, 앞으로는 절대로 그런 일들이 더 이상 발발하지 못하게 하겠다며, 거기에 있는 것이다.

2. Murray Rothbard, *America's Great Depression* (Auburn, AL: Ludwig von Mises Institute, 2000), 190.

3. Ibid., 205.

4. Ibid., 213–14.

5. Ibid., 187.

6. Larry Reed, "Great Myths of the Great Depression," Mackinac Center for Public Policy, 1998.

7. Ibid.

8. Ibid.

9. Mark Skousen, *Economics on Trial: Lies, Myths, and Realities* (Scarborough, Ontario: Irwin, 1990), 39–40.

10. Ibid., 42–43.

11. Mark Skousen, *The Structure of Production* (New York: NYU Press, 2007).

제 11 장

Bread and Circuses: Popular Government Programs

1. Richard Feynman, *What Do You Care What Other People Think?* (New York, W. W. Norton, 1988), 183.

2. Richard McKenzie, "Decade of Greed?" *National Review*, August 31, 1992, http://www.highbeam.com/library/docFree.asp?DOCID= 1G1:12666369.

3. http://www.census.gov/hhes/www/poverty/histpov/hstpov2.html.

4. Charles Murray, *Losing Ground* (New York: Basic Books, 1984), 48.

5. Thomas Sowell, "War on Poverty Revisited," *Capitalism*, August 17, 2004, http://www.capmag.com/article/asp?ID=3864.

제 12 장

Running Government Like a Business

1. As noted by Ronald Utt in "Springtime for Amtrak and America," Heritage Foundation Backgrounder Report, May 3, 2006, http://www.heritage.org/Research/Budget/bg1932.cfm.

2. Dr. Edward Hudgins, "Postal Service Privation," testimony to the Appropriations Subcommittee on Treasury, Postal Service, and General Government of the U.S. House of Representatives, April 30, 1996, http://www.heartland.org/pdf/15502.pdf.

3. Ibid.

4. Ibid; Scott Esposito, "Time for the Mail Monopoly to Go," *The Freeman*, Vol. 52, No. 2, February 2002.

제13장

Trusting the Feds on Antitrust

1. Burton Folsom, *The Myth of the Robber Barons*, 4th edition (Washington, DC: Young America's Foundation, 2003), 2.

2. Ibid., 63–64.

3. Ibid., 98–99.

4. Ibid., 93–94.

5. Ibid., 83.

6. Ibid., 87.

7. http://reviews.cnet.com/4520−10442_7−6656808−1.html.

8. "The Anatomy of Antitrust: An Interview with Dominick Armentano," *Austrian Economics Newsletter*, Fall 1998, Vol. 18, No. 3, available at http://www.mises.org/journals/aen/aen18_3_1.asp.

제14장

Trade Wars

1. 노벨상이 처음 제정 되었을 때 경제학상은 없었다. 경제학자들이 받을 수 있던 상은 1969년 이후 알프레드 노벨을 기념하기 위한 스웨덴은행의 경제학상(Bank of Sweden Prize of Economic Science)이었다. 여기에서의 조크는 1974년 고전적 자유주의자인 프리드리이 하이예크와 사회주의자인 군나르 미르달이 경제학상을 함께 수상했다는 사실을 의미한다.

2. Adam Smith, *Wealth of Nations*, Book IV, Chapter II.

제15장

Making Money in the Global Village

1. http://www.afl-cio.org/issues/jobseconomy/exportingamerica/.

2. http://www.whitehouse.gov/cea/forbes_nabe_usmanufacturing_3-26042. pdf.

3. http://www.cato.org/testimony/ct-dg062101.html.

4. http://www.forbes.com/manufacturing/2005/11/10/trade-jobs-economy-cx_1110mckinsey.html.

5. http://www.news.cornell.edu/releases/Oct04/Bronf.outsourcing.rpt.lm.html.

6. http://www.nga.org/portal/site/nga/menuitem.9123e83a1f6786440 ddcbeeb50 1010a0/?vgnextoid=a90fcd59c4f48010VgnVCM1000001a01010a RCRD.

7. Douglas A. Irwin, *Free Trade Under Fire* (Princeton, NJ: Princeton University Press, 2002), 97 (in turn based on BLS data).

색 인

정치의 자본주의 비틀기
(Politically Incorrect Guide to Capitalism)

초판 인쇄 _ 2016년 2월 1일
초판 발행 _ 2016년 2월 5일

저　자 _ 로버트 P. 머피
옮긴이 _ 이춘근
펴낸이 _ 박기봉
펴낸곳 _ 비봉출판사
주　소 _ 서울 금천구 가산디지털2로 98. 2동 808호 (롯데IT캐슬)
전　화 _ (02)2082-7444
팩　스 _ (02)2082-7449
E-mail _ bbongbooks@hanmail.net
등록번호 _ 2007-43 (1980년 5월 23일)
ISBN _ 978-89-376-0440-9 03320

값 12,000원